陶山文化概览

郭朋朋　张　琰　刘兴顺　编著

山东大学出版社
SHANDONG UNIVERSITY PRESS
·济南·

图书在版编目(CIP)数据

陶山文化概览 / 郭朋朋,张琰,刘兴顺编著.—济南:山东大学出版社,2023.8

ISBN 978-7-5607-7927-0

Ⅰ.①陶… Ⅱ.①郭… ②张… ③刘… Ⅲ.①文化史—肥城 Ⅳ.①K295.24

中国国家版本馆 CIP 数据核字(2023)第 177114 号

策划编辑 李 港
责任编辑 楚洋洋
封面设计 王秋忆

陶山文化概览

TAOSHAN WENHUA GAILAN

出版发行 山东大学出版社
社 址 山东省济南市山大南路 20 号
邮政编码 250100
发行热线 (0531)88363008
经 销 新华书店
印 刷 山东新华印务有限公司
规 格 787 毫米×1092 毫米 1/16
25.25 印张 1 折页 450 千字
版 次 2023 年 8 月第 1 版
印 次 2023 年 8 月第 1 次印刷
定 价 298.00 元

《陶山文化概览》
编委会

序

获知陶山之名，是缘于少时展读唐仲冕先生的《岱览》鸿著，其卷末《叙览》，写其葬母客寓之地，笔寓深致，墨蕴远情，其卷底“冠石叠云，方棱四削，负阴抱阳，堂皇洞敞”的鸱夷风光，每令我心荡神摇，怀想不已。1987 年盛暑，由家舅带领，乘车以达肥城湖屯，步行至陶麓，先访幽栖陶祠与岱南书院，再谒唐母神道碑，《岱览》风物，宛然目底。接着便向山顶攀缘，岭崖崎岖，野径难寻，天气酷热，挥汗如雨。才及山半，只听四周炮声阵阵，烟尘一片，乃附近正开山炸石，不敢久留，于是在“陶山界上炮声隆”中匆匆下山。后来十数次来登此山，记忆最深者为 2003 年 9 月，在时任湖屯镇文化站站长董吉香导引下，寻觅安子山(陶山西北)唐仲冕墓，几经周折，终在山巅找到传闻中的“唐蛮子林”。墓虽已毁圮，但“陶山府君”残碣尚存。是日载阴载旸，登时霁光澄明，而至林间浥丝沾袖，抚石盘桓，默诵“华表千年鹤，苍崖百尺萝”之句，似与诗灵遥会于此雨烟晴岚之中。

在三十年研究中，我时时关注着陶山，在此先后寻获关涉“杞梁妻”、唐征高句丽及《碧霞元君护世宏济妙经》等重要资料，这里成为我学术领域的一块“宝地”。

陶山文化积淀丰厚，但自《岱览》之后，尚无一部系统翔实的研论著作，令人遗憾！现在这部《陶山文化概览》(以下简称《陶览》)的问世，填补了此一学术空白。

《陶览》一书的编纂，缘于泰山学院泰山研究院 2021 年受肥城市文化和旅游局委托，承担“肥城陶山及其周围五个村落文化遗产”调研项目，涉及山体、洞穴、峰峦、涧泉等考察及村落文化遗迹调研等。研究院同人通过实地踏勘、现场访谈、文献查阅，对此区域的文化遗存遗迹、乡土文献、乡贤名人、民间记忆等进行了挖掘整理，历时年余，最终纂成全部书稿。

这部著作有如下几个鲜明特色：书中所记，均出于亲自走访，翔实准确。如世传之“七十二洞”，洞名洞址，多有歧说，《岱览》记述虽详，仍有方位舛违、名称混淆之处。此次聘请乡民为向导，遍攀各洞，逐一登录。其他沟壑峰岭、庙寺寨村均作踏勘，所记悉出于手扪目验。其中一些遗迹，如玄真子墓（及陶姑娘坟传说），系首次记录。石刻著录也是本书亮点。陶山历代石刻丰富，隋唐以来铭刻，不下百方。《岱览》采录已富，并未穷尽；今人《陶山石刻》等书，错漏较多。此次除将现存古刻全部摹拓之外，更将北京大学图书馆艺风堂旧藏陶山石刻悉数复制，录文入书，中多珍秘之品。如宋宣和《竹林寺摩崖碑弥勒佛创修大殿之图供养记》，原刻字迹漫漶，《岱览》录文亦不全，今据旧拓校补，中称“万余奏改宫为寺，相公朝罢万民欢”；“院德名额挂高迁，德士离苦天赐宽”。按《宋史·徽宗本纪》载宣和元年诏：“佛改号大觉金仙，余为仙人、大士。僧为德士，易服饰，称姓氏。寺为宫，院为观。”此记所述德士之名，堪与正史互证。金大定重修幽栖寺碑记，出自赵沨等名家，但《岱览》仅录碑阳《陶山幽栖寺重修大殿记》，今据藏拓迻录碑阴《重修大殿并圣像碑阴记》，足补《全金文》之佚。

总之，这部《陶览》是继《岱览》之后对陶山文化的巡礼，谨严详备，足可踵继唐公。仲冕先生《七十二洞小石》诗云：“今年寻蹑列仙洞，岩扃窟室何能穷。欲写一图识奇幻，愧无妙笔追鸿蒙。”若诗魄百年后犹恋此山，见后有来者，能复探七二之奇，纂稿以为《岱览》之续，亦当展卷而为之忻然吧！

周郢庚戌年清明谨识于岱下

目　录

第一章　陶山概说

陶山位于肥城市湖屯镇驻地北8千米处，北与济南市长清区接壤，西与济南市平阴县搭界，东为牛山。东边小泰山至西边牤牛山长约5.8千米，南坡下至北山崖边长约3千米。陶山主峰海拔502.2米，为肥城市第三高峰。2006年成为泰山世界地质公园陶山园区。

第一节　地形地貌

陶山属泰山山脉，为陶山—牛山断块凸起的西南缘，位于幽栖寺背斜、陶山向斜、吕仙村背斜的“两背夹一向”的构造范围内。陶山园区内地质遗迹丰富、典型，主要地质景观有石灰岩溶洞、中下寒武统地层剖面、结晶基底与沉积盖层接触关系、交错层理等沉积构造、崮形地貌和峡谷地貌等。陶山地层序列完整，其中下寒武统地层剖面可与泰山北侧长清区张夏街道馒头山标准剖面相对比，对研究华北地台地质演化历史，以及古生代早期沉积环境都具有很高的地学价值。

陶山山势险峻，方棱四削，峰顶平缓，基岩为石灰岩，山中奇石遍布，天然洞穴星罗棋布。陶山右翼（西侧）为牤牛山，左翼（东侧）为小泰山，古称东西二崦，状如停鸾展翅，负阴抱阳。陶山岩层呈南高北低之势，南侧岩层向上翘起，犹如探首朝阳。东西两翼山崖峭立，间有溪谷、泉源横亘点缀其间。陶山岩溶地貌在泰山山脉中较为突出，尤其是溶洞较为发育，数量众多，规模不一，形态各异。这类溶蚀侵蚀构造低山景观尤其是溶洞景观，与泰山侵蚀构造山地景观有很强的互补性。其中位于主峰西北侧山崖上的朝阳洞最为典型，而朝阳洞所处陶山山地为整体隆起越出地上，溶洞现已抬升至海拔 360 米，贯穿溶洞的地下暗河早已成为干沟，岩溶作用也自然停滞。

此外，陶山山坡处多为分层结构明显的页岩，有些后期形成的沉积层，尚未变质为岩层，沉积物松散，在雨水冲刷下形成地表土。陶山山体在地壳运动作用下断裂抬升，外围因雨水冲蚀、风化崩塌，形成陡峭的悬崖，整个陶山从东到西都是直立的山崖，犹如刀削斧劈，与周围的山脉形状完全不同，别具特色。一些山崖外侧因冲蚀风化，岩石崩落，但未完全与山体分离，形成了一些独具特点的地貌，比如右翼的缆船桩、鏊子台、纺锤石等。有的地方更是因为存在岩层罅隙，在长期的、隐蔽的雨水冲蚀下，形成了壮观的岩溶叠瀑景象。

陶山主山体东侧

陶山主山体南侧

陶山东翼

陶山西麓

陶山岩层（陶山西麓）

陶山岩层（陶山东麓）

第二节　历史文化

陶山历史悠久，文化遗迹众多。现存历史记载与传说中，最早与陶山发生关联的是春秋时期的越国相国、上将军范蠡。春秋战国时期，陶山一带处于齐国统辖范围。范蠡在辅佐越王勾践复国、兴越灭吴之后，急流勇退，浮海北行至于齐，最后归隐并葬于陶。《史记·越王勾践世家》载："范蠡浮海出齐，变姓名，自谓鸱夷子皮。……间行以去，止于陶。……于是自谓陶朱公。"[①]《史记·货殖列传》称："乃乘扁舟，浮于江湖，变名易姓。适齐，为鸱夷子皮。之陶，为朱公。"[②]关于范蠡所到之"陶"有多种说法，其中《太平御览》卷四十二"陶山"条称："《齐地记》曰：'范蠡浮海出齐，变姓名，自号鸱夷子，间行止于陶山，因号陶朱公焉。'后改曰鸱夷山，在今平阴县东。"[③]考《齐地记》有晋伏琛、南燕晏谟、南朝解道康、北朝张朏等数个版本，《太平御览》所引无论为哪个版本，《齐地记》为唐以前所出无疑。由此可见，在两晋南北朝时期，已有范蠡止于陶山的说法。

隋代时，道教已传入陶山，当时著名的道观有洞灵观，著名学者王通至陶山游览时，曾为洞灵观题字。

有唐一代，陶山隶属平阴县。[④] 此时的陶山已因范蠡而声名远播，如《括地志》卷三"济州平阴县"条云："陶山，在济州平阴县东三十五里。[范蠡]止此山之阳也，今山南五里犹有朱公冢。"[⑤]此后《元和郡县图志》卷十"郓州平阴县"条也称："陶山，在县东三十五里，范蠡葬处。"[⑥]

由于世代相传范蠡葬于陶山，后世在此建范少伯祠。清史廷桂《重建陶

---

① (汉)司马迁撰，(南朝宋)裴骃集解，(唐)司马贞索隐，(唐)张守节正义：《史记》卷四十一，中华书局 1982 年版，第 1752 页。

② (汉)司马迁撰，(南朝宋)裴骃集解，(唐)司马贞索隐，(唐)张守节正义：《史记》卷一百二十九，中华书局 1982 年版，第 3257 页。

③ (宋)李昉：《太平御览》卷四十二，宋刊本。

④ 唐武德四年(621 年)平阴属济州；贞观元年(627 年)分天下为十道，平阴属河南道郓州；开元二十九年(741 年)属河南道济州；天宝十三年(754 年)废济州，平阴改属郓州；太和六年(832 年)撤平阴县，辖区划入卢县、东二阿县；开成二年(837 年)再次设置平阴县，至唐灭一直隶属郓州。

⑤ (唐)李泰撰，贺次君辑校：《括地志辑校》卷三，中华书局 1980 年版，第 145 页。

⑥ (唐)李吉甫撰，贺次君点校：《元和郡县图志》卷十，中华书局 1983 年版，第 262 页。

公幽栖祠诗刻并记》记载范蠡祠沿革如下：

> 旧有祠，创于秦，在公之旧居处，名“陶公幽栖祠”……至汉，于祠前建佛殿，去“陶公”二字，改为“幽栖寺”，即于寺内立祠祀公……隋时，则移祠于冢右，以秦碣有“忠智”字，名曰“忠智幽栖祠”，即今之遗址是也。①

按照史廷桂所撰碑记，范蠡祠始创于秦代，初名“陶公幽栖祠”，创建位置在范蠡旧居处。至汉代，在范蠡祠前构建佛殿，去掉“陶公”二字，改名“幽栖寺”，范蠡祠遂成为幽栖寺的一部分。隋代，范蠡祠移到范蠡墓的右侧，又因墓前传为秦碣之碑刻有“忠智”二字，因而将祠改称“忠智幽栖祠”。唐贞观元年(627 年)，乡人于范蠡墓前立陶公碑，上刻“忠以事君，智以保身，千载而下，谁可比伦”十六字，又在碑侧刻李斯留题及青松子笑赞。

唐代，信众频繁在幽栖寺造像，如赵怀相造像记碑、陶山幽栖寺石浮图记碑、优婆夷阿刘造石浮图铭碑、张令臣浮图供养记碑等均为唐代不同时期信众造像留存。

陶山也见证了唐代的动荡局势和社会变迁。如陶山现存唐广明二年(881 年)陁罗尼经幢序文即记载了唐武宗“会昌灭佛”后，幽栖寺所遭受的劫难：“像返真空，僧还故里，殿塔成而却摧。”该经幢还记载了乾符五年(878 年)正月黄巢起义军过陶山一带的情形：

> 至五年正月下旬，遇黄巢草军经过，公于此时为母亲尊年，孝心恳切，不避捐躯，竭力祗候。人马往来约百千万，虽罄家资，且喜慈亲万福，骨肉不被俘虏，在园牛马悉皆如故。

陶山东翼玉皇洞有景福三年(894 年)贾罾题刻，其中记述了百姓因汴军攻伐而纷纷避兵山中之情境：

> 陶山前申村清信弟子贾罾，于景福三年正月十三日被汴军奔趁，将家到此仙洞中避难，骨肉得存，伏缘从前累经草寝，非不一年。

上引唐代陶山石刻反映了当时陶山一带百姓的社会生活状况及社会变迁。

入宋之后，陶山仍属郓州平阴县。大中祥符元年(1008 年)，宋真宗东封泰山，传说其返回途中经过陶山，并到范蠡墓前凭吊。陶山佛教在宋代获得了很大发展，呈现出繁盛局面。唐代名寺幽栖寺于宋绍圣四年(1097 年)新

---

① (清)唐仲冕:《岱览》卷三十二，清嘉庆十二年果克山房刻本。

修钟楼，之后信众于元符二年（1099 年）、宣和三年（1121 年）、宣和四年（1122 年）、靖康元年（1126 年）、靖康二年（1127 年）纷纷捐施石柱，以助幽栖寺修缮，显示了幽栖寺香火之盛。宣和二年（1120 年），僧众于陶山创建竹林寺。朝阳洞也在此时受到信众的崇奉，黄首坚等在此“修石香炉”一座。陶山东麓的玉皇洞中，甚至出现了罕见的南宋建炎元年（1127 年）佛教信士题名。

金代，陶山属东平府平阴县。由于北宋末期战乱频仍，陶山寺宇遭到战火毁坏。金正隆二年（1157 年）张汝为题名碑记载了正隆元年（1156 年）山主福超于兵戈之后重葺幽栖寺之事。金大定二十二年（1182 年）赵沨撰《幽栖寺重修大殿记》则记载了大定四年（1164 年）幽栖寺住持惠沂上人重修庙宇、扩建大殿之事。随着幽栖寺的复兴，官宦文人往来逐渐频繁，幽栖寺里留下了大量文人墨客的题刻，如正隆二年（1157 年）辩道亨叔题刻、大定六年（1166 年）王端卿诗刻、大定九年（1169 年）靳公送沂上人诗刻、大定十九年（1179 年）刘仲杰诗刻等。

有元一代，陶山隶属济宁路肥城县。元代陶山佛教依然兴盛，先后有海公、恩公等高僧驻锡，其中恩公为肥城县都纲司都纲。又陶山东崦创建天王万岁寺，寺为谷山佛峪寺（即泰山玉泉寺）下院。元统年间（1333～1335 年），僧人惠祥及住持圆果因天王万岁寺殿宇荒废，于是募化重修，重建了法堂、大殿、僧舍、厨舍等，并修建殿宇供奉马明王、二郎、关王等神像，重修之后，天王万岁寺规模更加宏大。除了佛教的繁荣之外，元代陶山道教也有了新的发展。至元二十三年（1286 年），真大道传入陶山，其六世弟子薛德悟在陶山之阳的涧北村创建天和观，该观成为山东地区较有影响的真大道道观之一。元代，陶山形成了“东西有天王万岁寺、幽栖寺遥相呼应，南有天和观立在当中”的空间格局。

元明易代，因陶山之中洞穴星罗棋布，山路崎岖蜿蜒，山峰陡峭，陶山成为民众躲避战火之地。如唐仲冕就曾在《岱览》中称：“元明之季，居民多避居于此。盖二崦天然石墉，外峻内奥，诸洞皆可受多人，固尝有负山为砠者矣。”[①]甚至入明之后，变民起事，凭借陶山险要地势，与官军对峙。明李攀龙《肥城县修城碑记铭》称：“在昔陶山之役，动勤王师，今安可使纵高临下……攀龙曰：肥有陶山之役，余盖犹及见之。”[②]今日陶山之中，仍然有居民避居山

① （清）唐仲冕：《岱览》卷三十二，清嘉庆十二年果克山房刻本。
② （明）李攀龙：《沧溟集》卷十九，清《四库全书》本。

中的遗迹留存，如在小泰山北侧玉皇洞之南、娲皇殿之北现残存大片断壁残垣，从残存墙基来看，当年这里建有多间房屋。另外，据玉皇洞明万历三年(1575 年)佛洞记摩崖石刻记载，玉皇洞正南有“王祥寨”，可见早在万历之前，这里已有山寨供人居住。

明代，陶山随肥城县改隶济南府。有明一代，陶山寺观修葺频繁。如幽栖寺经历了数次重修增建：弘治十三年(1500 年)，增塑十王、地藏菩萨像；正德十年(1515 年)，重修大殿；嘉靖六年(1527 年)，重新塑像；嘉靖十三年(1534 年)，重修山门；万历十一年(1583 年)，重修十王殿；崇祯九年(1636 年)，重修大殿、地藏殿。伴随着幽栖寺的屡次重修，幽栖寺也成为明代士人游览寻幽之地，在此留下大量诗文，如幽栖寺现存明隆庆四年(1570 年)诗碑中，就有吟咏幽栖寺诗歌十三首。除幽栖寺外，正德元年(1506 年)，信众重建在战乱中被毁的天王万岁寺(时称“幽东寺”)。除此之外，弘治七年(1494 年)、嘉靖六年(1527 年)、嘉靖三十一年(1552 年)、崇祯七年(1634 年)道众多次重修天和观。

万历年间，全真道南宗薛道光派弟子张自玉布道陶山，并于万历元年(1573 年)在小泰山顶上创建石庙(即小泰山碧霞宫)供奉碧霞元君。万历三年(1575 年)，张自玉在玉皇洞外栽种果树，于洞中创建殿宇一所，供奉玉皇、三官等神像。万历二十九年(1601 年)，张自玉又修玉皇殿、救苦十王殿等。万历二十七年(1599 年)之后不久，肥城籍全真道士周玄贞凭借与明神宗后妃周端妃之关系，奉明神宗敕命，住持五峰山洞真观，并在陶山东麓大兴土木，修建护国永宁宫、十二重楼、报恩宫、群仙殿及五福观等。天启年间(1621～1627 年)，直隶河间府道人曲全善携徒弟云游至陶山，见“山灵地胜”，遂在二郎宫修行。崇祯年间，曲全善夜梦吕祖降临，于是募化钱粮，创建吕祖团瓢一座。

值得注意的是，得益于陶山“山势逶迤，层崖巉峭，古洞半天，清幽宜人”的自然环境，明代陶山洞穴文化获得很大发展，僧人道侣纷纷到洞穴中造像隐居，朝阳洞成为竹林寺僧人修行之所：正德二年(1507 年)《云碑记》称：“大明国山东济南府肥城县西四十里，陶山幽栖寺上有竹林寺古佛洞一座，亘古无人住此。”是时，齐东县僧人及施主在朝阳洞造满洞佛像。弘治十五年(1502 年)，信众于朝阳洞施石柱、捐香炉。正德二年(1507 年)七月，僧人在观音洞“修造铜像、石佛一十七尊”。正德十年(1515 年)八月，僧江允及信士王奉于东崦三尖洞造石佛三尊。崇祯年间，云侣子吴奇“弃而归隐，养真自乐”，前往观音洞隐修。

北宋治平年间（1064～1067年），宋迪作《潇湘八景图》后，各地八景文化渐次兴起，明代日趋繁荣。明崇祯年间（1628～1644年），肥城县令郑位改八景为十六景，与陶山相关的为"陶麓花秾"。但十六景流传时间不长、范围不广。康熙年间已回归八景之说。根据康熙《肥城县志》的记载，肥城八景为鸾台夜月、龙沼春霖、孝堂西照、书院秋风、清河晚渡、山寺晨钟、牛山叠翠、陶洞清幽。其中，与陶山有关的有两个，即山寺晨钟、陶洞清幽。康熙《肥城县志》载："山寺晨钟，在陶山幽栖寺，相传其钟声闻百里……陶洞清幽，在城西三十五里。"[①]至乾隆年间，肥城八景变为十景：鸾台夜月、龙沼春霖、孝堂西照、书院秋风、清河晚渡、山寺晨钟、牛山叠翠、陶洞清幽、七佛传灯、九泉涌泽。在原八景的基础上增加了十六景中的七佛传灯和九泉涌泽，与陶山有关的仍为山寺晨钟和陶洞清幽。至嘉庆年间，继续沿用八景之说，陶洞清幽、山寺晨钟仍然在列。嘉庆《肥城县志》称："陶洞清幽，洞在陶山之半，石磴陡绝，攀葛扪萝而上。中有三层，最深处极宽阔，四壁累累，皆菩萨象，似非尽出于人工者。辽渺幽深，尘飞不到，清磬一声，如闻天上。真所谓洞天福地也。山寺晨钟，钟在陶山之幽栖寺，寻山根入，径甚曲折，过小溪始达禅关。时当梵宇霜清，万籁俱寂，晨钟一撞，谷应山鸣，其声可远闻数十里。"[②]

有清一代，陶山仍属肥城县。[③] 清初易鼎，经历了兵荒马乱的陶山凋敝不堪，凭借陶山险要地势啸聚而起之人不断。清顺治三年（1646年）冬，肥城人李西吾据陶山起事，与东阿安山人周魁轩纠众攻打平阴城，平阴知县刘升祚一边率壮士力战，一边派人去省城请求支援，后省城派来大军，李西吾返回陶山避难，在路上被截杀。顺治六年（1649年）正月，陶山上有变民生事，肥城知县王国柱派前明户部员外郎张梧率乡勇军前往陶山清剿变民，张梧入山途中被变民设计杀害。

社会稳定之后，陶山各寺观祠宇相继修复。顺治十五年（1658年），僧人保性重修幽栖寺。顺治十六年（1659年），肥城知县史廷桂寻得范蠡祠旧址，在旧基上构祠三间，重建范蠡祠，名"陶公幽栖祠"。康熙五十四年（1715年），平阴县岁贡张岳龄组织重修范蠡墓。乾隆四年（1739年），肥城县廪膳生员张景运发起重修幽栖寺。乾隆十八年（1753年），肥城知县李芬、教谕张芳台、

---

① 康熙《肥城县志》卷下，清康熙十一年刻本。

② 嘉庆《肥城县志》卷三，清嘉庆二十年刻本。

③ 清初，肥城县仍隶属济南府，雍正十三年（1735年）升泰安直隶州为府，肥城县划归泰安府。

候选知府李景让等联合当地监生、廪生重修东幽寺。乾隆三十一年(1766年),信众刘坤等重修竹林寺。

是时,陶山东幽寺等寺观祠宇成为士子读书之处,陶山亦成为文人墨客聚集之地。乾隆年间,肥城篆刻家朱其镜居陶山下,流连山水,不乐仕进,叠石为山,与朋友诗词唱和。朱其镜之子朱泰基秉承父志,闲居陶山下,以篆刻为业。又唐仲冕父子先后寓居陶山。乾隆三十九年(1774年),唐仲冕葬其母于陶山之阳。唐仲冕留在陶山守墓,自号陶山。乾隆四十四年(1779年),唐仲冕"垒石植碣"。乾隆五十年(1785年),仲冕自善化老家返回肥城,以授徒所收束修,在涧北庄天和观之东,置办宅院,修葺三间茅屋,取名"白云丙舍"。道光四年(1824年)七月十二日,唐仲冕夫人宁氏去世。唐仲冕之子唐鉴、唐镁、唐钱护送母亲灵柩自金陵出发,八个月后,抵达肥城陶山,于四月十九日安葬在其祖母墓侧。为给宁氏守墓,唐仲冕命长子唐鉴、次子唐镁改隶肥城籍。服丧期间,唐鉴在陶山母亲墓旁小屋居住守墓。道光七年(1827年)三月二十二日,唐仲冕去世,遗命葬陶山之西牤牛山前①。唐鉴在陶山守制期间,于涧北庄创建义学,教授乡童。道光十三年(1833年),唐鉴等捐资在涧北庄创建岱南书院,教化乡民。

清嘉庆十三年(1808年),贾培诚、赵铎、住持道人姜教文等募化重修五福观。嘉庆二十五年(1820年),住持道人张阳顺重修二郎庙。咸丰年间(1851~1861年),捻军起事,北上肥城,侵扰百姓,陶山周边居民纷纷逃到山中避难。陶山西麓观音洞内清同治二年(1863年)观音洞残碑、陶山东麓小泰山下清同治八年(1869年)创修小泰山灵官庙记碑均记载了乡民避难之事。是时,陶山山顶、小泰山山顶相继建成寨堡,以借险要地势躲避、抵抗侵扰队伍。同治年间(1862~1874年),捻军平息、乱军退去,附近居民感念陶山庇佑之恩,先后在陶山西麓修建山神庙,在小泰山下重修娲皇殿、创建灵官殿。光绪年间(1875~1908年),乡儒生员寻幽僻静,多于寺观祠宇中读书,为其带来重修机缘:光绪五年(1879年),张存琳游览东幽寺,见寺宇倾颓,神像惨淡,遂约同社捐资修葺,使庙貌焕然一新;光绪十三年(1887年),张启昂等集资重修范蠡祠山门,并悬挂范公祠匾额;光绪二十一年(1895年),陶山周围五十余个村庄的信士结社重修二郎庙。

清朝末期,由于累年战乱,居民流离失所,生活困苦,乡民将陶山中可

① 实际葬于牤牛山以西之安子山(今名"青龙山")。

用、可食的植被伐用殆尽。此时，众多乡儒目睹荒山，毅然发起植树义举。清宣统三年（1911年）植树碑记载："树资山以生，而山因树而名，山之不可无树也，明矣。陶山自南匪北窜，而后避难山居者，数十家，斧斤伐，牛羊牧，若彼濯濯，岂山之性哉？"于是纠集结社，"于祠后引流种柏一百四十二株"。

清末民初，民间秘密教门在陶山一带活动频繁。在理教于陶山建立理门公所，所长赵广湖在朝阳洞造"杨祖石像"，以示崇敬。宣统三年（1911年），皈依道王培尧在东大封村设坛扶乩，借乩分派杨丰俊与丰明等修整八仙洞殿宇，塑王母、南极天官、八仙、九天仙女及灵官、玉皇之像，完工后又与清和坛、理门二教门联合重修女娲、太上、观音等殿，重塑天仙、文昌、山神、土地等神像。

新民主主义革命时期，陶山成为肥城新民主主义革命的前哨，走出了许多革命志士和烈士，这里的村民也以淳朴和坚忍的性格，支持、掩护着革命人士。陶山上曾发生过多次英勇、激烈的战斗，至今仍保留着众多革命遗迹。如涧北村村北九位革命烈士的墓碑上，记载了他们的抗日事迹。陶山周边村落广泛流传着坚守黄花洞的故事：当时肥城六区区委书记刘建新带领八名队员活动时，被敌特发现，为躲避追捕藏进陶山黄花洞，国民党反动派立即调集兵力进行围困，因为山高路险，陡峭难登，刘建新等凭险据守，多次击退国民党反动派的进攻，追捕队伍没法登山，只好对黄花洞进行炮击，刘建新等顽强坚持七天七夜，最后趁夜冒雨撤离，无一人伤亡，创造了陶山新民主主义革命时期的奇迹一战。

吕仙村有"一门四烈士"的悲壮事迹：抗日战争时期，王建东是吕仙村秘密游击小组的骨干，曾经以伪副镇长的身份打入日伪军内部，多次获取并送出重要情报。如1941年农历八月十五日，王建东获取到肥城、平阴、长清日伪军将于十六日早晨合围扫荡大峰山区的情报，他及时向房头、毛家铺、张庄三处发出预警，我军夜间及时转移，避免了损失。1944年3月，因叛徒将党在敌伪军的工作关系及肥城县城到吕仙村的情报站泄露给日伪军，日寇连夜突袭吕仙村开展抓捕行动，王建东之父王乐俭，王建东岳父、县情报员张甲圣，王建东妻姐、县情报员赵继兰，村长梁国成之子、县情报员梁俊峰全部被抓，后遭到日寇残忍杀害，被后人称为"四烈士"。他们视死如归、宁死不屈的民族气节，永远留存于天地之间。

吕仙村内至今还保存着抗战时期使用的地道、藏人洞等遗迹。陶山洞穴中也有抗战时期抗日队伍安置伤员的战地医院、抗战时期坚持文化教育的抗战小学等遗迹。此外，冯庄等村众多烈士为保家卫国献出了宝贵的生命；岱南书院曾作为党地下工作的情报站，为抗日战争作出了重要贡献。

第三节　周边村落

陶山周围遍布村落，其中南侧坐落着栖幽寺村、涧北村、吕仙村、关王殿村、冯庄村等；北侧坐落着长清区黄立泉村、五眼井村等；西侧坐落着平阴县毛铺村等；西南侧坐落着大留村、小店村等；东南侧坐落着张店村、曹庄等。历史上这些村落的大户人家曾到陶山山间建屋筑舍，作为乱时避难、闲时避暑的去处。

栖幽寺村

栖幽寺村俯瞰

栖幽寺村位于陶山主山体西南侧，因幽栖寺而得名。栖幽寺村是由七个自然小村落合并而成的行政村，之前这七个自然小村落散落在陶山西麓，分别为黄庄子（俗称“南山头”，又叫“李家庄”）、南碾（俗称“东碾”）、孔家宅子、南西山、北西山（俗称“王家庄”）、北山（俗称“徐家疙瘩头”）和里峪，每个小村仅有几户到十几户人家。2000 年前后，这七个小村搬迁到一处合并建设新村，称为“栖幽寺村”，俗呼为“西寺村”。栖幽寺村现有在册居民 73 户，常住60 余户，人口共计 170 人，共有 20 个姓，其中人数较多的姓氏有王姓、李姓、宋姓、周姓等。栖幽寺村现存众多历史悠久的文化遗迹，主要包括幽栖寺遗址、幽栖寺塔林、范蠡祠、范蠡墓、山神庙等。

涧北村

涧北村旧址仅存的老槐树

涧北村旧址位于陶山主山体南侧，因在陶山前大涧（即响水河）之北而得名。关于涧北村，唐仲冕《岱览》记载：“当陶阳为涧北庄，在涧之北，聚三四百户，石庐枣篱，炊烟相接。田虽硗，而人勤耕牧，岁有薄收，无千金之家，亦无冻馁之人。年七八十以上者，往往不识冠盖。”[①]清道光八年（1828 年）《重修天和观碑记》记载涧北村状况：“涧北庄当鸱夷山南，水从山之两崦奔流而下，曲折绕出庄前，聚居二三百户，茅舍枣篱炊烟相接，盖一大村落也。”清乾隆年间，涧北村已有三四百户人家，而至道光初年，人口数量稍有下降，有二三百户，但仍不失为大村落。2003 年，涧北村整村搬迁至湖屯镇政府以

① （清）唐仲冕：《岱览》卷三十二，清嘉庆十二年果克山房刻本。

东的新居民区，旧址改造为果园。涧北村现有居民 480 户，人口共计 1500 余人，约有 20 个姓氏，人口较多的姓氏有张姓、杨姓、何姓、赵姓、郭姓等。涧北村旧址现存老槐树一棵，其他人文遗迹如天和观、唐石岭公祠等已荡然无存。

吕仙村

吕仙村俯瞰

吕仙村位于陶山主山体东侧，关于该村的村名，光绪《肥城县志》记载："吕祖团瓢：在陶山东麓，明天启年间有羽士曲全善，东光人，来此感梦，募化鸠工，创建团瓢，供奉吕祖。工未竟仙去，其徒高真立、赵冲飘等继其志，工成塑吕祖像于其上，而以全善旁列焉。有崇祯七年参之古三才撰碑，澹然子古超凡书。今其村即以'团瓢'名，水明山秀，亦一胜境也。"① 可见，该村因吕祖纯阳宝殿而取名"团瓢"，后改称"吕仙村"。据现有资料，该村名"吕仙村"的最早记载出现在清光绪十二年(1886 年)修路碑题名中。

吕仙村现有居民 237 户，人口共计 542 人，在村人口 200 余人，有 18 个姓氏，人口较多的姓氏有朱姓、刁姓、梁姓、谷姓等。吕仙村出产金黄色、淡紫色石头，村民就地取材用于盖房。这种金黄色的石头被称为"黄金石"，用

① 光绪《肥城县志》卷二，清光绪十七年刻本。

黄金石盖的房子被称作“黄金屋”。村中现存大量石头房子，成为吕仙村一大特色。吕仙村现存梁家大院、纯阳宝殿、抗战地道等文化遗迹。

“黄金屋”

关王殿村

关王殿村旧村俯瞰

关王殿村旧址位于陶山东翼小泰山南侧，因护国永宁宫关王大殿而得名。2012 年起大部分村民搬迁至湖屯镇政府以东新社区，旧村还耕还林。关王殿村现有居民 145 户，人口共计 440 余人，有 10 余个姓氏，人口较多的姓氏有张姓、王姓、赵姓等。关王殿村现存文化遗迹主要有护国永宁宫遗址和十二重楼旧址。

冯庄村

冯庄村俯瞰

冯庄村位于陶山主山体东南、吕仙村以南，相传建于清康熙年间，因最初定居的住户姓冯，因而取名“冯家庄”，后改称“冯庄”。冯庄村现有居民 183 户，人口共计 650 余人，约有 20 个姓氏，人口较多的姓氏有张姓、王姓、阚姓、毕姓等。冯庄现存文化遗迹主要有岱南书院、报恩宫旧址等。

第二章　自然景观

陶山中天然洞穴星罗棋布，形态各异。有些大型洞窟可容纳几百人，成为人们躲避战乱之处；有些洞窟位于陡崖绝壁之上，常人难以攀登，成为僧道隐居修行之所。陶山沟壑横亘，间有泉水喷涌，为陶山增添了勃勃生机。陶山周圈大部分为垂直峭壁，有些地方因为水蚀风化，局部剥落，形成姿态别致的标志性景点。

第一节　洞　窟

陶山自古就有七十二洞的传说，但史志文献皆语焉不详。康熙《肥城县志》载："世传陶山前后有七十二洞，今不尽载。"[①]嘉庆《肥城县志》称："洞亦甚多，旧传七十有二，然亦不可名。"[②]唐仲冕《岱览》列出了陶山七十余洞之名及几个大洞的大概状况。笔者经过在陶山进行地毯式的实地踏勘，如今共寻找到洞穴 70 余处。[③] 现按照自西而东的顺序，介绍如下。

鸽子井

鸽子井位于牤牛山北侧、幽栖寺以西，北纬 36°16.8664′，东经 116°36.0605′，下方崖底海拔 303 米，洞口朝东，距离崖底约 36 米。据说洞内曾有大量鸽子聚集，故称为"鸽子井"。

---

① 康熙《肥城县志》卷上，清康熙十一年刻本。

② 嘉庆《肥城县志》卷三，清嘉庆二十年刻本。

③ 随着地质变化，植被增加，加之年代久远，陶山七十二洞已难以逐一对应。其中有泉水涌出的洞穴归入"洞泉"一节介绍。

鸽子井仰视

貔子井

貔子井位于陶山右翼中段山沟顶部山崖下，北纬 36°17.0488′，东经 116°36.0910′，海拔 299 米，洞口朝上。貔子井深约 10.6 米，洞口直径约 1.7 米。传说洞里住着貔狐，因而被称为“貔子井”。据村民讲，貔子井原来深不见底，又相传谁能把石头滚入洞中，就说明谁的运气好，因而孩子们经常爬到山崖上往下滚石头。滚入洞中的石头撞击洞壁产生的回音会持续很久。

貔子井井口

藏兵洞

藏兵洞位于貔子井东北、沟北侧山崖上部，北纬 36°17.0834′，东经 116°36.1615′，海拔 296 米，洞口朝南。洞深约 3.5 米，宽约 0.63 米。洞口高约 1.8 米。洞口外侧有巨石遮挡，左侧形成一个石缝洞，深约 1.47 米，高约 1.68 米，洞口宽 0.45 米；右侧为向上的洞口，深约 0.97 米，直径约 0.46 米；南侧另有一小洞口，高约 0.8 米，宽 0.5 米，可窥探下方。据村民回忆，抗日战争时期有抗战人士在此藏身，因而得名“藏兵洞”。

藏兵洞俯视

无名洞

缆船桩北侧山崖中部有一洞，距离崖底约 25 米。洞口高约 2 米，宽约 1 米。

无名洞远眺

西施洞

西施洞位于缆船桩以北山沟上部山崖下，北纬 36°17.3332′，东经 116°36.3356′，海拔 275 米，洞口朝东。洞前有一块巨石，从沟下往上看正好将洞口挡住。西施洞传为西施隐居处，洞外右侧有一块巨石，被称为“梳妆台”。洞前部深约 2.55 米，高约 1.68 米，宽约 1.25 米；洞中部深约 7.54 米，高约 1.28 米，宽约 0.92 米。洞底部稍宽，约 2.24 米，洞底上部稍窄，约 0.73 米。根据村里老人的回忆，洞中原来有石几、石凳等。

西施洞洞口

狼　洞

狼洞位于圪崂峪中部南侧、锅沿山西侧下层山崖底部，北纬36°17.3699′，东经116°36.5664′，海拔294米，洞口朝西北。洞前有一棵树，相传这里曾住着狼，因此被称为“狼洞”。狼洞洞口窄且高，上部宽约0.67米，下部宽约0.4米，高约1.8米。洞前部深约2.62米，高约1.96米，宽约1.3米；后部洞口高约0.9米，宽约0.73米，洞后部深约4.5米，高约1.67米，宽约0.82米。洞底部又有一小洞，上部探深4米，下部探深2.7米，疑为獾打的洞。洞后部右侧又有一椭圆形小洞，高约0.7米，宽约0.35米，深约1.78米。

狼洞洞口

石缝洞

石缝洞位于狼洞以东、锅沿山西南侧。巨石从山崖剥落，然后斜倚在山崖上，形成了这个石缝洞。洞口宽约1.46米，高约1.38米。洞深约4.9米，洞内部宽约2.45米，西侧高约0.94米，东侧高约3.2米，上部狭窄。洞口有人工垒砌的石墙，起遮挡作用。

石缝洞洞口

牧羊石棚

牧羊石棚位于锅沿山南侧山崖底部，北纬 36°17.2184′，东经116°36.5543′，海拔 385 米，敞口状，朝向东南。石棚宽约 11 米，高约 0.65 米，深约 2.3 米。洞外有围墙，石棚内侧低矮，人难以进入，外侧可坐人。此洞为牧羊人躲避风雨之处，因而洞中散落很多羊粪。

牧羊石棚外侧

三角洞

三角洞位于隐姑洞以西山崖下，北纬 36°17.2852′，东经 116°36.8277′，海拔 334 米。洞前部开口朝上，东西宽约 2.85 米，南北宽约 1.32 米；洞内东西宽约 1.7 米，南北宽约 1.63 米，纵深约 3.15 米。洞南侧岩石上有一处人工开凿的石坑，直径约 0.43 米，深约 0.3 米。据村民介绍，此石坑原是居住在山洞中的居民用来捣粮食的舂米坑。

三角洞洞口

隐姑洞

隐姑洞位于三角洞以东、朝阳洞以西山崖下，北纬 36°17.2727′，东经 116°36.8666′，海拔 335 米，洞口朝西。洞口宽约 1.48 米，高约 3 米，洞深约 7.4 米；洞中部高约 5.2 米；洞内部分为上下两层，下部洞口高约 1.75 米，底部为向下的深坑，深约 1.4 米。相传朝阳洞的尼姑曾在此居住修行，故称为“隐姑洞”。

隐姑洞洞口

朝阳洞

朝阳洞位于陶山主山体西北山崖上部，北纬 36°17.2621′，东经 116°36.9095′，海拔 360 米，洞口朝南，故名“朝阳洞”。洞口外侧高约 8.45 米，宽约 6.85 米；洞口内侧高约 5.6 米，宽约 4.25 米。朝阳洞分前中后三个洞，共深约 29 米。前洞深约 14.5 米，高约 6 米，宽约 6 米；中洞地面比前洞高出约 2.85 米，深约 4 米，高约 8 米，宽约 5.75 米；后洞地面比中洞高出约 2.3 米，深约 7.2 米，高约 14 米，宽约 15 米。朝阳洞内文化遗迹众多，包括造像、题刻、石碑、石柱残件等。

朝阳洞远眺

朝阳洞洞口

洞口内西壁上部为“退藏”题刻，下部为“快哉洞”题刻。洞口内东壁上部有“高隐”“潜修”题刻。前洞两壁有石像2尊，以及“小有天”、“佛”字、“潜修高隐”诗、“虫二”题刻。前洞东壁下部有关公、周仓、关平石刻造像，再往里为高 0.5 米的菩萨造像 1 尊。继续向里刻有 1.5 米高的佛像 1 尊，另有 1 米以下佛像 1 组，其中有一弥勒佛像。另有清末赵广湖用“南无阿弥陀佛”组成的石刻阴纹竹画，画上方刻“弥陀竹”，刻石高 1.3 米，宽 0.7 米。

前洞东壁造像

前洞西壁题刻

中洞东壁有 0.6 米高的石佛造像 8 尊，其中下方一尊为在理教杨祖像，造像手拿宝葫芦和佛珠，头顶有光环。佛像上方刻“理道始祖杨来如之像”，下方有赵广湖草体书刻“南无无量寿佛”六字。石像两侧有楹联一副，上联“戒酒禁烟诸恶莫作”，下联“明理达道众善奉行”，横批“圆光普照”。靠近前洞处有“三教渊源”题刻。

中洞东壁造像

后洞西壁和北壁布满石佛造像，北壁分上下四层，西壁分两层。北壁最底部有高约 2 米的坐像 5 尊。第二层有高约 1 米的坐像 3 尊。再向上第三层有 3 个佛龛和高 1 米左右的坐像 7 尊。第四层有佛龛 2 个、高 1 米左右的佛像 6 尊、高 0.3 米的佛像 2 尊。西壁底部有高约 2 米的佛像 7 尊，第二层有高约 1 米的坐像 4 尊。后洞共有大小佛像 34 尊，佛像造型坐立各异，姿态端庄，面部安详。

朝阳洞是陶山洞窟中造像数量最多、规模最大、保存最完整的洞窟。1989 年，陶山朝阳洞石刻造像被肥城县人民政府公布为县级文物保护单位；2006 年 12 月，被泰安市人民政府公布为市级文物保护单位；2013 年 10 月，被山东省政府公布为第四批省级文物保护单位；2019 年 10 月，被列入第八批全国重点文物保护单位名单。

后洞北壁造像

后洞西壁造像

无名洞(朝阳洞东)

朝阳洞以东山崖上部有一小洞,洞口朝东南,距离崖底约 28 米。

无名洞(朝阳洞东)

无名洞(竹林寺东北,两个)

竹林寺东北山坳东侧的山崖上部有上下两个小洞,洞口朝南。上边小洞距离崖底约 36 米,下边小洞距离崖底约 34 米。

无名洞(竹林寺东北,两个)

小石棚

小石棚位于竹林寺以东山坳东侧山崖下部。其为敞口洞，洞口长约 7 米，洞外侧高约 1.65 米，内侧高约 0.48 米，深约 3 米。

小石棚前景

大眼洞

大眼洞位于小石棚东侧，北纬 36°17.2589′，东经 116°37.1053′，海拔 306 米。洞口朝东南，高约 0.55 米，宽约 1.15 米，洞深约 2.3 米。其距离崖底约 2 米，形似一只巨大的眼睛，故名“大眼洞”。

大眼洞洞口

棒槌洞

棒槌洞位于竹林寺以东山崖下，北纬 36°17.0800′，东经 116°37.1800′，海拔 403 米，洞口朝西南。洞口高约 1.7 米，宽约 1 米。洞深约 6.55 米，洞内高约 2.3 米，宽约 1.3 米。洞底部右拐，深约 2.16 米。洞前部两侧有石刻造像。西北侧有浮雕佛像 3 尊，雕像面部均已毁坏：中间为坐像 1 尊，高约 0.9 米，底座高 0.3 米；两侧立像 2 尊，高约 0.55 米，为侍童像。东南侧下方神龛内有佛像 3 尊，均为坐像。龛高约 0.33 米，宽约 0.83 米，佛像高 0.3 米，仅剩底座。龛上方有佛像 2 尊，像高约 0.29 米。2014 年 11 月，棒槌洞石佛造像被列入肥城市文物保护单位。

棒槌洞洞口

无名洞(棒槌洞东)

棒槌洞以东山崖上有一小洞,洞口朝东南,距离崖底约 35 米。

无名洞(棒槌洞东)远眺

朝天洞

朝天洞位于鏊子台以东200米左右的山崖顶部，北纬36°17.1732′，东经116°37.2095′，洞底部海拔350米。村民称之为“陷马坑”，相传是穆桂英作战时设计的机关。朝天洞上部洞口朝天，下部斜向下贯通，通向崖底，可从崖底攀爬到达洞的底部。上部洞口东西宽约12.4米，南北宽约10.5米，垂直深约24米。

朝天洞洞底

石缝洞（朝天洞东）

朝天洞以东崖底有一石缝洞，为巨石裂隙形成。洞高约2.35米，宽约0.88米，深约2.3米。

石缝洞(朝天洞东)内景

无名洞(朝天洞东)

石缝洞稍往东,山崖上部有一个小洞,洞口朝东南,距离崖底约 44 米。

无名洞(朝天洞东)

双 洞

双洞位于陶山寨堡寨墙南端山崖下东侧，北纬 36°17.1184′，东经 116°37.2556′，海拔 394 米。双洞的两洞相邻，一个在内侧，一个在外侧。内侧洞口朝南，洞分为前后两部分。前部洞口宽约 1.2 米，高约 2.65 米；洞深约6 米，内高约 1.5 米。后部洞口高约 1.05 米，宽约 0.6 米；洞深约 5.7 米，内高 2.18～2.66 米。外侧洞为贯穿洞，一个洞口朝西，一个洞口朝南。洞口宽约 0.66 米，高约 2.5 米；洞直深约 5.3 米，内高约 1.8 米。

内侧洞

外侧洞

方 洞

方洞位于三仙洞以北，洞口朝西南，呈长方形。洞口高约 1.48 米，宽约 0.82 米。洞深约 5.53 米，前部高约 1.58 米，后部高约 1.54 米。洞后部地面比前部高出约 0.4 米。

方洞洞口

三仙洞

三仙洞位于陶山主山体西麓北端，北纬 36° 16.9727′，东经 116°37.3040′，海拔 385 米，洞口朝西。传说洞中原来住着蛇仙、狐仙和刺猬仙，因而被称为“三仙洞”。三仙洞分内洞、外洞两部分，内洞又分上下两层。外洞高约 8.3 米，宽约 7.85 米，深约 4.56 米。内洞下层入口位于外洞西北侧，入口宽约 4.8 米，高约 2.5 米。下层洞前后进深 8.5～10.5 米，左右宽约 15.2 米，右侧延伸至上层洞下方。上层洞由前部穹顶和后部南北两洞组成，前部穹顶高约 7.4 米，宽约 2.8 米，进深约 5.15 米。后部北洞高约 3.7 米，宽约 1.33 米，深约 2.8 米；后部南洞高约 3.9 米，宽约 1.6 米，深约12.65 米。其中后部南洞底部往里又有一个小洞，高约 1.7 米，深约 8.13 米。

外洞洞口处有人工垒砌石墙，石墙内有石碑一通，碑仰卧在地，为清光绪二十八年(1902 年)陶山三仙洞玄真子志碑。

三仙洞外景

三仙洞内侧上层洞

观音洞

观音洞在三仙洞以南，北纬 36°16.9169′，东经 116°37.2872′，海拔 385 米，洞口朝西。根据《岱览》等文献记载，观音洞原来被称为“蝙蝠洞”，洞中有成千上万只蝙蝠。[①] 观音洞由前后两部分组成。前部洞口宽约 6.46 米，高约 4.58 米；洞深约 10.35 米，内宽约 5.25 米。后部洞口宽约 3.95 米，高约 2.5 米，洞深约 22 米。后洞底部另有狭窄洞口，深不可测。观音洞前部现存造像 2 尊，南壁为观音像，通高 1.98 米，宽 1.3 米，像高 1.3 米，座高 0.68 米，距离地面 1.6 米；北壁为释迦牟尼像，通高 1.55 米，宽 1.35 米，像高 1 米，座高 0.55 米，距离地面 1.23 米。

观音洞中有摩崖题刻三处、石碑两方，洞口处有人工垒砌的石墙。洞口东壁为明正德二年（1507 年）“观音洞”题刻，洞前部西壁为明崇祯四年（1631 年）“斜阳洞”题刻，西壁北侧为“慎独”题刻。两方石碑为清同治二年（1863 年）“观音洞”残碑。2014 年 11 月，观音洞石刻被列入肥城市文物保护单位。

观音洞洞口

① 关于蝙蝠洞的蝙蝠，唐仲冕称：“有青霞洞、蝙蝠洞。《肥城县志》云：‘在菩萨洞之东，门西向，深邃远透东岩，无止极处。中有蝙蝠盈万，大者如鸟。’《水经注》引元中注云：‘蝙蝠百岁者倒悬，得而服之，使人神仙。’今洞中飞鸣，亦如丹水石穴也。”[（清）唐仲冕：《岱览》卷三十二，清嘉庆十二年果克山房刻本]

石缝洞(观音洞南)

石缝洞是观音洞以南山崖下的一个小洞,洞由落石堆积而成,洞口朝西。洞口高约 1.7 米,宽 0.75 米;洞深约 4.1 米,内高约 1.2 米。

石缝洞(观音洞南)洞口

凹　洞

凹洞位于观音洞以南、冰洞东南山崖的中部。洞口宽约 4.4 米,高约 2.95 米;洞深约 3 米,前有一块巨石阻挡。

凹洞外景

鸽子洞

鸽子洞位于凹洞以南，北纬 36°16.8739′，东经 116°37.2406′，海拔 403 米，洞口朝上。洞口被大石分隔为两部分，大洞口直径约 1.85 米，小洞口直径约 0.3 米，洞口处垂直深约 4.2 米。洞下部向北侧延伸，纵深约 13.5 米，洞底左拐，深约 12 米。根据当地村民回忆，洞中原来有大群鸽子聚集，因而被称为“鸽子洞”。

鸽子洞洞口

冰 洞

冰洞位于观音洞西南山坡处，北纬 36°16.8733′，东经 116°37.1957′，海拔 370 米，洞口朝西。冰洞洞口高约 0.7 米，宽约 1.9 米，可探深约 4.5 米。洞底向下有裂隙，深度不详。冰洞洞口温度维持稳定状态，因而冬温夏凉，夏天凉风习习，冬天热气腾腾。

冰洞洞口

石缝洞(冰洞东南,两个)

石缝洞位于冰洞东南 30 米左右的山崖中部,为塌陷贯穿洞。洞靠近山的一侧倾斜向上,高约 8.6 米,宽约 1.6 米,长约 12 米。洞外侧石柱中部有一个小型贯穿洞,高约 7 米,宽约 1.45 米,长约 4 米,中间悬塞大石一块。

内侧石缝洞(冰洞东南)

外侧石缝洞(冰洞东南)

牛眼洞

牛眼洞位于陶山寨墙南端山崖下二层小山崖中部，洞口朝南，距离崖底约 12 米。该洞因形似牛眼而得名。

牛眼洞远眺

石棚洞

石棚洞位于牛眼洞西北山崖底部，北纬 36°17.1482′，东经116°37.1288′，海拔 294 米，为敞口洞。洞口长约 11 米。洞西侧高约 0.97 米，东侧高约 1.63 米，深约 2.1 米。洞外有垒石砌墙，相传曾有人在此居住。

石棚洞外景

三角洞(陶山主山体西)

三角洞位于陶山主山体西侧二层山崖底部，北纬 36°16.8652′，东经 116°36.9453′，海拔 291 米。洞水平方向整体呈三棱柱形，底部为椭圆形，洞总深约 4.48 米。洞口上宽约 0.48 米，下宽约 1.35 米，高约 2.7 米。洞中部上宽约 0.25 米，下宽约 2.25 米，高约 0.4 米。洞底部宽约 2.1 米，高约 0.66 米，深约 1.18 米。

三角洞(陶山主山体西)洞口

无名洞(陶山主山体西，两个)

三角洞(陶山主山体西)以东、陶山主山体西侧拐角处山崖中部有两个小洞，洞下方崖底海拔 370 米，位于北纬 36°16.8315′，东经 116°37.0303′。东侧洞距离崖底约 45 米，洞口朝西。西侧洞距离崖底约 45 米，洞口朝北。

无名洞(陶山主山体西,两个)远眺

李富德洞

李富德洞位于陶山主山体南侧东部山崖下,北纬 36°16.7432′,东经 116°37.3051′,海拔 463 米,洞口朝西。据传曾有名为李富德的人在此修炼,洞因而得名。洞口高约 3.08 米,宽约 2.12 米。洞深约 7.2 米,上部宽约 1.5 米,下部宽约 3.67 米。洞前部高约 1.9 米,后部高约 0.75 米。洞底部右侧有一小洞,深约 3.45 米。

李富德洞洞口

黄花洞

黄花洞又名“黄华洞”，位于陶山主山体东侧月牙形山崖南端上部，北纬36°16.8629′，东经116°37.4751′，海拔391米，洞口朝东。关于黄花洞名字的由来，有两个传说：一是相传洞中原有黄花蛇，故名“黄花洞”；二是传说因洞中住着蛇精，道士用黄花鹰抓捕，后来黄花鹰守在洞口变成了巨石，因而得名“黄花洞”。黄花洞位于垂直山崖上部，距离崖底约20米，需要攀崖而上，洞口前有大石一块，洞外有平台。洞口高约3.25米，宽约2.65米。洞深约20米，前部高约2.4米，宽约2.8米；中部高约2.1米，宽约1.8米；后部高约1.4米，宽约2.4米。洞后部北侧有一小耳洞，高约0.7米，宽约1.4米，深约2.25米。

黄花洞洞口

黄花洞洞外平台

无名洞(黄花洞北)

在黄花洞以北有一处山崖被称为“水门口”，其南侧底部有一个洞，位于北纬 36°16.9974′，东经 116°37.5017′，海拔 371 米，现已坍塌。洞口高约 1.76 米，宽约 1.25 米。洞可探深约 1.6 米。

无名洞（黄花洞北）洞口

留人洞

留人洞位于陶山寨墙北端东侧山崖二道坡底，北纬 36°17.2604′，东经 116°37.4949′，海拔 280 米，洞呈三角形，斜向上。洞口狭窄，曾有人酒后钻入洞中休息，结果酒醒之后无法出洞，故人们戏称为“留人洞”。洞口高约 1.7 米，宽约 0.51 米；洞深约 4.2 米，内高约 2.1 米。

留人洞洞口

黑虎洞

黑虎洞位于湾泉子沟北侧东端，北纬 36°17.4326′，东经 116°37.1989′，海拔 343 米，洞口朝东北。洞分为外侧、前部和后部三部分。洞口外侧有半穹顶，高约 6.9 米，宽约 2.35 米。洞前部又因高度和宽度不同分为三段，共深约 6.68 米。前段高约 3.2 米，宽约 2 米；中段高约 2.16 米，宽约 1.66 米；后段高约 3.05 米，宽约 5.8 米。洞后部入口处高约 1.86 米，宽约 1.4 米，洞内部逐渐向里变矮，深约 11.5 米。

黑虎洞洞口

黑虎洞里通体黑色的蝙蝠

鸽子洞(黑虎洞北)

黑虎洞以北约200米、大连洞南10余米的山崖上部有一个小洞,洞口朝东,距离崖底约24米。根据村民讲述,洞里边住着鸽子,所以被称为“鸽子洞”。

鸽子洞(黑虎洞北)仰视

大连洞

大连洞位于黑虎洞北200余米处山崖中部,北纬36°17.4421′,东经116°37.1792′,海拔332米,洞口朝东南,与小泰山碧霞宫遥遥相望。大连洞下崖壁陡立,需攀岩才能到达洞口。洞分为洞口、前部和后部三部分。洞口处高约3.75米,宽约1.75米。洞前部高约3.1米,宽约1.6米,深约5米。洞后部入口处高约2.6米,宽约1.56米;内高约2.3米,宽约1.5米,深约5.6米。

大连洞洞口

大连北洞

大连北洞位于大连洞以北约 20 米处，是一个斜向上的贯穿洞，据传此洞与大连洞相通，因而名为“大连北洞”。大连北洞下方是一个敞口洞，北侧高约 5.1 米，南侧高约 4.6 米，宽约 8.3 米，深约 3.75 米。大连北洞长约 6.7 米，宽约 2 米。东侧上部有露天洞口，状如窗户，高约 1.43 米，宽约 1.15 米，西侧上部有小圆洞。

下方敞口洞

上方贯穿斜洞

石材洞

石材洞位于牛角峪西峪南侧山崖中部，北纬 36°17.4660′，东经 116°37.1636′，海拔 343 米，外洞口朝东北，内洞口朝北。石材洞外洞口高约 2.9 米，宽约 2.95 米，洞深约 1.46 米。内洞口高约 2.31 米，宽约 1.97 米，洞深约 6.1 米；洞底部高约 4.8 米，宽约 2.7 米。根据村民讲述，洞中原有一口石棺，故又名“棺材洞”“升官洞”。

石材洞洞口

圆　洞

圆洞位于牛角峪东峪东侧山崖下部，洞口呈椭圆形。洞口高约0.72 米，宽约 0.52 米；洞前端向下深约 1.2 米，向上高约 1.63 米；洞后段斜向上，可探深约 3.1 米。洞底部与南侧牛洞底部相通。

圆洞外景

圆洞内景

牛　洞

牛洞位于牛角峪东峪东侧山崖下部，北纬 36°17.5535′，东经116°37.1483′，海拔 380 米，洞口朝西南。洞口高约 3.32 米，宽约 2.4 米。洞深约 7.6 米，前部高约 3.4 米，宽约 2.15 米；后部高约 3.9 米，宽约2.12 米。洞口东侧有一耳洞，洞口高约 1.99 米，宽约 1.22 米；洞深约2.58 米，内高约2.24 米，宽约 1.1 米。洞后部上方弧形洞壁有石刻造像，造像形象似为持剑武将，共三尊，高约 1.55 米，共宽约 1.15 米。

牛洞洞口

狼　洞(井峪)

狼洞位于井峪上峪口山崖底部，北纬 36°17.6955′，东经 116°37.5235′，海拔 295 米，洞口朝东。据村民称，洞中曾住过狼，因此被称为“狼洞”。洞口高约 1.55 米，宽约 1.1 米。洞前部深约 5.5 米，高约 1.47 米，宽约 0.76 米；洞后部深约 2.25 米，高约 1.2 米，宽约 1.18 米。洞底部上方空间变大，高约 2.2 米。

狼洞(井峪)洞口

葫芦头洞

葫芦头洞位于葫芦头峪东侧、羊鼻子山西侧山洞上部,北纬36°17.7932′,东经116°38.3069′,海拔355米。洞口距离下方崖底约13米,需攀越两道小山崖才能到达。洞口斜向上,呈心形,朝向西南。洞口高约0.39米,宽约0.42米;洞可探深约3.6米,内高约1.05米。南侧有洞向下延伸,深约3.5米,宽约1.55米。

葫芦头洞洞口

无名洞(小影壁墙上,三个)

葫芦头峪东侧、羊鼻子山南侧山崖上有三个小洞,其中靠东侧两个洞位于小影壁墙上,西侧一个洞在山崖中部。

无名洞(小影壁墙上,三个)

无名洞(大影壁墙上,四个)

小影壁墙东侧山沟以东为大影壁墙,山崖上有四个小洞,其中上侧两个为扁口,下侧两个为椭圆形。

无名洞(大影壁墙上,四个)

无名洞(大影壁墙东)

大影壁墙以东山崖上部有一个小洞,洞口朝东南,距离崖底约 20 米,洞口前有一棵小树。

无名洞(大影壁墙东)

无名洞(大台子东)

大台子以东山崖东侧有一个小洞,北纬 36°17.7887′,东经116°38.4702′,下方崖底海拔 351 米,洞口距离崖底约 10 米。

无名洞(大台子东)

扁口洞

大台子以东 100 米左右山崖上部有一个扁口洞,距离崖底约 38 米。

扁口洞仰视

狗窟窿

狗窟窿位于二台子山崖东段下部，北纬 36°17.8148′，东经116°38.5539′，海拔 368 米。洞口朝南，距离崖底约 4 米。洞外侧高约3.4 米，洞内侧高约 1.6 米，宽约 2.5 米，深约 2.2 米。洞底部为石缝，上下高约7.4 米，左右长约 5 米，前后宽约 0.6 米。

狗窟窿洞口

三尖洞

三尖洞位于三岔峪西侧峪顶山崖上部，北纬 36°17.8096′，东经 116°38.6731′，海拔 463 米。洞口朝西南，呈三角形，故名“三尖洞”。三尖洞距离崖底约 32 米，需借助攀岩工具才能攀登进洞。洞分为前中后三部分，洞前部、中部有五处造像，洞口西北侧岩壁上有摩崖石刻一方。

三尖洞仰视

三尖洞洞口高约 12 米，宽约 5.3 米。洞前部高约 8.2 米，宽约 8.55 米，深约 6.3 米。洞中部地面比前部高出 2 米左右，前侧高约 5.9 米，宽约 4.7 米，后侧高约 4.5 米，宽约 3.5 米，深约 11 米。洞后部向东拐，前侧高约 3.85 米，后侧高约 2.6 米，宽约 3 米，深约 5.2 米。洞底端分三层，底层高约 0.87 米，宽约 1.8 米，深约 1.6 米；中层高约 0.98 米，宽约 1.67 米，深约 0.82 米；上侧高约 0.54 米，宽约 1.78 米，深约 2.45 米。洞前部西北侧有一个小耳洞，高约 2.05 米，宽约 0.41 米，深约 1.62 米。

三尖洞洞口

洞中部西壁有石像三尊，像龛共宽约 2.1 米，距离地面约 1.6 米。中间坐像，高约 1.1 米，宽约 0.68 米，座高 0.3 米；北侧站像，高约 1.2 米，宽约 0.48 米；南侧站像，高约 1.3 米，宽约 0.54 米。东壁石像三尊，像龛共宽约 1.68 米，距离地面约 2 米。三像均为坐像，中间像高 1.08 米，宽 0.5 米；北侧像高 0.88 米，宽约 0.44 米；南侧像高约 0.86 米，宽约 0.44 米。

三尖洞中部造像

洞前部东壁有佛像三尊，像龛共宽约 2.4 米，距离地面约 1.6 米。三像皆为坐像，中间为释迦牟尼像，像高 0.9 米，宽约 0.6 米，像下为莲花座，底座高约 0.56 米，宽约 0.9 米；北侧菩萨像，像高约 0.7 米，宽约 0.42 米，像下为坐骑象，底座高约 0.3 米，坐骑宽约 0.7 米；南侧菩萨像，像高约 0.75 米，宽约 0.45 米，像下为坐骑虎，底座高约 0.25 米，坐骑宽约 0.65 米。洞前部南壁有佛像两尊，东侧像高约 0.92 米，宽约 0.48 米，底座高约 0.1 米，龛宽约 0.75 米，距离地面 1.56 米；西侧像高约 0.7 米，宽约 0.4 米，底座高约 0.34 米，龛宽约 0.65 米，距离地面 1.36 米。洞口西壁镌刻明正德十年（1515 年）造像记题刻。三尖洞造像与石刻于 2014 年 11 月被列入肥城市文物保护单位。

三尖洞前部造像

三角洞（三尖洞下）

三尖洞下方山崖底部有一个三角形小洞，洞口朝西南，距离崖底约 2.85 米。洞高约 1.25 米，宽约 2.15 米，深约 1.24 米。

三角洞（三尖洞下）洞口

石屋洞

石屋洞位于三角洞下方小路东侧，为巨石覆盖形成的洞，形状像低矮的石屋，因而得名。洞口高约 0.62 米，宽约 0.75 米。洞深约 3.07 米，内部宽约 2.39 米。

石屋洞洞口

蛤蟆嘴

蛤蟆嘴位于三尖洞下方山沟中部，北纬 36° 17.8426′，东经 116°38.6716′，海拔 334 米。洞为扁平洞，从山下远望，犹如一张巨大的蛤蟆嘴，因此得名。洞高约 1.25 米，宽约 8.4 米，深约 4 米。夏季雨水多的时候，有水流从洞中涌出。

蛤蟆嘴全景

大石棚

大石棚位于蛤蟆嘴下方山沟底部东侧山崖下，北纬 36°17.8153′，东经 116°38.6855′，海拔 303 米，为敞口洞。洞高约 1.6 米，宽约 27 米，深约 3.2 米。因泥水冲积，洞地面有所抬高。根据村里老人的回忆，此处在抗战时期曾作为战地医院，用来救治伤员。洞前为 3 米高的山崖，崖边用石块垒砌，作为防护挡墙。

大石棚全景

窗户洞

窗户洞位于三岔峪东侧山沟顶部山崖下，北纬 36°17.8786′，东经 116°38.8142′，海拔 355 米，洞口朝南。洞口上方有一个人工开凿的圆洞，状如窗户，故名“窗户洞”。洞前有巨石阻挡，从下方看不到洞口。洞口高约 1.52 米，上部宽约 0.87 米，下部宽约 1.71 米。洞内比洞口低约 1 米，洞分为前中后三部分，直深约 10.4 米，后部向西北拐，又成一耳洞。洞前部宽约 7.35 米，西侧顶部有圆形穹顶，高约 7.88 米；东侧高约 5.4 米。中部与前部连接处呈半圆形，高约 2.38 米，宽约 3.15 米；洞中部高约2.65 米，宽约 4.08 米。内部与中部连接处高约 1.71 米，宽约 3.2 米；洞内部高约 1.93 米，宽约 6.3 米。洞底西北方向耳洞与洞后部连接处高约 1.04 米，下宽约 2.74 米，上宽约 1.03 米。耳洞高约 7.1 米，宽约 2.8 米，深约 9.2 米。根据村里老人回忆，抗日战争时期有抗战人士曾在此躲避追捕，并在此创建抗战小学。

窗户洞洞口

鹰　洞

窗户洞东侧山崖上部有一圆口洞，洞口朝西，距离崖底约 35 米。村民称之前洞中有老鹰居住，因而名为“鹰洞”。

鹰洞远眺

八仙洞

八仙洞位于小泰山西麓北端西侧山崖中部，北纬 36°17.6764′，东经 116°39.2237′，海拔 428 米，洞口朝南。洞口高约 2.23 米，宽约 4.26 米。洞深约 11 米，洞分前中后三部分。洞前部高约 1.92 米，宽约 4.42 米；中部高约 3.01 米，宽约 6.61 米；后部高约 1.21 米，宽约 5.97 米。洞中部建有八仙祠，供奉八仙。因为吕仙村有吕祖团瓢单独供奉吕洞宾，所以八仙祠中实际只供奉除吕洞宾之外的七仙，即汉钟离、铁拐李、曹国舅、张果老、蓝采和、韩湘子、何仙姑。八仙洞洞口有石块垒砌的挡墙，前部有石碑三通，分别为清宣统三年(1911 年)重修八仙洞记碑两通和民国十四年(1925 年)重修王母□残碑一通。八仙洞于 2014 年 11 月被列入肥城市文物保护单位。

八仙洞洞口

王母娘娘洞

王母娘娘洞位于小泰山西麓北端拐角处山崖中部，北纬 36°17.6674′，东经 116°39.2408′，海拔 465 米，洞口朝西南。根据村里老人回忆，洞中原来奉祀王母娘娘，因而得名“王母娘娘洞”。又因为洞顶部有一个类似月亮的图案，所以又名“月亮洞”。后来村民在洞中塑观音像，于是改名“观音洞”。洞口高约 3.74 米，宽约 4.86 米。洞直深约 15.6 米，可分前后两部分，后部东侧又有一洞。洞前部高约 2.37 米，宽约 4.54 米；后部高约 2.2 米，宽约 3.73 米。后部东侧洞高约 2.15 米，宽约 4.86 米，深约 4.27 米。

王母娘娘洞洞口

玉皇洞

玉皇洞位于小泰山西麓北段山崖中部，北纬 36°17.6309′，东经116°39.2468′，海拔 466 米，洞口朝南。洞口高约 3.78 米，宽约 5.37 米，洞直深约 19.23 米，可分前后两部分，前部后侧有用石块垒砌的神台。洞前部高约 2.75 米，宽约 4.25 米，深约 11.76 米；后部向西北拐向，前侧高约 2.6 米，宽约 4.46 米，后侧高约 1.66 米，宽约 5.93 米，共深约 7.47 米。

玉皇洞内有造像六尊，题刻两处。洞前部西侧有一佛龛，内有浮雕观音像。佛龛高约 0.39 米，宽约 0.25 米。观音像面部毁坏，高约 0.31 米。像左右两侧刻有竖题“香花供养观音菩萨”八字，佛龛壁沿刻有“建炎元年李遇□”字样。观音像里侧石壁又刻有五尊造像，中间为坐像，下有底座，两侧是两尊立像，再外侧为两尊坐像。造像损坏严重，面部均已残缺。中间坐像通高 1.15 米，两立像均高 0.6 米，南侧坐像通高 0.98 米，北侧坐像通高

0.86 米。洞口西壁题刻为唐景福三年(894 年)镌刻观音像记事摩崖,西壁里侧为明万历三年(1575 年)佛洞记摩崖石刻。

玉皇洞洞口

鸽子厦

鸽子厦位于娲皇殿东侧山崖上部,距离崖底约 40 米,洞口朝西。洞中原来聚居大群鸽子,又因洞口距离地面很高,故称为“鸽子厦”。

鸽子厦仰视

方　洞(鸽子厦南)

方洞位于鸽子厦以南山崖上部。洞口朝南,呈长方形,距离崖底约45米,洞口高约4米。

方洞(鸽子厦南)远眺

第二节 涧 泉

陶山两翼沟壑横亘，间有泉眼点缀其间。古时植被较少，每逢大雨，沟壑激流奔涌，滚石阵阵，经过长时间冲刷，形成了深沟巨壑。但随着植树造林，山上植被渐多，激流奔涌的情景出现的次数渐少，沟壑深度和规模也逐渐变小。现将有名可称、有迹可循的沟壑和泉眼，自西向东介绍如下。

西南峪

西南峪位于牤牛山北侧、幽栖寺正西。据说原来植被稀少时，降雨后会形成激流，植树造林后已基本不见水流。

西南峪俯瞰

王家沟

王家沟位于西南峪以北、范蠡墓东北，村民也称之为“西沟”。原来植被稀少时，降雨后水流很大，植树造林后水流基本消失。沟顶有神仙炕。

王家沟俯瞰

北斜峪

北斜峪位于陶山右翼西北角，西北—东南走向。根据村民回忆，这里原来是山后到山前的必经之路，山后的村民经常挑着货物到陶山前的张家店集赶集。

北斜峪全景

圪崂峪

圪崂峪位于北斜峪东，沟狭窄陡峭，东北—西南走向，下方与北斜峪合为一处。峪南侧中部有狼洞。

圪崂峪俯瞰

朝阳沟

朝阳沟位于朝阳洞以西，根据村民回忆，原来山上植被稀少，每到雨水充沛时，水流从山顶冲下，就像挂在山崖上的瀑布。山顶的石头在雨水冲刷下，滚落山底。植树造林后，沟中水流小了很多。

朝阳沟远眺

簸箕岔

簸箕岔位于朝阳洞以东，因形状像簸箕，故而得名“簸箕岔”。簸箕岔下有竹林寺。

簸箕岔远眺

箢篓峪

箢篓峪位于陶山主山体西侧北部，因形状像村民使用的箢篓，所以村民称之为“箢篓峪”。箢篓峪南为平岭顶。

箢篓峪俯瞰

里　峪

里峪在箢篓峪下游，里峪村就因位于峪边而得名。里峪村北现存栖幽寺村善人周连元坟墓。

里峪俯瞰

幽栖寺水井

幽栖寺水井位于寺东沟边，之前为泉眼，后垒砌为水井。根据村民讲述，以前幽栖寺井井水喷涌，常年不断，幽栖寺僧人及周边居民到此取水。《岱览》记载：幽栖寺东“有流泉洞、泛舟洞，旁有神鱼洞。西崦之水迳此，南流而下，汇于涧。流泉洞泉流数泓，祷雨辄应”①。从位置看，流泉洞极有可能就是幽栖寺东之水井。

幽栖寺水井

山阳四峪

陶山主山体南侧有四条山沟，分别为田家峪、杨家峪、斜峪和红谷峪。之前植被少时，山沟明显，降雨后水流巨大，但植树造林之后，水流变小，沟壑已不太明显。根据附近村民讲述，这四条峪和相邻的四条岭看上去就像四条腿一样，支撑起了陶山之阳的“太师椅”。

---

① （清）唐仲冕：《岱览》卷三十二，清嘉庆十二年果克山房刻本。

山阳四峪远眺

湾泉子沟

湾泉子沟位于陶山朝阳洞所在山体的东北侧，东西向，是陶山左翼的一条大沟，与小泰山西侧的大峪沟相呼应。沟顶有湾泉。

湾泉子沟俯瞰

湾　泉

湾泉位于湾泉子沟顶部南侧山崖下，北纬 36°17.3048′，东经 116°37.2884′，海拔 302 米，洞口呈三角形。泉洞高约 1.5 米，宽约 3.3 米，窄处宽约 0.8 米，深约 1.68 米。洞底部有水涌出，遗憾的是，洞内现已淤积，因而洞中水量减少。根据村民回忆，原来泉水很大，常年有水，村民经常到此打水。

湾泉洞口

牛角峪

牛角峪位于湾泉子沟东北，由两个短小的峪沟组成，形状像两只牛角，因而得名“牛角峪”。牛角峪东峪东侧有牛洞，洞中有将军造像。

牛角峪远眺

井　峪

井峪位于牛角峪以东、长清路口以西。峪沟较短，峪顶有狼洞。

井峪远眺

葫芦头峪

葫芦头峪位于长清路口以东，由东西两条峪沟组成，形状像村民种的菜葫芦，因而被称为“葫芦头峪”。东峪东侧山涧上部有葫芦头洞，东峪西北侧有泉眼，名为“泉头”。

葫芦头峪俯瞰

泉 头

泉头是一个水平泉眼，位于葫芦头峪东峪西北侧近崖底山坡下，北纬36°17.8049′，东经116°38.2527′，海拔316米，洞口朝南。洞口直径约0.35米，直深约0.67米，内部往东拐，可探深约1.4米，内高0.25米。夏季多雨时，有泉水喷涌而出。

泉头洞口

三岔峪

三岔峪位于葫芦头峪以东，由三条峪沟组成。三岔峪峪口宽阔，西侧峪沟上部有蛤蟆嘴、三尖洞等洞穴，下部东侧有曾作为战地医院使用的大石棚；东侧峪沟顶部有窗户洞，沟东侧山崖有黄石门。

三岔峪全景

大峪沟

大峪沟位于小泰山西麓北侧，东西走向。大峪沟是陶山左翼的另一条大沟，与西侧的湾泉子沟相呼应。沟南有洞灵观遗址。

大峪沟俯瞰

朱家泉

朱家泉位于洞灵观以北大峪沟北侧，北纬 36°17.6281′，东经116°38.6990′，海拔 226 米。朱家泉曾常年有水，现泉池周边已垒砌砖房，泉池被完全覆盖。

朱家泉外景

王家泉

王家泉位于圆山西侧土堑下，北纬 36°17.4556′，东经 116°38.5799′，海拔 231 米。王家泉曾常年有水，现泉池周边已垒砌砖房，将泉池完全覆盖。

王家泉外景

砚台沟

砚台沟位于吕仙村东北,原向北连通上游的大峪沟、三岔峪等,现北段被开垦为农田,仅存南段。砚台沟岩层黝黑,曾被开采用来制作砚台。《岱览》记载:"又东为凤味峰,有丹穴洞,其下有墨涛洞,洞中有水,水中有石,皆黝而柔,良砚材也。采者铲洞口粗石,就浅水剥取之,出水便刚,砻以为砚,不减端溪。"[①]其中所说的墨涛洞极有可能就是砚台沟中的洞穴。砚台沟岩层缝隙常年有流水,冬季时会形成美丽的冰瀑景观。砚台沟下游汇入团瓢谷。

---

① (清)唐仲冕:《岱览》卷三十二,清嘉庆十二年果克山房刻本。

砚台沟局部

狼　峪

狼峪位于吕仙村西北，上游与湾泉子沟、牛角峪等相接，峪沟深约 4 米。根据村民回忆，狼峪原来水流很大，所以峪沟冲刷很深。狼峪下游汇入团瓢谷。

狼峪局部

群英二号井

群英二号井位于吕仙村以北田地中，北纬 36°17.5231′，东经116°38.1053′，海拔 197 米。井下有泉眼一口，夏季多雨时，喷涌可达数米高、数丈远。井深近 20 米，井口南北宽 7.2 米，东西宽 4.3 米，泉眼位于地面下 6.2 米。群英二号井以泉水为水源，村民可抽水灌溉周边农田。

群英二号井中泉水

团瓢谷

团瓢谷位于吕仙村西，紧挨村落，其水流主要来自狼峪和砚台沟。下游有陶朱泉、陶阳泉等。团瓢谷原来往南直接汇入响水河，现因修建了吕仙村水库，水流先汇入水库，再分流向南。

团瓢谷俯瞰

陶朱泉

陶朱泉位于团瓢谷下游西侧，北纬 36°17.0845′，东经 116°38.1424′，海拔 157 米。陶朱泉泉水常流，周边居民皆到此取水。为方便居民往来取水，现在泉眼周边垒砌了石台。2018 年，村里在泉边立碑，改名为“陶竹泉”。

陶朱泉（又名“陶竹泉”）

陶阳泉

陶阳泉原在团瓢谷下游东侧，常年有水，现已没入吕仙村水库。

陶阳泉原址俯瞰

杨家井

杨家井位于吕仙村水库东南，现已垒砌成水池。池底有两处泉眼，水流不断。

杨家井全景

无名泉

无名泉位于十二重楼旧址以东石堑下方，现已垒砌成水池。池底有泉眼，水流不断，村民用以灌溉。据《岱览》记载，十二重楼东有淅米洞，似为此泉。

无名泉全景

响水河

响水河发源于陶山东侧、小泰山西侧，为山洪冲刷而成。其源头有二：一是吕仙村西北的湾泉子沟、牛角峪等，一是吕仙村东北的大峪沟、三岔峪等。响水河上游各段均有不同的名字，如狼峪、砚台沟、团瓢谷等，经团瓢谷汇入吕仙村水库。水流出水库后向南穿过冯庄村继续南流，从涧北村东南流至北王庄，然后西折入沙庄徐家河洼，最后至东湖东村流入汇河。从吕仙村水库往南这一段称为响水河，全长10余千米。新中国成立前，河水长流，夏秋季节水大，河面宽阔；冬春季节水小，垫几块石头就可以过河。新中国成立后，吕仙村、冯庄村、涧北村相继在河上建设水库蓄水，所以平常年份，河中水流很小，甚至不见水流，只有到降水充沛的年份，水库放水时，响水河中水流才会变大。

响水河俯瞰

第三节　峰　峦

陶山东西长约 6 千米，南北宽约 3 千米，四周地势各异，一些地势突出或形状异样的地方，村民另起名号，以标记方位。今根据村民约定俗成的称呼，自西向东介绍如下。

牤牛山

牤牛山位于陶山右翼南端，三面山崖陡峭，东侧为西南峪。《岱览》载，牤牛山南为小华山，与东端之小泰山相呼应，但今小华山之名已很少使用。

牤牛山远眺

象鼻子山

象鼻子山位于牤牛山东北侧、西南峪北侧，因其上有一条小沟形似象鼻，故村民称之为“象鼻子山”。

象鼻子山俯瞰

锅沿山

锅沿山位于圪崂峪东南侧，因山坡下岩石上有人工凿成的石坑，形状像平底锅，村民称之为“锅沿”，故将此山称为“锅沿山”。锅沿山东侧崖底有牧羊石棚。

锅沿山远眺

圆鼻子山

圆鼻子山位于锅沿山以东、朝阳沟以西。山崖外形似圆圆的鼻子，因而被称为“圆鼻子山”。

圆鼻子山俯瞰

平岭顶

平岭顶位于管箩峪西南侧，山岭平缓，其高度比陶山山崖低很多，因而得名“平岭顶”。

平岭顶远眺

凤凰顶

凤凰顶位于陶山东侧月牙形山崖北端东面，呈椭圆形，南北稍长，东西稍扁。凤凰顶形状非常像陵墓，故而被传为高官大员的坟墓。

凤凰顶远眺

大簸箕

大簸箕位于牛角峪以东、里峪以西。山体向南凸出，边沿平圆，形状像簸箕，加上山体宽阔，因而被称为“大簸箕”。又因为吕仙村刁姓人家在山下开垦种植，村民又俗称之为“刁二崖”。大簸箕顶上现建有滑翔基地。

大簸箕远眺

老鸹山子崖

老鸹山子崖位于大簸箕以东、长清路口以西。

老鸹山子崖远眺

小簸箕

小簸箕位于长清路口以东。山崖形状像簸箕，但比西边的大簸箕要小很多，所以人们称之为“小簸箕”。

小簸箕远眺

羊鼻子山

葫芦头峪东侧的山崖形似羊鼻子，故而得名“羊鼻子山”。山西侧山洞上部有葫芦头洞。

羊鼻子山远眺

清观北崖

黄石门往东，山崖平直，延伸 700 米左右，被称为“清观北崖”。

清观北崖远眺

小泰山

小泰山位于陶山左翼南端。山顶建有碧霞宫，供奉碧霞元君。小泰山山崖陡立，四壁如削，独立于山体之外，有拔地而起之势。小泰山下有娲皇殿、灵官殿等庙宇。

小泰山远眺

圆　山

圆山位于洞灵观以南。山形扁圆，因而得名。

圆山远眺

蜂窝岭

圆山以南有小山，地势较平缓，被称为“蜂窝岭”。

蜂窝岭远眺

第四节　标志性景观

陶山周圈崖壁峭立，山崖外侧因水蚀风化导致岩石崩落，但又未完全与山体分离，因而形成了一些独具特点的地貌。有些地方形成平整石台，有些地方状如立锥，有些地方却被冲蚀为圆筒。现自西向东介绍如下。

神仙炕

神仙炕位于王家沟顶部山崖下方，北纬 36°17.0325′，东经116°36.0683′，海拔 307 米，为一处平坦的石坪。石坪朝东，南北两端有山崖，形状非常像农村使用的炕。因石坪位置高峻，攀爬困难，村民称之为“神仙炕”。站在神仙炕向东南望去，山下的范蠡墓清晰可见。

神仙炕台面

缆船桩

缆船桩位于西施洞以南山沟南侧，因岩层遭侵蚀塌陷，与崖体隔离，外侧形成石柱，形状像拴船的桩。相传范蠡与西施隐居陶山时，曾乘船往来湖间，这里就是他们拴船的地方。根据村中老人回忆，曾在山崖上部发现拴船用的铁链，铁链有胳膊粗，后不知所踪。

缆船桩远眺

錾子台

錾子台位于竹林寺以东山崖顶部，北纬 36°17.2204′，东经116°36.1387′，海拔 360 米。山崖外侧有石柱屹立，柱顶平坦，类似于陶山右翼的缆船桩。石柱西侧有小路通山顶，在崖顶处有錾子开凿的痕迹，因而被称为“錾子台”。此处是陶山西侧通往山顶的重要道路。

錾子台石柱

錾子台石阶

纺锤石

在陶山寨墙南端东侧的山崖边，有一根石柱斜倚在山崖上。石柱上头尖尖与山崖脱离，下端呈圆柱，形状像纺锤，被人称为“纺锤石”。纺锤石蹲坐在石台上，仿佛摇摇欲坠。

纺锤石远眺

西大劈

陶山主山体南侧西端，三面悬崖峭立，犹如刀斧垂直劈砍而成，村民称之为“西大劈”。

三蹬眼

三蹬眼为陶山主山体南侧西端、西大劈南面的一处石台。越过石台可至陶山山顶，但石台险峻难攀，登上石台时要奋力攀爬，因此村民称之为“三蹬眼”。

轿　顶

在三蹬眼下方，有一个凸出的平坦石台，石台上有几块直立的长石条，这些石条围成一个方形，就像是一顶轿子，轿子上面还有石帽，村民称之为“小轿”或“轿顶”。爬上轿顶，再攀上三蹬眼，就可以登上陶山山顶。

书本石

在轿顶南侧下方，有许多方正平直的大石块斜躺在山坡上，形状就像打开的书本，人们形象地称之为“书本石”。这些石块极有可能是因风化脱落，从“轿顶”附近滚落到这里的。

西大劈、三蹬眼、轿顶、书本石远眺

太师椅

从位于陶山之阳的涧北村望陶山，上部山崖整齐峭立，东西走向，面向稍偏西南。山崖下的二道坡东西稍高，中间稍低，背靠上部山崖，形状像极了太师椅的椅面。再往下的山坡有四条峪沟，加上相邻的四条山岭，看上去就像四条腿支撑着椅面。这就是村民俗称的“太师椅”。椅面下方为唐仲冕母亲的墓。

太师椅远眺

水门口

陶山主山体东侧北段山崖呈月牙形，中间偏北的凹处被称为“水门口”。水门口下有沟壑，现已不显。水门口南侧山崖下有一个坍塌的洞，月牙形山崖南端上部即是“黄花洞”。

水门口远眺

大、小楼筒

在陶山主山体北侧东段的山崖上有一个从崖顶贯穿到崖底的凹处，形状浑圆，非常像圆柱，被称为“大楼筒”。大楼筒往西，在陶山寨墙北端的西侧，另有一处圆柱凹处，直径和高度比大楼筒略小一些，因而被称为“小楼筒”。小楼筒位于北纬 36°17.2142′，东经 116°37.3555′，顶部海拔 383 米。

大楼筒远眺

小楼筒远眺

大、小拖车道

在湾泉子沟南侧，有山崖向东北方向凸出。山崖下部逐渐外探，形成具有一定坡度的崖坡，人们可以从这里上下陶山山顶。因崖坡与其他山崖相比较为平缓，所以人们称之为“拖车道”。南北两处缓崖，宽度不同，因而有大、小拖车道之分。

大、小拖车道全景

长清路口

吕仙村北偏西的陶山山体上有一处山坳，地势较东西山体要矮一些，古时人们在这里凿石开路，作为连接陶山南北的通道。因为过了山口就到了长清地界，所以这里被称为“长清路口”，又称为“北山口”“西岭口”。山口东侧崖壁上有明嘉靖年间(1522～1566 年)镌刻的修路植树摩崖，摩崖以东路边有修路植树碑两通：一通为清光绪十二年(1886 年)立；另一通立碑年份残缺，据碑中干支纪年及镌刻石匠等题名，结合洞灵观残碑题名信息等，推测为明万历四十一年(1613 年)立。

长清路口近景

长清路口远眺

岩溶叠瀑

在小簸箕东段下方的第二层山崖上，悬挂着层层叠叠的钟乳石。由于山崖存在垂直的岩层缝隙，雨水长期渗漏其中，因而在岩层缝隙中形成了钟乳石。后因开山修路，外侧岩层被凿去，钟乳石便裸露出来，呈现出“岩溶叠瀑”的景观。

岩溶叠瀑

岩溶叠瀑近景

大、小影壁墙

羊鼻子山以东山崖南侧有两处山崖凸立在山前：西侧山崖稍小，称为“小影壁墙”；东侧山崖稍大，称为“大影壁墙”。两处山崖上均有洞穴。

小影壁墙

大影壁墙

大台子、二台子

大影壁墙往东，有山崖凸出，像探出的石台，村民称之为“大台子”。“大台子”再往东，又有石台探出，规模稍小，被称为“二台子”。二台子下部有洞名为“狗窟窿”。二台子后侧有陡峭的小路，沿小路可攀爬至山顶。

大台子

二台子

黄石门

窗户洞东侧山崖南部有方石突兀，中间平整，形状像巨大的石门，因岩石颜色偏黄，人们称之为“黄石门”。从南侧仰望黄石门，黄石门北侧的方石凹凸错落，像极了人的脸部。

黄石门西侧照

黄石门南侧照

第三章 人文遗迹

得益于陶山独特的地理环境，陶山山间及山下周边分布着众多的人文遗迹，这些遗迹承载着陶山的历史文化，也见证了陶山周边的社会变迁。

第一节 书院

“书院”这一名称，最早出现于唐代。唐玄宗时，鉴于官方藏书、校书需要，设立“丽正书院”“集贤书院”。五代时，出现了有聚徒讲学功能的书院。北宋初期，书院将教育、教学和学术研究结合起来，成为独立于官学之外的特殊的教育组织，各地书院也如雨后春笋般涌现。明清时期，书院功能日渐与科举相结合。据光绪《肥城县志》记载，肥城原有书院10处，分别为“翔鸾书院”“大成书院”“同川书院”“金峰书院”“育英书院”“后山书院”“东户屯书院”“岱南书院”“凤山书院”“孝堂书院”[①]，现仅存岱南书院一处。

岱南书院

岱南书院位于冯庄村北，坐北朝南，大门南向。院内现存魁星楼一座、北屋十一间、东屋三间、西屋三间，其中东侧北屋四间为后期翻修，东西屋原为教室。魁星楼位于岱南书院大门内东北侧，紧邻东侧教室南端。魁星楼与岱南书院同时兴建，是书院奉祀魁星的地方。魁星楼主体建筑分为两层，地面基础由三层条石垒砌，呈四方形，高30厘米，每边长3.6米，四角各放

---

① 参见光绪《肥城县志》卷五，清光绪十七年刻本。

置一个圆形石墩。第一层为六棱柱形砖体结构，每面墙宽 1.8 米，南侧开一扇小门，高 1.8 米。门左右各开一个八角形小窗，高 0.6 米。小窗四周用青砖围砌，窗内安装了两扇可开启的小门。第一层顶部有两条南北方向的檩木，檩木上铺设木板。顶部靠西壁的地方有一个方洞，可放置木梯以便上下。第一层高 2.8 米，顶部外围向外探出，为镶花沿前厦，由逐层外探的四层砖构成。第二层亦为六棱柱形构造，外围比第一层向内缩进 0.3 米，开一门四窗。门南向，左右为窗，正北无窗。窗为立式，高 0.84 米，宽 0.45 米。第二层高 2.8 米，上部为六脊歇山式罩厦，设计与第一层顶部外沿相同。楼顶上有一座与整体建筑样式相同的小神楼，里面供奉魁星，神楼高 0.6 米，直径 0.25 米。①

魁星楼

据光绪《肥城县志》记载，岱南书院创建于清道光十四年（1834 年），创建者为时任安徽芜湖道台的唐鉴与肥城庠生罗维钟等人。光绪三十四年（1908 年），岱南书院改为岱南高等小学。抗战时期，岱南书院曾作为地下工

① 参见泰安市地方史志编纂委员会编：《泰安历史文化遗迹志》，方志出版社 2011 年版，第 343 页。

作联络点，以教学为掩护，开展抗战情报传递工作。新中国成立后，岱南书院改为冯庄小学。据村民回忆，书院中间北屋为教师办公室兼宿舍，西侧北屋为厨房和教室，东侧北屋为学校看护人员的宿舍；前方东西两侧房屋为教室。后小学搬迁，书院旧址曾作为饭店使用，在此期间，大门朝向也从朝南改为朝东。后来饭店歇业，书院遂荒置，东西教室屋顶塌毁严重。2021 年，肥城市文旅局拨款修缮，拆除东向大门，恢复南侧大门。

岱南书院俯瞰

第二节　寺　观

陶山上下祠宇众多，佛教道教在此弘法传教，广建殿宇，留下了众多遗迹。本节自西向东依次介绍。

幽栖寺

幽栖寺位于陶山主山体西侧、栖幽寺村北。幽栖寺原大雄宝殿及南侧韦陀殿于 20 世纪 70 年代塌毁，仁才法师于 2001 年募资重建，并将韦陀殿移建到西配地藏殿南侧，朝向由南北向改为东西向。2005 年，修复西配地藏殿、钟楼及范蠡祠。同年，幽栖寺被山东省宗教局批准为佛教活动场所。近年来，寺中僧人又在西院新建“西方三圣殿”，并于大雄宝殿西侧、西方三圣殿北侧建

“迦蓝殿”“五观堂”。西方三圣殿坐西朝东，迦蓝殿及五观堂坐北朝南。

幽栖寺后院北侧有大片空地，地面上散落若干石柱、柱础等，相传为幽栖寺旧址。关于幽栖寺的创建年代，清顺治年间（1644～1661年）肥城知县史廷桂《重建陶公幽栖祠诗刻并记》言：

> 旧有祠，创于秦，在公之旧居处，名“陶公幽栖祠”……至汉，于祠前建佛殿，去“陶公”二字，改为“幽栖寺”，即于寺内立祠祀公……隋时，则移祠于冢右，以秦碣有“忠智”字，名曰“忠智幽栖祠”，即今之遗址是也。[①]

按照史廷桂所撰碑记，幽栖寺创于汉代，位置在陶公幽栖祠（即范蠡故居处）前面。而明嘉靖十二年（1533年）《山东通志》云：“幽栖寺：在肥城县西陶山之东，陶朱公隐此，唐时创建，金大定元年重修。”[②]之后乾隆《泰安府志》、雍正《山东通志》等地方史志都延续了嘉靖《山东通志》的说法，均称幽栖寺创建于唐代。又幽栖寺现存最早刻石为唐弘道元年（683年）至载初元年（689年）间所立赵怀相造像记碑，唐之前事既不见于史籍，亦无残存遗迹可证，因而幽栖寺建寺时间极有可能为唐代。

除现存唐赵怀相造像记碑、广明二年（881年）陁罗尼经幢外，光绪《肥城县志》卷二载幽栖寺还有武周时期陶山幽栖寺石浮图记碑、开元八年（720年）之前优婆夷阿刘造石浮图铭碑、开元八年（720年）张令臣浮图供养记碑等碑，可见幽栖寺在武则天、唐玄宗时期得到信众的广泛捐施。佛教自汉明帝时传入中国之后发展迅速，寺院经济日渐发达，从而与社会产生了争夺土地和劳动力的矛盾。鉴于此，唐武宗发动了声势浩大的灭佛运动，因此次运动发生在会昌年间（841～846年），因而被称为“会昌灭佛”。在这次灭佛运动中，陶山名寺幽栖寺遭受重创，现存岱庙东碑廊、刻于唐广明二年（881年）的陁罗尼经幢中描述了当时幽栖寺的境况：“因会昌圣敕，像返真空，僧还故里，殿塔成而却摧，泉林翠柏悉复枯涸。”直至咸通十三年（872年），贾晋、樊亮、侯宽等纠集两村善信重建幽栖寺，共建佛堂三间，塑释迦牟尼佛一躯。乾符四年（877年）至广明元年（880年）间，贾氏等再次增修寺宇，先后建天王堂一所，垒石砌台，塑北方大圣毗沙门大王、大圣和尚、地藏菩萨各一躯，并镌立经幢，以示善举。

① （清）唐仲冕：《岱览》卷三十二，清嘉庆十二年果克山房刻本。
② 嘉靖《山东通志》卷二十，明嘉靖刻本。

宋代，幽栖寺维修频繁。《大宋郓州平阴县陶山幽栖寺新修钟楼记》漫漶的碑文依稀记载了宋绍圣四年（1097 年），平阴县宁乡镇村民集资建钟楼一事。元符二年（1099 年），信众再次重修幽栖寺，在这次重修中，平阴县东张村黄芦泉、东阿县郭下、大留村、棘勒、北申村、华严社等村信众共捐献石柱 11 根。政和五年（1115 年），李正等 18 名信士为幽栖寺新建经幢。宣和三年（1121 年），平阴县延福村宋琮、程宣分别捐施花锦石柱一根。宣和四年（1122 年），幽栖寺善友、平阴县郭内居住戴政等各施石柱一根。靖康元年（1126 年），平阴县善信裴从善合家施花锦石柱一根。除此之外，幽栖寺北侧空地上现存大量断裂石柱，极有可能为历次维修、扩建时信众捐施之物。

宋金之际，由于战乱频仍，幽栖寺遭到战火毁坏，入金之后才得到修缮。根据乾隆《泰安府志》和《大清一统志》的记载，金大定元年（1161 年）信众重修幽栖寺。《岱览》录金正隆二年（1157 年）刻张汝为题名碑，其中记载了正隆元年（1156 年）同知东平府尹张汝为途经陶山，宿于幽栖寺，听闻山主福超于兵戈之后重葺寺宇之事。继福超之后，僧惠沂于大定四年（1164 年）住持幽栖寺。惠沂住持期间，幽栖寺得到较大规模的重修，关于此事，大定二十二年（1182 年）赵沨撰《幽栖寺重修大殿记》言：

> 大定四年，惠沂上人嗣住持事，睹其室宇卑陋，辄欲更创。而复念工费浩博，未易轻议，姑累小成大，补弊增新。爰自三门廊庑、夹室讲位、祖师真堂，洎大法厦，积岁累月，无不完缉。唯大殿尚仍旧贯，乃集其侣，别议更始。上下闻之，翕然乐从，四方檀越，亦皆愿施。

考虑到重修耗资巨大，因而惠沂采取了“累小成大，补弊增新”之法。金大定十七年（1177 年）安乐乡黑涡村、榆城乡胡家屯、大留村、北申村信众捐石柱八根，以助庙工，是这些零星维修中较大的一次捐助。在信众的捐施之下，三门廊庑、夹室讲位、祖师真堂等得到了修缮。大定二十二年（1182 年），惠沂募集四方檀越重修大殿，“回视旧制，如椎轮之于玉辂也”。同时，重塑大殿圣像，碑阴刻《重修大殿并圣像碑阴记》记载如下：

> 兹者本寺释迦佛殿，年深积弊，仅至堕毁，惠沂遂与法眷等议重为建新。各先以衣盂之资为施，外化到本县坊洎但欢、杨□、翔鸾、宁乡、安宁等镇，永宁、安乐、翔鸾、肥河、居贤、榆城等乡，及长清、齐河等县，远近檀那或有施大梁、重梁、扎梁、櫋□、□□、椽柱、枓栱、飞木、牌额、阶砌、鸱兽、砖瓦等。又于殿内创改妆塑佛、菩萨等像共四十余尊。

从碑阴记录来看，这次重修大殿及重塑圣像的过程中，前来助缘信众近有翔鸾、安宁、永宁、安乐、肥河、居贤、榆城等乡，远及长清、齐河等县。惠沂住持期间，不但重视寺宇重修，而且与社会名流交往频繁，幽栖寺也成为名人题刻之所，如其曾于大定五年(1165年)立正隆二年(1157年)辩道亨叔题刻；又大定六年(1166年)王端卿诗刻、大定九年(1169年)靳公送沂上人诗刻、大定十九年(1179年)刘仲杰诗刻等题刻记载了惠沂与平阴亚令王端卿、肥城主薄靳子昭、前恩州清河县令刘仲杰等名流交往之事。

入元以后，先后有海公、恩公等高僧驻锡幽栖寺，其中恩公为肥城县都纲司都纲。遗憾的是，由于其他史料阙如，元代幽栖寺沿革无法详考。

到了明代，幽栖寺代有增葺。唐仲冕《岱览》记载幽栖寺所存明代碑记有：明弘治十三年(1500年)《幽栖寺增塑十王朝地藏碑记》、正德十年(1515年)《幽栖寺重修大殿记》、嘉靖六年(1527年)《肥城县幽栖寺重新装塑佛象之记》、嘉靖十三年(1534年)《幽栖寺重修山门之记》、万历十一年(1583年)《重修陶山幽栖寺十王殿碑记》、崇祯九年(1636年)《重修陶山幽栖寺大佛殿西配地藏殿落成记》等。从这些碑记来看，明代幽栖寺寺宇重修状况如下：明弘治十三年(1500年)，增塑十王、地藏菩萨像；正德十年(1515年)，重修大殿；嘉靖六年(1527年)，重新塑像；嘉靖十三年(1534年)，重修山门；万历十一年(1583年)，重修十王殿；崇祯九年(1636年)，重修大殿、地藏殿。尤为重要的是，明代幽栖寺的重修均有官员参与其中，如弘治十三年(1500年)《幽栖寺增塑十王朝地藏碑记》题名有“本县知县庆云张希达、县丞钱安、主簿郝文、典史李信、儒学教谕林贤、训导张玺、王德威”。又嘉靖十三年(1534年)《幽栖寺重修山门之记》题名有“肥城县知县田助、县丞李遇时、主簿杨滋、典史江鲸、千御千户所胡卫”。可见，到了明代，官员在幽栖寺活动频繁。此外，明代幽栖寺成为士人游览寻幽之地，并在此留下大量诗文，如幽栖寺现存明隆庆四年(1570年)诗碑中，共刻吟咏幽栖寺诗歌十三首。幽栖寺塔林中出土了众多高僧墓塔，如明弘治十三年(1500年)海月空和尚墓塔、弘治十三年(1500年)□□山主墓塔、嘉靖五年(1526年)慧公和尚墓塔、嘉靖十六年(1537年)悟准墓塔等，诸塔徒弟、徒孙题名众多，展示了幽栖寺明代僧众繁盛之状况。

明清易代之际，战火频仍，幽栖寺又遭受重创。清顺治十六年(1659年)肥城知县史廷桂《重建陶公幽栖祠诗刻并记》载：“余于顺治乙未春，来令兹土，当兵燹之余，古迹虽存，山寺并圮，狐兔荆榛，荒凉特甚，谒公墓而为之恻然。延至戊戌，山僧保性修理佛寺，募余首事。”顺治乙未为顺治十二年(1655年)，此时幽栖寺由于遭受战火摧毁，破败不堪，到顺治十五年(1658年)，始有僧人保性重新修理。幽栖寺塔林出土的清康熙二十七年(1688年)云公塔铭也记载了当时幽栖寺的破败情况，据塔铭记载，“清朝定鼎，有僧人瑞云云游此山，观看殿宇□□，神像毁坏，心中不忍”，于是瑞云多方募化，重修殿宇，重塑神像。瑞云为清代幽栖寺高僧，墓塔题名表明其度化徒众之多：“徒弟宝□、宝□、宝照、宝兴、宝会，徒孙玄清、玄末、玄林、玄变、玄□、玄□、玄□、玄玉，重孙浪明。”又根据《岱览》记载，乾隆四年(1739年)幽栖寺得到重修，但由于无碑文留存，致使此次维修状况不详。光绪二十二年(1896年)，幽栖寺名声渐大，远道而来的游客络绎不绝，住持浩仁遂修建坎房一处，供游人和进香者歇息。可见直至清末，幽栖寺一直香火不绝，修葺不断。

清末民国时期，社会动荡，外有侵略、内有军阀割据纷争，陶山成为民众躲避战乱之处。幽栖寺也失去了往日的辉煌，逐渐荒废。幽栖寺现存民国十三年(1924年)重修幽栖寺残碑记载，是时为了重修寺宇不得不变卖庙产，其言：“本寺旧日当出庙产变价作卖。”后更趋衰落，仅剩遗址。

幽栖寺俯瞰

西配地藏殿

竹林寺

竹林寺，又称为“无影寺”“悬阳寺”“悬云寺”，位于栖幽寺村东北约2.2千米的山坡上。其位置恰好在朝阳洞以东峪沟簸箕岔的正下方。竹林寺原建筑已塌毁，遗址仅存屋顶已塌落的大殿三间、西配殿残墙等。大殿为料石砌墙，东西长约7.25米，南北宽约3.5米，前厦宽约0.85米；门高约1.75米，宽约1米。竹林寺大殿东侧巨石上有“竹林寺”“三宝”摩崖石刻两处，大殿后面有一口“天仙井”，西侧有“爱陶泉”，两处皆有题刻。竹林寺大院门口立民国八年（1919年）重修竹林寺朝阳洞记碑一通；院内有乾隆三十一年（1766年）重修竹林寺记碑一通，碑仆倒在地，断为两截。竹林寺院前有柱础一方，中间圆形，周边刻云纹，四角雕佛像。

竹林寺遗址西面的悬崖上刻有宋宣和二年（1120年）《竹林寺摩崖碑弥勒佛创修大殿之图供养记》。摩崖石刻中间佛像身着袈裟，单线阴刻，风化较严重。刻面高0.74米，宽0.53米。据摩崖刻文可知，北宋宣和二年（1120年），平阴翔鸾乡三善信创建竹林寺，同时在寺西悬崖刻弥勒一尊。又朝阳洞洞口西侧刻明正德二年（1507年）《云碑记》言：“大明国山东济南府肥城县西四十里，陶山幽栖寺上有竹林寺古佛洞一座，亘古无人住此。”可知朝阳洞此时成为竹林寺寺僧静修之所。后大雨导致山石崩颓，一块“广周一亩”的巨石从山顶滚落，将竹林寺彻底毁坏。竹林寺被巨石砸毁之后，几百年间无人修复。直到乾隆年间，乡绅刘坤慷慨捐资，募化乡邻，鸠工庀材，兴工重建，竹林寺才得以修复。根据乾隆三十一年（1766 年）《重修竹林寺碑记》记载，工程开始于乾隆二十九年（1764 年）二月，完成于乾隆三十一年（1766 年）正月，历时两年。至民国八年（1919 年），竹林寺殿宇因年湮代远再次摧颓，善士尹、张、徐等人纠合同志，捐资重修。据村民回忆，竹林寺于 20 世纪 50 年代被拆除，屋顶的椽木被拉到学校打造成了桌椅。自此，竹林寺建筑仅剩大殿墙体和西配殿残墙屹立在原址上。2022 年，肥城市文旅局拨款对竹林寺遗址进行修复。

竹林寺大殿

栖幽寺村山神庙

栖幽寺村山神庙位于栖幽寺村以东的平顶山上，殿内供奉山神。山神庙创建于清同治四年（1865 年）。庙门楣中间刻“山神殿”，上题“同治乙丑梅月”，落款“督工张同珍拜题”。据村民回忆，山神庙前原有石碑数通，现已遗失，仅存碑座一方。

栖幽寺村山神庙俯瞰

天和观

天和观位于涧北村西北，旧址已被开垦成田地。元至元年间（1264～1294 年），真大道五祖郦希成弟子薛德悟在涧北村创建天和观，天和观也成为山东地区较有影响的真大道道观之一。

关于道观形胜，元至元二十三年（1286 年）《真大道天和观记》言：

> 是观群峰环立，四野平畴，东牛山而西孝福，北陶山而南乳罗。可以息羽流之栖隐，可以味道腴于耕桑。园圃丰秀以供盘飧，仓库足食以资口给。殿堂厨舍，小有可观者矣。

天和观地理位置优越，初建时殿堂厨舍一应俱全。根据《岱览》记载，明弘治七年（1494 年）、嘉靖六年（1527 年）曾重修天和观，其中嘉靖六年（1527 年）重修的时候有肥城县知县、县丞、主簿、典史等官员参与，天和观的影响由此可见一斑。嘉靖三十一年（1552 年），天和观创修诸品佛像，可知此时天和观也供奉佛像。崇祯七年（1634 年），天和观再次得到重修。遗憾的是，明代历次重修碑文未存，致使无法详知明代天和观之状况。清代乾嘉时期（1736～1820 年），天和观没落，改名“三官堂”。《岱览》云：“庄西有三官堂，古天和观也。”[①] 从“三官堂”之名来看，此时天和观供奉道教三官大帝。

① （清）唐仲冕：《岱览》卷三十二，清嘉庆十二年果克山房刻本。

道光八年(1828年),涧北村及附近村民集资重修天和观,并请唐鉴撰《重修天和观碑记》。清同治二年(1863年)至光绪二十二年(1896年)期间,幽栖寺僧浩仁曾助缘重修天和观,从中可窥见这一时期陶山佛道之关系。

据村民回忆,在20世纪50年代,天和观仅存一通碑和十几根石柱。之后,天和观被拆除,石料被用作建筑材料。

天王万岁寺

天王万岁寺位于吕仙村村南,明代称"幽东寺"[①],清代称"东幽寺"[②],创建时间不详,但据《岱览》载元至正三年(1343年)《重兴天王万岁寺记》,天王万岁寺应建于元初或之前。清乾隆十八年(1753年)《重修东幽寺碑记》记载寺宇形胜如下:

> 陶山之东幽寺,碧峰横抱其后,翠巘英其左右,云深而山门愈静,花盛而禅房更幽,入其寺者潭影山光,时动万籁俱寂之想。

元统年间(1333～1335年),僧人惠祥及住持圆果感于佛宇荒废,募化重修,兴建了法堂并塑像其中,另建西僧舍十楹、东厨舍六楹,此外还修建殿宇供奉马明王、二郎、关王,同时置寺田若干、植树木千余株。至正三年(1343年),住持圆果立碑纪念,题为《重兴天王万岁寺记》,碑阴横题"谷山佛峪寺下院",可知此时天王万岁寺为谷山佛峪寺下院。谷山佛峪寺即泰山玉泉寺,也称"谷山寺",元至元年间(1264～1294年),佛峪寺在僧人普谨的带领下僧众达百余人,成为泰山一带影响较大的寺庙。在此背景下,天王万岁寺成为谷山佛峪寺下院。

明正德元年(1506年)再次重修天王万岁寺。又寺中原有明弘治十年(1497年)村民所施大石柱四根,可见,弘治年间(1488～1505年),也曾重修过寺宇。[③] 清乾隆年间(1736～1795年),寺僧心然维修寺宇,补葺已坠殿

① 据现有资料,"幽东寺"一名最早见于明正德元年(1506年)《重修天王万岁寺碑记》,明万历三年(1575年)佛洞记摩崖石刻和明崇祯七年(1634年)《创建吕祖团瓢碑记》也称"幽东寺"。明正德元年(1506年)《重修天王万岁寺碑记》额题"重修天王万岁寺记",碑文中则出现了"重修幽东寺"之语,可见正德年间(1506～1521年)"天王万岁寺"和"幽东寺"两个名字同时存在,之后逐渐称为"幽东寺"。

② "东幽寺"一名见清乾隆十八年(1753年)《重修东幽寺碑记》及《岱览》。

③ 《岱览》:"其南有天王万岁寺,佛殿有大石柱四,皆明宏治十年村民所施,刻有姓名年月,制粗而字劣,不足录也。"

宇、创建廊庑，之后心然师弟周昶住持东幽寺，其间，因殿宇衰颓不堪，周昶又募化修建殿宇廊庑。乾隆年间（1736～1795 年），天王万岁寺成为学子读书之处，清乾隆十八年（1753 年）《重修东幽寺碑记》言："余大兄联辉肄业，其后象坤侄暨侄孙辈复相接读书于此，虽未染翰风池，而亦各有所就，未必非山灵之助也。"正因为如此，乾隆十八年（1753 年）《重修东幽寺碑记》题名均为有功名之士，除肥城知县李芬、教谕张芳台、候选知府李景让、候选内阁中书朱立德、候选校尉李元美、候选州同张元瀣外，题名还有庠生 5 人、监生 13 人、岁贡生 2 人、府廪生 1 人、府庠生 1 人、增生 1 人。光绪五年（1879 年），张存琳游览东幽寺，见寺宇倾颓，神像惨淡，遂约会同社捐资修葺，使庙貌焕然一新。此次维修前后历时十余年，于光绪二十四年（1898 年）立碑纪事。从纪事碑的形制来看，此组碑由三通碑组成，现存两通碑碑阴刻满捐助人姓名，此次维修前来助缘人员数量由此可见一斑。

天王万岁寺约于 1968 年塌毁，1974 年左右拆除，旧址现已开垦为果园。据村里的老人回忆，天王万岁寺大殿为三间，约 15 米宽，进深 6～7 米，高 7～8 米，殿前有厦子。殿内供奉如来佛，佛像高 2 米左右，香台有 1.5 米高。殿前有龟驼碑数通，东西各有配房三间，长约 13 米。院东南角有钟楼，楼顶为条石，有扣搭接，支撑石柱高约 5 米，直径约 0.7 米。大钟 1 米多高，直径约 0.8 米，1958 年拆除。

天王万岁寺旧址俯瞰

二郎庙

二郎庙位于吕仙村西南角，明代称“二郎宫”。明崇祯七年（1634 年）《创建吕祖团瓢碑记》记载二郎庙形胜如下：

> 由响水河而上，碌砢沱坂，循溪入谷，古刹幽东之后有二郎庙焉。东有小泰山，嵬峩凌霄，西有陶山，层峦耸秀，古洞环列，渊泉长流，诚一方之胜概，碻磝之仙境也。

从碑记记载来看，二郎庙位于幽东寺之北，两面环山，涧泉环绕，的确是修真养性之佳地。今二郎庙遗迹不存，吕仙村在原址上竖立三块大石，以标识其位置。大石前有清光绪二十一年（1895 年）重修二郎庙残碑及民国十一年（1922 年）重修二郎庙记碑。

由于资料原因，关于二郎庙创建时间，无法确考。尽管如此，从现存明崇祯七年（1634 年）《创建吕祖团瓢碑记》、明崇祯五年（1632 年）“修盖团瓢”题刻、明崇祯五年（1632 年）“修造曲老师真容”题刻中，我们仍能考证二郎庙创建的大体时间。明崇祯七年（1634 年）《创建吕祖团瓢碑记》言：“兹有道人曲全善者，东光永寿乡人也，自天启年间携徒云游至此……苦修数载，然而清苦之极，性真灵通。”碑文记载了直隶河间府道人曲全善于明天启年间（1621～1627 年）云游至此。明崇祯五年（1632 年）“修盖团瓢”题刻言：“大明国直隶河间府景州东光县道人曲全善，前来济南府肥城县西北二郎宫拄持。”明崇祯五年（1632 年）“修造曲老师真容”题刻言：“大明国直隶河间府景州东光县各社不同人氏，前来济南府肥城县西北陶山二郎宫。”可见曲全善自天启年间（1621～1627 年）到达陶山附近后，一直在二郎宫修行，并担任二郎宫住持，因而至迟明天启年间（1621～1627 年）二郎宫已经创建。

清代，二郎宫有了“二郎庙”的称呼，并历次重修。清嘉庆二十五年（1820 年），住持张阳顺重修二郎庙。光绪二十一年（1895 年），二郎庙影响逐渐扩大，因而周围五十余个村庄的信士结社重修二郎庙。民国十一年（1922 年），信众再次重修二郎庙。

二郎庙旧址俯瞰

纯阳宝殿

纯阳宝殿位于吕仙村西南角，原二郎庙西北，明崇祯五年(1632 年)创建，供奉八仙之一的吕洞宾，又称“吕祖团瓢”。纯阳宝殿由方石砌成，3.8 米见方。殿顶内为方形藻井设计，顶部有石刻莲花；殿顶外为圆形，顶部有石葫芦。殿总高约 5.6 米，内高约 3.9 米。殿前立明崇祯七年(1634 年)创建吕祖团瓢记碑。殿门楣正中刻“纯阳宝殿”四字，右款题“大明崇祯五年吉日立”，左款题“大明甲戌年完工”。殿内北侧为吕祖像，西侧为曲全善像。吕祖像后为崇祯五年(1632 年)“修盖团瓢”题刻，曲全善像后为崇祯五年(1632年)“修造曲老师真容”题刻。殿内东侧墙壁上有一块砌石，其中一端磨平，上刻“和宽造字，崇祯五年十一月”，其后有“十八”等字样。1989 年12 月，纯阳宝殿被列入肥城市第一批文物保护单位，2018 年被列入泰安市文物保护单位。

根据明崇祯七年(1634 年)《创建吕祖团瓢碑记》的记载，直隶河间府景州东光县道人曲全善于明天启年间(1621～1627 年)云游至济南府肥城县西北二郎庙，见这里山灵地胜，是藏修的好去处，于是留下来住持二郎庙。一日夜里，曲全善梦见仙祖吕公降临。于是曲全善尽心竭力，募化钱粮，鸠工起石，创建团瓢一座。但工程还没完成，曲全善就去世了，其徒弟高真玄、徒孙赵冲飘继承曲全善遗志，最终于崇祯七年（1634 年）建造完成。又据崇祯五年（1632 年）“修盖团瓢”题刻记载，当时捐资修建吕祖团瓢之人为景州东光县仁德乡五甲人杨可大及其妻子潘氏，他们在修盖团瓢的同时，发心塑曲道人真容像，以示崇敬。团瓢修建完成后，曲全善徒弟在团瓢内“正塑仙容，旁列师像”，供奉吕洞宾和曲全善。

纯阳宝殿俯瞰

洞灵观

洞灵观位于吕仙村东北、娲皇庙以西山谷中部南侧山坳中，北纬 36°17.5404′，东经 116°38.8178′，海拔 271 米。此观约于 20 世纪 80 年代坍塌，现仅存遗址。据村里的老人回忆，洞灵观原有大殿三间，朝向西北。现遗址存大殿大门下条石、柱础等构件及半截残碑。后有人用坍塌石块在东侧重新垒砌小屋一间，现屋顶已塌落。洞灵观遗址东西长约 28.2 米，南北宽约 16.6 米，大门宽约 1.6 米。西侧殿墙下有水井一口，水井原洞口为圆形，直径约 0.56 米，因地面抬升，后在上层垒砌方形洞口，南北宽约 1.03 米，东西宽约 0.71 米，井口至水面深约 2.75 米。遗址西面南侧坡底的巨石上有摩崖刻石，其中两处刻“洞灵观”，一处刻“岩岩”。西侧“岩岩”题刻为竖题，落款为“淡然子”。中间“洞灵观”题刻为横题，落款“隋王通书”。东侧“洞灵观”题刻为横题，落款“霞村曹宗翰题”，右刻“民国壬戌清明节”。洞灵观遗址于 2016 年被列入泰安市文物保护单位。

从洞灵观题刻落款“隋王通书”来看，至迟在隋代，洞灵观就已经成为陶山声名远播的道观。根据清嘉庆二十五年(1820 年)重修二郎庙记残碑“余读书于洞灵观也”的记载，嘉庆年间(1796～1820 年)，洞灵观成为士人读书之处。又该碑有“住持者谁？即洞灵观中端然张公者是也”之语，而碑阴题名有“住持张阳顺”。可见，嘉庆二十五年(1820 年)时，洞灵观的住持为张阳顺。另外，洞灵观现存残碑一方，主要内容为住持潘全真及其弟子等重修庙宇一事，遗憾的是碑刻残毁，具体维修状况不能确知。

洞灵观遗址

娲皇庙

娲皇庙，又名“女娲祠”，位于小泰山西麓中段山崖西侧，北纬 36°17.5605′，东经 116°39.2237′，海拔 439 米。娲皇庙坐北朝南，有大殿三间，用方石垒砌，屋顶为圆形藻井设计。娲皇庙东西长约 11 米，南北宽约

4.4 米，高约 5 米。中间为娲皇殿，供奉女娲娘娘，门楣石刻“娲皇殿”，右款题“大清同治十一年”，左款题“壬申暑月立”，殿内高 4.3 米，内宽 3.1 米，内深 3 米。东侧为文昌殿，供奉文昌帝君，门楣石刻“文昌”，殿内高 4.15 米，内宽 2.5 米，内深 3 米。西侧为山神殿，供奉山神，门楣石刻“山神”，殿内高 4.2 米，内宽 2.5 米，内深 3 米。各门高约 1.8 米，宽约 0.8 米。2006 年，娲皇庙与周边建筑群被列入泰安市第二批重点文物保护单位。

关于娲皇庙，光绪《肥城县志》载：“娲皇庙，在陶山小泰山北，有明崇祯元年楚北闵文衡真、草、隶、篆四诗石刻，款题玉皇香案散吏。”[①]由此可知，娲皇庙创建年代应早于明崇祯元年(1628 年)。清同治十一年(1872 年)重修娲皇庙，完工之后，在三间大殿门楣分别刻“娲皇殿”“文昌”“山神”，表明当时娲皇殿供奉神灵分别为女娲、文昌和山神。

娲皇庙全景

娲皇殿东侧山崖下有井一口，名“阴阳井”。阴阳井位于北纬36°17.5598′，东经 116°39.2212′，海拔 439 米。井用石块垒砌，呈六角形，深约 8.9 米，直径 0.54～0.66 米。据村里的老人回忆，井中的水冬温夏凉，夏季时井口凉风习

① 光绪《肥城县志》卷二，清光绪十七年刻本。

习，井水清冽；冬季时井口热气腾腾，井水温煦。阴阳井的水满足了周边寺观僧道及村民饮水。又根据清同治八年(1869年)《创修小泰山灵官庙碑记》的记载，咸丰年间(1851～1861年)村民到小泰山躲避捻军侵扰时，就是依赖此井存活下来。阴阳井南侧岩石有民国十一年(1922年)疏浚古井题刻，其北侧为“吕祖训语”题刻，镌刻时间不详。

阴阳井

碧霞宫

碧霞宫，古称“石庙”，位于小泰山最南端山顶上，北纬36°17.3929′，东经116°39.1685′，海拔485米。2006年，小泰山碧霞宫与周边建筑群被列入泰安市第二批重点文物保护单位。

通往碧霞宫山门的台阶有58级，据说这些台阶是仿照泰山十八盘而建。山门门楣刻“碧霞宫”三字。

碧霞宫山门

碧霞宫面向东南，有东西两间，西侧供奉碧霞元君，东侧供奉太上老君。殿顶为圆形藻井设计，门楣为一整块石头，中间为弧形，竖题“小洞天”，东侧横题“五行一气”，西侧横题“三元同心”。碧霞宫东西长约 5.9 米，厦高 2.5 米。西侧一间内高约 3.85 米，宽约 2.6 米，进深约 2.6 米；东侧一间内高约 4.15 米，宽约 2.1 米，进深约 2.9 米。两门各高约 1.48 米，宽约 0.6 米。殿前八根石柱为民国二十九年（1940 年）加装，石柱高约 2.5 米，宽约 0.26 米，厚约 0.18 米。石柱东、西、北三面为捐款人题名，南面为联语四副：碧落千层元气半照肥邑，霞光万道君民共仰泰山；五老同心造出婆娑世界，三清一体静修自在之天；仙佛频来可云洞天福地，人神共羡堪拟蓬岛瀛洲；泉美林秀何处再觅佳境，水抱山环此地即是蓬莱。碧霞宫西墙壁上嵌有明万历十八年（1590 年）“修整神像”碑两通，殿前墙壁上镶嵌题名碑四通。山门台阶下南侧有石碑两通，一通为民国二十九年（1940 年）修补行宫记碑，一通为 1993 年捐资重修碑。碧霞宫西南山路旁另有一通石碑，碑两面漫漶，无法辨识。

关于碧霞宫的创建年代，西墙所嵌明万历十八年(1590 年)“修整神像”碑记言：“肥城古郡鸾台迺西三十里，地名北申社，迤北小泰山，起盖娘娘行宫于万历元年。”由此可见，碧霞宫创建于明万历元年(1573 年)，创建者为全真南宗薛道光派弟子张自玉。万历十八年(1590 年)，张自玉又重新修整神像。民国二十九年(1940 年)，曹秉山纠合信众，募资修建了院墙、山门和抱厦。

碧霞宫远眺

灵官殿

灵官殿，又称“小泰山灵官庙”，位于小泰山碧霞宫西南约 200 米处，坐北朝南，为料石垒砌，供奉王灵官。殿东西宽 3.5 米，南北宽 3.8 米，墙高 2 米，总高 3.8 米，内高 2.56 米，内深 2.5 米，屋顶为圆形藻井设计。东侧另垒砌石台及神龛，但无神像，龛前台上叠放数堆石头。石台东西宽 1.6 米，南北宽 2.55 米，高 1 米。殿前东南有清同治八年(1869 年)创修小泰山灵官庙记碑一通。根据碑文记载，小泰山灵官庙创建于清同治八年(1869 年)。清咸丰十一年(1861 年)，因捻军侵扰，周围村民到小泰山躲避，捻军屡次搜寻不得，村民得以存活，后创建“灵官圣殿”以示感谢。

灵官殿正面

护国永宁宫

护国永宁宫位于关王殿村旧村村北、小泰山入山口处，俗称“关王殿”“北大殿”“北观”。原建筑已于20世纪50年代塌毁拆除，现存前殿为后期重建。

关于护国永宁宫的创建年代，光绪《肥城县志》言：

> 护国永宁宫。陶山东麓有康熙三十五年刘文质撰碑云：前明万历年间有羽士周姓者，为后宫宗人，赐真人之封，敕建此宫，额曰“护国永宁”。前殿三楹，以奉关帝圣像，后殿如前，乃万历皇帝金容。[①]

刘文质撰碑中提到的周姓羽人为明代泰山道士周玄贞，周氏为肥城人，本姓丘，后改姓周。关于周玄贞，《重兴五峰山云清周法主墓表》言：

> 岁丙申驻舄都下，神祖命主钵白云观。先数年，有董姓者梦彩衣载一木主，题曰“重兴五峰祖师周人”，莫知所谓。遂奉敕领经为五峰主者。法主之生，洵不凡哉！至以大兴山场为己任，奏请帑金创建三元宝

① 光绪《肥城县志》卷二，清光绪十七年刻本。

殿、太平等阁。一切尝住道院，悉为崇楼，一石一砖，复非旧物。又建陶山报恩宫、群仙等殿。[①]

丙申年为万历二十四年（1596 年），是年，周玄贞受明神宗之命主钵白云观。万历二十七年（1599 年），又奉敕领经为五峰山主。之后，兴建了陶山护国永宁宫，因而护国永宁宫创建的具体时间应为万历二十七年（1599 年）之后不久。周玄贞所创建的护国永宁宫由前后殿构成，前殿供奉关帝像，后殿供奉万历皇帝像，该宫的皇室背景由此可见一斑。

从康熙三十五年（1696 年）刘文质撰碑可知，康熙年间（1662～1722 年），每年农历六月初六都会在护国永宁宫建醮设会。清代时，护国永宁宫被称为"关帝庙"，如《岱览》记载："凤味峰，迤南为报恩岩……其下有关帝庙。"[②]据村里的老人回忆，关帝庙庙会一直持续到近代。

护国永宁宫遗址俯瞰

① 《重兴五峰山云清周法主墓表》，见《肥城丘氏族谱》，清乾隆十七年刊本。

② （清）唐仲冕：《岱览》卷三十二，清嘉庆十二年果克山房刻本。

报恩宫

报恩宫位于冯庄村村北、岱南书院西北50米处，原址现已开垦为田地。《岱览》记载报恩宫形胜如下：

> 凤味峰，迤南为报恩岩……其下有关帝庙，庙南为报恩宫，奉元君。宫内古柏皆数百年物，黄冠多植花木，予于乙未年修墓寓焉。门前溪涧萦回，涧南有亭，亭左有泉，甚清冽，或曰东泉洞。宫西石壑广数丈，瀑布飞泻，东崦之水于此南下，出陶山南会诸山溪，西南流为大涧。①

关于报恩宫的创建，《重兴五峰山云清周法主墓表》言："又建陶山报恩宫、群仙等殿。"②又光绪《肥城县志》载清康熙三十五年(1696年)刘文质碑也称，周玄贞创建护国永宁宫时，"右有报恩宫、十二重楼，同时鼎新"③。可见，周玄真创建护国永宁宫之时，也兴建了报恩宫，重建时间为万历二十七年(1599年)之后不久。由上引《岱览》关于报恩宫的记载来看，清代道士住持报恩宫，报恩宫成为供奉碧霞元君之所。

根据村里老人回忆，报恩宫院落四角各种柏树一棵，民国时被砍伐。有山门三间，名为"龙虎殿"，殿内东西各有一座神像，墙上画着带虎的壁画。院中间为"三清殿"，有四五间房子，院后部是五间大殿，有厦子，供奉玉皇大帝。大殿东西两侧各有廊房，东廊房壁画为彩绘荷花、仙鹤等，西廊房壁画为姜子牙、赵公明等。墙壁用石灰、鸡蛋清搅拌后粉刷，结实耐用。西廊房西南有养鱼池，用石头垒砌，池中有泉，清澈见底。石料做工精细，村民称之为"一寸十三钻"，意思是在一寸宽的石头上能凿出十三条钻痕，借此来形容雕琢得十分精细。到了干旱季节，人们会到这里来祈雨，求雨的人头戴柳条帽子，敲锣打鼓。据称城东百福图村的村民都到这里来求雨，而且求雨之后都是淋着雨回去。新中国成立前，报恩宫有常驻道士，后散去。最后一位道士名叫马云夫，为王瓜店镇马庄人。

---

① (清)唐仲冕：《岱览》卷三十二，清嘉庆十二年果克山房刻本。

② 《重兴五峰山云清周法主墓表》，见《肥城丘氏族谱》，清乾隆十七年刊本。

③ 光绪《肥城县志》卷二，清光绪十七年刻本。

报恩宫旧址俯瞰

十二重楼

十二重楼位于关王殿村西、冯庄村东北，在报恩宫东北 250 米处，建筑已荡然无存，现仅存巨石基础。1959 年，十二重楼被拆除，有些石料被用来建房子，而更多的石料被就地粉碎送到石子加工站，用作建筑材料。据称岱南书院原来作为操场站台使用的两块条石，就是从十二重楼拆下来的。

关于十二重楼的创建时间，光绪《肥城县志》载清康熙三十五年(1696 年)刘文质碑称，周玄贞创建护国永宁宫时，“左为五福观，右有报恩宫、十二重楼，同时鼎新”[①]。可见，周玄真在创建护国永宁宫时，还同时创建了报恩宫、十二重楼，修建的时间为万历二十七年(1599 年)之后不久。又《岱览》记载十二重楼的创建者为“明末镇守太监”，其言：“宫东南有十二重楼，明末镇守太监所筑，为母后祈福。”[②]由于刘文质碑立于康熙三十五年(1696 年)，早于《岱览》记载，因而其记载更为可靠，即报恩宫为周玄贞于万历二十七年(1599 年)之后不久修建。

据村民回忆，十二重楼原残存三四层，高度比现在的五层楼还要高。村民记忆中，十二重楼的墙壁有 2～3 米厚，中间为大石块垒砌，内外两侧用青砖包住，每层顶部探出屋檐。南北两扇大门相对，门高 2 米多，楼内东侧有

① 光绪《肥城县志》卷二，清光绪十七年刻本。

② (清)唐仲冕：《岱览》卷三十二，清嘉庆十二年果克山房刻本。

一根八棱石柱，一人抱粗。门前左右各有一根柱子，为青砖垒砌。楼东南角有筒子，疑为排水管。十二重楼前面原来有很多石头房子，村民称之为“八百群仙殿”，也有人称之为“迷魂阵”，其建筑遗址中发现很多打磨好的门枕石等建筑构件，疑为周玄贞所建“群仙殿”。

十二重楼旧址俯瞰

五福观

五福观位于关王殿村南，与护国永宁宫南北相望，原址现已没入水库。村民称此为“南大殿”“南观”，原建筑在修建水库之前已拆除。关于五福观状况，《岱览》记载：“小泰山南下有五福观，观内古柏二株，大数抱，供洪范五福象。观门外古柏四株，小桥流水，致为清邃。”① 可见，五福观供奉洪范五福。

关于五福观的创建时间，清嘉庆十三年（1808 年）《重修五福观碑记》言：“陶山之东有五福观，群峰环抱，清流萦绕，固肥邑胜地也。创自有明万历钦工，阅一百余年香火不绝。”由此可见，五福观为明万历年间（1573～1620 年）皇家敕修。又根据光绪《肥城县志》载清康熙三十五年（1696 年）刘文质撰碑，周玄贞创建护国永宁宫时，“左为五福观，右有报恩宫、十二重楼，同时鼎新”②。可见，五福观的创立者为全真道士周玄贞，创建时间为万历二十七年

① （清）唐仲冕：《岱览》卷三十二，清嘉庆十二年果克山房刻本。

② 光绪《肥城县志》卷二，清光绪十七年刻本。

(1599年)之后不久。

据村民回忆，五福观大殿非常宽敞，夏天时村民多到此乘凉。据清嘉庆十三年(1808年)《重修五福观碑记》记载，至清嘉庆年间(1796～1820年)五福观因“风雨剥蚀，而正殿、前殿与山门俱已倾圮”，呈现出一幅破落景象，因此乡善士贾培诚等与住持道人姜教文募化四方，重新修整。

五福观旧址俯瞰

第三节 祠 墓

陶山地势险要，山下环境幽秘，自古即传范蠡归葬于此，历代高僧高道隐士也埋葬于此，至清代，唐仲冕母子及其妻子、孙子皆葬于此，遗留了大量祠墓遗迹。

范蠡祠

范蠡祠位于幽栖寺后院西北角，现存主体建筑为清顺治十六年(1659年)肥城知县史廷桂重建。范蠡祠坐北朝南，大殿三间，1996年欧阳中石为大殿题匾额“范蠡祠”。2005年仁才法师在修复幽栖寺地藏殿等建筑时，一并维修。大殿前厦有两根立柱支撑，上刻陶右居士张昌龄所题联语，东侧刻“赤心保国兴越时竭能洁己”，西侧刻“立志诛奸灭吴后独善知人”。

祠内大梁下有两根立柱支撑，柱上原有联语，20 世纪 60 年代被铲除。1997 年，范蠡研讨会在肥城召开时，新刻联语一副，东侧为“襄越兴邦公推一代名相”，西侧为“隐迹济世货殖千秋商祖”。① 近年又新塑范蠡像，奉于中间木阁中。范蠡祠殿内殿外的四根立柱背面均有题刻，其中祠门前东侧立柱上为宋靖康元年（1126 年）裴从善施石柱题刻；祠门前西侧立柱上为明嘉靖二十一年（1542 年）刘文夆施石柱题刻；祠内范蠡像东侧立柱上为宋宣和至靖康年间（1119～1127 年）赵□施石柱题刻；祠内范蠡像西侧立柱上题刻已漫漶。这些石柱刻立年代皆在史廷桂重修范蠡祠之前，而且年代相去甚远。由此可知，史廷桂重建范蠡祠时使用了先前幽栖寺的建筑构件。

范蠡祠俯瞰

① 关于祠内立柱原刻联语，程兆奎《范蠡在肥城》称：“后来在走访中遇到邻村一位退休的教师，他为我们提供了确切的内容，并说落款是史姓的一个名字。我想：那一定是史廷桂了。楹联是：‘避君隐陶称朱公流芳百世，聚财万贯济黎民功盖千秋。’”参见程兆奎编著：《范蠡在肥城》，中国科学文化出版社 2018 年版，第 17 页。

关于范蠡祠的创建时代，史廷桂《重建陶公幽栖祠诗刻并记》言：

> 旧有祠，创于秦，在公之旧居处，名“陶公幽栖祠”……至汉，于祠前建佛殿，去“陶公”二字，改为“幽栖寺”，即于寺内立祠祀公……隋时，则移祠于冢右，以秦碣有“忠智”字，名曰“忠智幽栖祠”，即今之遗址是也。

按照史廷桂所撰碑记，范蠡祠始创于秦代，初名“陶公幽栖祠”，当时创建位置在范蠡旧居处。到了汉代，在范蠡祠前构建佛殿，去掉“陶公”二字，改名为“幽栖寺”，范蠡祠被纳入幽栖寺院落中。至隋代，范蠡祠移到范蠡墓的右侧，因墓前传为“秦碣”之碑刻有“忠智”二字，因而将祠改名为“忠智幽栖祠”。清顺治十五年(1658 年)，史廷桂担任幽栖寺重修首事之时，探访到范蠡祠隋时遗址，“构寺三楹，溯从秦额曰‘陶公幽栖祠’”，以恭祀范蠡。自此奠定了“寺与祠联，围墙廊舍”之前后院的格局。

范蠡祠现存清宣统三年(1911 年)植树碑有“光绪甲午，余读书于祠”语，由此可知，光绪年间(1875～1908 年)范蠡祠曾作为附近村落大户人家的私塾使用，很多附近的大户子弟在此读书、游玩。又根据清光绪十三年(1887 年)《重修山门碑记》的记载，光绪十三年(1887 年)，张启昂等集资重修范蠡祠山门、悬挂范公匾额。2014 年 11 月，范蠡祠被列为肥城市文物保护单位。2018 年 4 月，范蠡祠归入范蠡墓，成为泰安市文物保护单位。2022 年1 月，范蠡墓(范蠡祠)统归入幽栖寺遗址。

范蠡祠正面

范蠡墓

范蠡墓在范蠡祠以北约200米处，墓地占地约1000平方米。范蠡墓三面环山，墓前开阔。1996年，肥城市对范蠡墓进行了重修。现墓前有1996年重修时所立石碑一通，碑阳刻“陶朱公范蠡之墓”，碑阴刻重修记事。墓左侧有石碑两通，南为复制秦李斯篆文碑，北为第一届肥城市范蠡研究会修复范蠡墓记事碑。墓右侧有石碑四通，南边一通为陶公商训，中间两通为2002年日本青森中央大学副校长、国际著名商业经济理论家酒井甫先生来陶山祀拜陶朱公时所立研究范蠡经商思想成果碑，北边一通为陶朱公商训理财致富经。范蠡墓用料石围砌，直径约8米，高约4米，在离墓4米开外用石板护栏围墓一周，护栏呈方形，南侧为高度逐渐降低的铺石神道。在20世纪60年代之前，范蠡墓周围有上百棵古老松柏树，墓前立多块石碑。如今，墓前地面还保留着一座唐代贞观年间(627～649年)的碑座和一座清代康熙年间(1662～1722年)的碑座。①

范蠡墓正面

① 参见程兆奎编著:《范蠡在肥城》,中国科学文化出版社2018年版,第6页。

清史廷桂《重建陶公幽栖祠诗刻并记》称，范蠡墓旧有篆碑，前题“忠以事君，智以保身，千载而下，谁可比伦”，后题“斯从上封泰山还，闻蠡墓在此，吊书”。后世称之为“秦碣”。碑中还称，汉代曾有名为“青松子”的老人指着范蠡墓诵道：“霸业朽，忠名在。此堆土，黄金块。传万古，人人爱。纲常维，宇宙赖。”后人将诵语刻碑，称为“汉赞”。后此碑残破，直到唐贞观元年(627 年)重新刻立。

范蠡墓曾多次被盗挖，当地流传着许多与盗墓有关的谚语，如“挖开范蠡墓，穷汉能变富”“打开范蠡坟，花不清的金和银”等。为了阻止盗墓者的盗墓行为，又有人编出了“谁挖范蠡墓，走不出十八步”的咒语。[①] 史廷桂碑中记载的刘宋时盗挖范蠡墓之盗墓贼死于墓南之事，恰与人们编的咒语不谋而合。

关于范蠡祠的创建时间，唐李泰《括地志》称：“陶山，在济州平阴县东三十五里。[范蠡]止此山之阳也。今山南五里犹有朱公冢。”[②]李吉甫《元和郡县图志》卷十“郓州平阴县”条称：“陶山，在县东三十五里，范蠡葬处。”[③]宋代《太平御览》卷四二引《齐地记》称：“范蠡浮海出齐，变姓名，自号鸱夷子，间行，止于陶山，因号陶朱公焉。后改曰鸱夷山，在今平阴县东。”[④]《齐地记》为唐之前古地志，由此可见，唐代以前，范蠡墓已存在于陶山之阳。清康熙五十四年(1715 年)，平阴县岁贡张岳龄游览范蠡旧迹，感于“睹兹湮没，心焉恻恻。千秋芳躅，可听泯灭！兴废补弊，何惜千百。爰命匠石，创为再勒”，于是重建范蠡墓，并刻《重建陶朱墓赞碑》。2014 年 11 月，范蠡墓被列为肥城市文物保护单位。2016 年 11 月，被列为泰安市文物保护单位。2018 年4 月，范蠡祠归入范蠡墓。2022 年 1 月，范蠡墓(范蠡祠)统归入幽栖寺遗址。

---

① 参见程兆奎编著：《范蠡在肥城》，中国科学文化出版社 2018 年版，第 7 页。

② (唐)李泰撰，贺次君辑校：《括地志辑校》卷三，中华书局 1980 年版，第 145 页。

③ (唐)李吉甫撰，贺次君点校：《元和郡县图志》卷十，中华书局 1983 年版，第 262 页。

④ (宋)李昉：《太平御览》卷四十二，宋刊本。

范蠡墓墓区俯瞰

幽栖寺塔林

幽栖寺塔林位于幽栖寺东北约850米处，为幽栖寺历代僧人安葬之处，现有墓塔二十座，新建经幢一座、坟墓一座。其中一座墓塔嵌有清光绪年间(1879～1908年)浩仁修建坎房碑，该碑被误作塔铭镶嵌到墓塔上。

塔林以北为朝阳沟、圆鼻子山。因塔林位于朝阳沟正南西侧，遇大雨时，雨水裹挟泥沙从朝阳沟奔流而下，所以塔林曾被淤泥掩埋。2008年，幽栖寺僧众发掘墓塔并重新竖立。据村民称，新建经幢的基座之下曾发现多间地下房室，内有坐化僧人。塔林中最早的墓塔为金大定六年(1166年)初公之塔。

幽栖寺塔林俯瞰

玄真子墓

玄真子墓位于陶山西侧三仙洞西南约200米山坡处，墓为土堆，外层砌石墙，上部已坍塌。墓前有墓碑一块，中题“玄真子王门孙真人之墓”，左题“大清光绪二十八年二月上浣穀旦，张氏保真监修”，右题“门徒陶氏立石，与三仙洞碑志诸公同时监立”。

根据三仙洞现存清光绪二十八年（1902年）陶山三仙洞玄真子志碑记载，玄真子为济宁州孙传奇之女，许配给直隶省保定府宁晋县王福德之子王子彦为妻，十七岁嫁入王家，未满一年丈夫亡故。玄真子屡次寻死未果，于是苦志守节，专心学道。清光绪二十三年（1897年）仙逝，度化徒弟有陶云兰、陶秋兰、张秀芳。四邻儒士赞赏其节烈，为其安置田亩作为祭扫之用。此后陶氏姐妹及张姓弟子继续在此隐修，根据村里的老人回忆，20世纪50年代还有她们的行踪，此后不知所终，所以村民误认此墓为“陶姑娘坟”。

玄真子墓

唐仲冕母墓

唐仲冕母墓位于涧北村以北两千米处半山腰上，北纬 36°16.6311′，东经 116°37.2315′，海拔 316 米。墓地占地共 1000 多平方米，墓前石雕从南向北依次为巨石望柱一对、石羊一对、石虎一对、石马一对、石翁仲一对。墓前有墓表碑，碑阳刻隶书碑文“诰赠奉直大夫前山东昌邑县知县唐公继配谭太宜人墓表”，碑阴为墓表文。墓碑立于清嘉庆八年（1803 年），现已断为两截。唐仲冕母墓于 2006 年 12 月被泰安市人民政府公布为第二批市级重点文物保护单位。

墓前石羊等均仆倒在地，头部皆已被凿去丢失。翁仲残高约 2.06 米，宽约 0.8 米，厚约 0.6 米；石马残高约 1.36 米，长约 1.76 米，宽约 0.55 米；石虎残高约 0.57 米，长约 1 米，厚约 0.4 米；石羊残高约 0.8 米，长约 0.96 米，厚约 0.36 米。东侧望柱保存完整，倒卧在地，长约 2.86 米，宽约 0.38 米，厚约 0.4 米；中间一条横石，长约 1.86 米，宽约 0.38 米，厚约 0.45 米；西侧望柱断为两截，一截残长约 1.65 米，一截残长约 1.2 米，宽约 0.38 米，厚约 0.4 米。望柱柱础残存一方，左右宽约 0.85 米，前后宽约 0.82 米，高约 0.55 米，中间圆洞直径约 0.31 米。柱础南侧又有一截石柱，残长约 1.37 米，宽约 0.38 米，厚约 0.4 米。墓西侧小路边上另有石碑一通，字迹漫漶。

墓左前方300米处有神道碑一通，位于北纬36°16.5263′，东经116°37.0695′，海拔255米。碑阳刻“皇清诰赠夫人唐母谭太夫人之神道”，碑阴为“皇清诰赠夫人唐母谭太夫人神道碑铭并序”，立于清道光三年（1823年）。神道碑高约2.53米，宽约1.02米，厚约0.48米，碑阳字径0.17米，碑阴字径0.03米。碑座高约1.02米，宽约1.04米，长约2.62米；碑帽高约0.9米，宽约1.04米，厚约0.48米。

根据《岱览》、清嘉庆八年（1803年）诰赠奉直大夫前山东昌邑县知县唐公继配谭太宜人墓表碑、清道光三年（1823年）皇清诰赠夫人唐母谭太夫人神道碑等的记载，唐仲冕母谭氏，湖南茶陵人，为时任平阴县令唐焕继配，清乾隆三十五年（1770年）十一月卒于平阴官舍，三十九年（1774年）四月葬于陶山之阳。

唐仲冕母墓神道碑

唐仲冕墓

唐仲冕墓位于牤牛山以西安子山(今名“青龙山”)之阳,隶属平阴县地界。墓及墓碑现已无存,墓址原有碎碑数块,上刻“□年五月,通奉大夫崇祀名宦祠显考陶山唐公,男镆、鉴”等字。[①]

唐仲冕妻墓

唐仲冕妻墓位于唐仲冕母墓东约 200 米处,墓已塌毁。墓前有墓碑一方,中题“诰封夫人显妣唐母宁夫人墓”,右题“道光五年五月”,左题“严命男镆、鉴、镂,孙尔羡、尔鸿奉祀”。[②]

唐石岭公祠

唐石岭公祠原址位于涧北村中部前街路北,祠堂西侧大街上原有八棵大槐树,现均已无存。根据村里老人回忆,唐石岭公祠为三进制院落,建筑规模宏大。拆除祠堂时,墙体基石上刻有唐氏谱系及传记等,祠堂砖石后散佚各处不知去向。据涧北村村民杨化银称,当时祠堂二进厅及三进厅已不存在,只有一进厅和祠堂大门还在,而且已经面目全非,成为村里的办公场所。杨化银称,根据老一辈人的讲述,唐石岭公祠南北总长约 50 米,东西宽约 15 米,祠堂大门像牌坊,有装饰的门顶。门框为双门框,外框比内框略矮一些,内外框之间装有木板,不能通行,大门装在内框上。门框宽约 20 厘米,厚约 15 厘米。大门底部装在稳门石上,离地约有 30 厘米,下面是门栅板。在其记忆中,大门深棕色的油漆已斑驳脱落,露出木纹。门楼并不复杂,但很壮观。门楣上方镶有一块横匾,上面从右往左书写“平阴县名宦唐石岭公祠”。门口两边是八字墙,八字墙内侧是一对扭头朝里对望的石狮。石狮昂首蹲立,头部的毛发清晰可见,两只眼球瞪得像铃铛,鼻孔张得很大,口中衔着一颗石球,有小苹果那么大,人们可以伸进手指来回转动,但是绝对抠不出来。石狮的脖子上挂着铜铃,石狮的两只前爪之间还依偎着一只小巧玲珑的小狮子。整个石狮和底座是连在一起的,底座约高 70 厘米,连同狮子总高约有 170 厘米,总重不少于 2000 斤。站在大门的正前方,离得

---

① 参见袁明英主编:《泰山石刻》第 9 卷,中华书局 2007 年版,第 2780 页。

② 参见袁明英主编:《泰山石刻》第 9 卷,中华书局 2007 年版,第 2778 页。

稍微远一些，观望整个祠堂大门，庄严肃穆，气势恢宏。

大门里边，两面八字墙的后面各有一间耳房，供平时看管祠堂的佣人住宿。一进大厅，东西长约 15 米，南北宽约 7 米，起脊顶，飞檐斗拱、气势恢宏。厅内有 8 根木制立柱，中间 4 根高，四周的 4 根稍矮。8 根木柱之间均有横梁连接，离地 2 米左右。木柱直径约 50 厘米。木柱下面是圆形鼓面的石础，直径约 60 厘米。木柱的南面，除正门外，还有空间，东西两端疑为走廊或是摆放神像神案的地方。后面中间两根木柱横梁连接的下方，是通往二进大厅的后门，横梁上方及两端矮柱之间均装有屏风，屏风上刻有鱼虫花草。整个大厅雕梁画栋，肃穆典雅，庄重大方。

二进大厅及三进大厅结构基本相同，同样气势宏伟。唐石岭公祠三进厅的门平时一直关着，只有每年的腊月三十及来年的初一到初三祭祀先祖时，祠堂的大门及三进厅的门才全部敞开。至于厅内神龛牌位、神案贡品的摆放，祭祖仪式等，已无从考证。站在大门口，能一直望到三进厅，灯火辉煌，香烟缭绕，非常气派。唐石岭公祠的大门一直开着，由住在耳房的佣人看管。这些佣人大都是涧北村年纪较大的人，随着时间的推移，换了一次又一次，最后一位是村里一位姓麻的老人。

第四节　寨　堡

陶山山顶有多处石墙贯穿南北，凭借两侧悬崖峭壁，成为一时之险要。当地有些村民称此石墙为“齐长城”，传说这是齐鲁两国的分界线，与长清界内大峰山等处齐长城相同。但据光绪《肥城县志》记载，这些石墙为寨堡挡墙，是当时附近乡民躲避、抵挡捻军等侵袭所建。光绪《肥城县志》载：“咸丰同治间，发捻各匪窜扰山东，钦派团练大臣督率各州县，晓谕乡民行坚壁清野法，因而在在有圩砦。”[①]陶山上就有三处此时修建的寨堡，除寨墙基本存留外，其他居住用房舍已塌毁，几无留存。除此之外，在小泰山西麓有一片房屋残基，据附近摩崖石刻记载，为明代山寨，名为“王祥寨”，与清代所建寨堡并无联系。

---

① 光绪《肥城县志》卷三，清光绪十七年刻本。

幽栖寺寨堡

幽栖寺寨堡位于幽栖寺附近，现残存两段南寨墙，东段位于栖幽寺村水库以东山坡上，西段位于幽栖寺西南山坡上。光绪《肥城县志》称："幽栖寺砦，东西北三面借山为屏障，南面筑以石垒，有警则入守之。"[1]可见，幽栖寺寨堡三面凭借山势之险，仅在南面筑石墙抵御匪寇。

幽栖寺寨堡寨墙俯瞰（东段）

① 光绪《肥城县志》卷三，清光绪十七年刻本。

幽栖寺寨堡寨墙俯瞰(西段)

陶山寨堡

陶山寨堡位于朝天洞以东 150 米左右的山顶,寨墙呈东北—西南走向,两端到悬崖边,大部分已坍塌。寨墙东北端靠近悬崖 60 米左右处已被拆除,牛山林场防火道横穿而过。寨墙总长约 246 米,宽约 2.85 米,上面有步道,可供人行走。西北侧为外墙,高 4～4.5 米。东南侧为内墙,高约 2.5 米。南段与中段有两个门洞,可通寨墙内外。南侧门洞高约2.08 米、宽约1.05 米,北侧门洞高约 2.25 米、宽约 1.12 米。寨墙内侧有台阶可登墙。寨墙南端位于北纬36°17.1292′,东经 116°37.2930′,海拔 417 米。陶山寨堡依仗陶山绝壁天险,易守难攻,但山顶用水困难,需下山取水。光绪《肥城县志》称:“陶山砦,以石为壁,据山之险,然苦无水,必预取水于山下。”[1]

---

① 光绪《肥城县志》卷三,清光绪十七年刻本。

陶山寨堡寨墙俯瞰

小泰山寨堡

小泰山寨堡位于小泰山碧霞宫以北山顶，寨堡西北侧为南北走向的寨墙，寨墙位于八仙洞西侧上方山顶，北纬36°17.7185′，东经116°39.2270′，海拔475米。寨墙南端至悬崖，北端在崖边东拐沿山崖至陡峭处，现大部分已坍塌。寨墙南北直道上有步道，可供人行走，自北端东拐后变窄，成为挡墙。东侧为内墙，高约2.5米；西侧为外墙，高约4.3米。带步道的寨墙南北长约130米、宽约3.15米。寨墙东侧有登墙台阶，宽处约1.1米、窄处约0.6米。挡墙宽处约1.7米，窄处约1.1米。寨堡南端正对碧霞宫，原有山门、石墙，现已坍塌拆除。光绪《肥城县志》言："小泰山砦，以石筑东西墙，南北二面因山之峭壁悬崖以为凭藉。"①

小泰山寨堡内残存房屋基础、断墙等二十余处，可见当时有大量村民在此避难。在寨堡内另发现两个石坑，村民称这是当时捣粮食用的舂米坑。据清同治八年（1869 年）《创修小泰山灵官庙碑记》记载，咸丰十一年（1861 年）村民在此躲避捻军侵袭时，依靠白果树下井泉得以存活。此白果树即娲皇殿前之银杏树，银杏树东 10 米左右即阴阳井。可见，当时在小泰山顶上躲避战乱的村民就是到阴阳井那里取水生活。

小泰山寨堡寨墙俯瞰

① 光绪《肥城县志》卷三，清光绪十七年刻本。

王祥寨

在玉皇洞南侧、娲皇殿周围现存多处房屋遗迹，虽然乱石堆积，但仍然可以看出当时在此地曾建有房屋。据村中老人回忆，这里原有人居住，但遗憾的是居住人具体情况不详。玉皇洞摩崖石刻中提到“陶山以东，幽东寺北边，有上水庵古迹，玄帝庙威灵之宫。迤东北有佛洞一处，正南王祥寨，西有三间洞”，由此可知玉皇洞正南有寨子名为“王祥寨”。而娲皇殿周围的房屋残基正是在玉皇洞正南方，极有可能这里就是王祥寨遗址。又摩崖刻于明万历三年(1575 年)，可知王祥寨在此之前就已经存在。

王祥寨残基

第四章　民间传说

陶山历史悠久，文化遗迹众多。关于陶山洞穴、遗迹的传说广泛流传于民间，甚至民间还流传着这样一句话："陶山七十二洞，洞洞出妖精。"这为陶山靓丽的风景蒙上了一层神秘的面纱。同时乡间名人、善人辈出，给后代留下了生动形象的故事。本章根据村民讲述，将传说故事整理如下。

第一节　庙宇传说

竹林寺飞升

竹林寺也称为"无影寺""悬阳寺""悬云寺"。在栖幽寺村流传着一个关于竹林寺飞升的传说。传说竹林寺里有位老和尚，每天晚上讲经，有个小和尚每天晚上都来听经，天亮之前就走了。后来老和尚发现了这件事，他就琢磨着这个小和尚不寻常。于是，有一天老和尚就悄悄地用针把红线别在小和尚衣服上。第二天，老和尚顺着红线找到了地方，在地下挖出一棵千年人参。老和尚把人参挖回来后接着就把人参炖上了，炖人参需要很长时间，老和尚有事要下山一趟，临走之前就嘱咐寺里的小和尚好好看着炉子，不要打开锅盖。可是小和尚好奇心重，一会儿闻到香味就把锅盖打开了，锅盖一打开人参娃娃就从里边跑出来了。小和尚吓一跳，心想这下可坏了，师父回来可饶不了自己。小和尚心一横，直接端着锅把一锅汤泼在院子里。奇怪的事情发生了，整个寺庙摇摇晃晃飞了起来。这时老和尚正在回来的路上，走到了山脚下，他抬头一看，可了不得，寺院怎么飞起来了。他心想坏了，一定是煮的人参汤出事了。于是老和尚紧跑慢跑地往回赶，可还是眼睁睁看着寺院飞走了。后来人们就把竹林寺也称为“悬阳寺”。

也有些村民称悬阳寺飞升传说中飞升的寺庙不是竹林寺，而是幽栖寺，传说内容基本相同。传说幽栖寺飞升后，原址上只剩下石柱和柱础，其他建筑荡然无存。而这片散落众多石柱、柱础的旧址也就是现在幽栖寺后院北侧的空地。

传说中的幽栖寺旧址

悬阳寺飞升

涧北村流传着一个关于悬阳寺的传说，情节和人物与竹林寺飞升的传说略有不同。

传说悬阳寺在陶山上，但具体在什么地方，没有人知道，因为这只是一个传说。据说悬阳寺里住着三个和尚：一对和尚兄弟和一个看守寺庙的小和尚。和尚兄弟经常外出云游，外出时，寺里就只剩下小和尚。和尚兄弟在外出云游时，听人说“陶山上有一棵千年老参，如果用老参煲汤，一人独享老参，用汤围着悬阳寺浇一圈，悬阳寺就会悬升上天，享用老参的和尚也会同时升天成仙”。这棵老参长在什么地方，谁也不知道。于是，和尚兄弟天天外出找这棵老参，一连几天也没有结果。

有一天，和尚兄弟回寺的时候，带回一个放牛的小牧童。据说这个小牧童知道这棵老参生长的地方，可是这个小牧童无论如何也不肯把老参生长的地方告诉和尚兄弟，和尚兄弟只好把小牧童关在寺庙的柴房里。和尚兄弟还没有问出老参生长的地方，就为谁应该独享老参升天成仙争论不休。哥哥说“陶山上有棵千年老参是我先听说的”，弟弟说“小牧童是我先找到的”。和尚兄弟争得面红耳赤，谁也不肯让步。

第二天，和尚兄弟又外出云游，寺里只剩下小和尚和关在柴房里的小牧童。小牧童在柴房里不断挣扎，想要逃跑。这几天发生的所有事情，小和尚看得一清二楚。他把柴房门打开，放走了小牧童。小牧童逃走时，小和尚在小牧童的衣服上别了一根针，针上系了一条长长的丝线。小牧童逃走后，小和尚顺着丝线找到了陶山的半山腰。线到了头，针也系着，小牧童却不见了。小和尚找来找去，突然发现在一块巨石的背阴处有一棵老参。小和尚用力挖出来，只见这棵参四肢齐全匀称、根须清晰发达，果然不同于一般人参。小和尚把参带回寺里煲汤。他吃完参以后，又把煲的汤围着悬阳寺浇了一圈。只见整个悬阳寺缓缓升起，不一会儿便到了高空。这时和尚兄弟正好云游回寺，见此情景，只有捶胸顿足了。

十二重楼倒塌

关于十二重楼，附近流传着不同版本的故事：有人说十二重楼为鲁班修建，后因战乱毁坏了；也有人说是神仙修建，叫“十二连楼”，可通到小泰山上的碧霞宫，但是还没修完就塌了。关于十二重楼倒塌的原因，有一个神奇的传说。相传有一个拾大粪的人，早晨起得很早，他走到十二重楼那里时，看见盖楼的人竟然掰了个屎壳郎吃，他吓了一跳，就叫了一声，结果盖楼的人突然消失了，接着一阵大风把十二重楼给吹塌了。

第二节 人物传奇

范蠡沉金

在湖屯镇小店村村委门口立着一块石碑，上面刻着“千金台——范蠡沉金处”，相传为范蠡沉金遗址。《史记》中记载着一则范蠡救子的故事，其中并无沉金的情节，而民间流传的范蠡沉金的故事则以范蠡救子为底本，增加了返回地点和范蠡愤而沉金的情节。

石碑背面简略地记载了这个故事：范蠡的二儿子在楚国因打抱不平，杀了人被判死刑，范蠡欲派小儿子携千两黄金去楚国搭救，而大儿子执意去救二弟，否则就自杀。范蠡无奈，只好叫大儿子前去。但大儿子从小吃苦受累，惜金如命，不肯把金子送给楚国宰相，致使宰相反悔，把已救出来的二儿子又置于死地，大儿子拉回了二弟的尸体和千两黄金。范蠡愤怒地把千两黄金沉于湖中，对大儿子说：“你小弟自幼花钱如流水，不知爱惜钱财，所以我才叫他去救你二弟，而你却太惜金钱，才使你二弟断送了性命。”

范蠡沉金处

唐大人和能吃的壮汉

涧北村流传着一个与唐大人聊天的故事。村民杨化银称，据老人传说，唐大人（不知指的是哪位唐大人、什么官职）每逢过年都到涧北唐石岭公祠祭祖。这位唐大人处事稳重，平易近人，所以村里的村民，特别是年纪较大的老人，每年都到唐石岭公祠去给唐大人拜年并在那里跟他聊天。

有一次聊天的时候，唐大人说在他供职的地方（不知指的是哪里），有一个人很能吃，力气很大。这个人一次能吃一摞粉皮（约30张）、一包豆腐（约20斤）、5斤猪肉，外加上20多张薄饼。他吃饱后，能搬起千斤重的东西。众人听后觉得有点胡吹乱嗙，但碍于唐大人的身份高贵，并没有说什么，只是相互撇了撇嘴。这一切并没有逃过唐大人的眼睛，觉得在乡邻面前说了大话，说过了头。

第二年过年的时候，乡邻又去给唐大人拜年。唐大人说："我去年说的那个能吃、力气大的人，并非胡吹，今年我把他带来了。今天就当着各位乡邻的面，给大家演示一下。"接着他就安排厨师炒菜、炖肉、炖粉皮豆腐、烙饼。准备好后，端上一大盆菜和一大摞饼，外加一盆开水，这分量足够十几个人吃的。只见那人十分高大，长相并不咋样，吃相更是难看。他不用筷子，左右手各拿一只小碗，张开像水瓢一样的大嘴，一小碗一小碗地往嘴里倒便是。白面饼一攥，几口就塞下去了。不到一刻钟，所有东西一扫而光。

这时再看这个能吃的壮汉，伸了伸腰，晃了晃身子，站在那里，身高有一丈多，站在那里像堵墙，脑袋瓜子像筐头，两只眼睛像铃铛，胳膊一抡房上的檩，两腿一挺屋上的梁，巴掌一伸簸箕大，手指头楞楞鼓槌长，大声一吼像打雷，两脚一跺地晃荡。

唐大人对那个人说："你吃饱了，也喝足了，现在请你把喂马的石槽给挪一下。"那个石槽足有七八百斤重，只见那个壮汉伸了伸腰，挥了一下胳膊，张开大手，"嗨"的一声，弯腰就把石槽搬了起来，从东墙边放到了西墙边。唐大人又说："请你把大门外的上马石搬到院里来。"大家可能都见过，这上马石很像背靠椅的形状，石头蛋一个，足有千斤重。那个壮汉来回走了几步，扭动了一下腰背，挥动了一下胳膊和双腿，弯腰搬起上马石，放在院子里。唐大人略一沉思，又说："上马石本来应该放在门口，还是请你再放回原处吧。"那个壮汉并无怨言，又搬起上马石，放在门外的原处。所有在场的乡邻都惊得目瞪口呆，好长一段时间才醒过神来。

大家都伸起大拇指，称赞说：人外有人，天外有天，如果不是亲眼看见，真不相信有这么能吃、力气这么大的壮汉。同时，大家也称赞唐大人是个言出有据、不打诳语的人。

善人周连元

周连元是栖幽寺村的老户，当时住在黄庄子。村民称，凡是有困难找到他家的人，不管是本地人还是外地人，他都会给予照顾，提供简单的饭菜和住宿歇脚的地方。周围乡邻都称他为“周善人”，据说肥城县令还曾为其立碑、送匾。光绪《肥城县志》中将他作为义行的榜样，其中记载，“周连元，字方之，喜济人”[①]，并对他的善行作了介绍：有人向他借贷的话，他都会倾囊相助、毫不吝啬。如果有的亲戚因为没钱不能娶亲完婚，他就会资助帮忙娶亲。有的乡邻跟他借贷欠账达到几百贯钱，他往往会因为同情乡邻的穷困而不让他们还债，然后把借据直接烧毁。光绪十五年（1889年）粮食歉收，他数次放粮接济饥民，邻近几个村的村民都非常感激他。其后人家中仍然保留着当时乡友赠送给他的牌匾，牌匾中间上书“春温载德”，上款题为“季翁周老先生大人清鉴”，下款题为“光绪辛卯病月，乡友谊公立”。可知此牌匾为清光绪十七年（1891年）同乡谊公赠予周连元，但乡友谊公为何人尚不可知。至今周连元的墓依旧在里峪村北的田地中。

“春温载德”牌匾

善人梁宝福

梁宝福是吕仙村人，当时梁姓是吕仙村里的富户，家里余粮多。每当歉

① 光绪《肥城县志》卷九，清光绪十七年刻本。

收年份村民来借粮食时，他会用大瓢放粮，当村民收获粮食来还账的时候，他就换成小瓢收粮。因此，村民都称他为“梁善瓢”。吕仙村现存梁家大院就是他的祖居，大院现保存良好，坐北朝南，有正房三间，两端有耳房，用条石垒砌，石块雕琢精细，也就是村民常称的“一寸十三钻”。

梁家旧宅

第三节　陶山传说

黄花洞的蛇精与鹰

民间流传“陶山七十二洞，洞洞出妖精”，据说肥城老城有东、北、南三门，却没有西门，就是因为怕冲着陶山进妖精。传说后来陶山上有一条黄花蛇，修炼成精，经常化成男子去老城。有一次他到了一家大户人家，看上了这家的女儿，不久之后这个女孩就生病了。这家大户人家就四处求医，但不见好转，后来找神汉给看了看，神汉说女孩中了陶山上黄花蛇的邪气。于是，神汉让他们等那个男子再去的时候，就请他喝酒，走之前在他身上系条红绳。大户人家照样做了，后来跟着红绳找到陶山的黄花洞，神汉找来一只老鹰守在洞口，等黄花蛇出来就抓它。黄花蛇没办法，钻到一个石洞里，不敢出来了，于是神汉就用一根圆木堵住洞口，让黄花蛇再也出不来。

另外一个传说与此类似，但不同的是，神汉放黄花鹰捉蛇精，蛇精害怕，钻进山洞不敢出来，后来守在洞口的黄花鹰变成了一块巨石，屹立在洞口。这也是“黄花洞”洞名的来历。

黄花洞前巨石

仙人桥的传说

在冯庄村东北、岱南书院的东边，原来有一条小路，小路跨过溪涧一路向北。在溪涧上有一座小桥，小桥本来没有名字，就是一座普通的小桥。但是有一天一大早，有村民沿着小路到村北的地里干活，他走到小桥附近时，看见一个大姑娘头戴着花沿着小路往前走。这个人还纳闷：一大早谁家姑娘到这荒郊野外来？等转过弯到了小桥，再一看，不见了大姑娘的踪影。这人惊诧不已，紧走几步，只见前面的草丛里窜出一只兔子，快速地跑走了。村民就怀疑那是兔子精，刚才变成人在路上走。从此，人们就把这座小桥称为“仙人桥”。

仙人桥小路旧址

捡不尽的铜钱

传说从前有个小伙子到山边去割草，走到一条石头坝子附近，这条石头坝子看起来有些像古墓。他突然发现，在石头坝子下边的草丛里，有一个小孔，出溜出溜地往外冒铜钱。他感到好奇，就蹲下来捡铜钱。不一会儿，就快装满了盛草的筐子。这时他想：继续捡下去自己肯定提不动，如果先回家，又怕一直外冒的铜钱被别人捡走。于是，他找到一块小石头，把一直冒铜钱的小孔堵住，然后挎着筐里的铜钱回了家。

回家后，他叫了家人，带着装钱的工具，又回到冒铜钱的石坝子前，拿去堵小孔的石头后，并没有铜钱冒出来。他感到奇怪，就想方设法，把小孔弄大，仍然没有一个铜钱冒出来。这时他特别后悔：当初真不该把一直冒铜钱的小孔堵住。

三仙洞的刺猬报恩

陶山上有个三仙洞，但是没有人进去过，因为传说里边住着蛇仙、狐仙和刺猬仙。这三仙专门惩治那些奸诈刁钻、阴险毒辣、为富不仁的富豪和贪官，并且经常帮助那些勤劳朴实、忠厚正直的乡民。

相传村里有个小伙子，为人勤劳正直，可是家里穷得叮当响，仅有勉强能住的几间破房子，只好靠打柴为生。这年冬天，他到陶山上去砍柴，回家时在山边小路上发现一只受伤的刺猬，刺猬蜷缩在路边，样子十分痛苦。这个小伙子就把这只刺猬带回家中，安放在自己住的房子里。小伙子给刺猬擦拭治疗伤口，并且精心喂养。过了几个月，有一天早晨，小伙子醒来后发现屋里全是鲜花，一朵挨着一朵，姹紫嫣红，香气扑鼻。他感到非常奇怪，又想起夜里做梦时曾有神仙告诉他："你可以带鲜花到集市上去卖，价钱是手扎鲜花的十倍。"于是，小伙子天天到集市上卖花。他的花既美丽又鲜艳，香气沁人，人们争相购买，价钱果然是手扎鲜花的十倍。几天后，屋里的鲜花卖得差不多了，换来的是白花花的银子，小伙子十分高兴。这时他突然想起来：自己喂养的刺猬呢？他在屋里找了好几遍，再也没有找到刺猬。到了夜里做梦时，又有神仙告诉他："刺猬为了报答你的救命之恩，把身上的针刺拔下来变成了鲜花，每根一朵。现在你有钱了，好好过日子吧。刺猬已经回三仙洞去了，你也不必担心。"小伙子这才明白原来他救的刺猬是三仙洞的刺猬仙。他守着这么多银子并没有挥霍浪费，反而经常帮助那些有困难的庄乡邻居。他的小日子过得顺风顺水、得心应手，后来还娶上了媳妇。

三仙洞的下层洞

陷马坑与穆桂英

陶山西麓鏊子台以东有一个朝天洞，位于山顶靠近崖边的地方，上部洞口朝天，下部贯通，可从崖底攀爬到达洞底部，村民称之为“陷马坑”，相传是穆桂英作战时设计的机关。传说当年穆桂英在陶山上率军与敌军作战，她率军撤退，诱敌追击。穆桂英围着这里转了三圈，等敌军追到这个地方的时候，地面突然塌陷，敌军人马纷纷跌落，穆桂英的军队乘势追杀获得胜利。

朝天洞上部

第五章　陶山名士

陶山有着悠久的历史，文人墨客、善士乡贤不乏其人，本书仅选四位与陶山关系密切，与陶山相映成辉的人物作一介绍。范蠡功成身退，隐居陶山，号“陶朱公”，从此陶山与范蠡相互辉映，如日月同光，彪炳史册。清代时，唐仲冕之母安葬陶山，仲冕遂自号“陶山”。唐仲冕在陶山之阳涧北村购买祭田，建立祠堂，从此陶山成为唐仲冕的精神家园，尤其是在他为官以后，更是成为他魂牵梦绕之地。他不仅多次返回陶山祭奠母亲，更是写下了大量有关陶山的华章，抒发对母亲、对陶山的深沉之爱。其诗为《陶山诗录》，其文为《陶山文录》。其妻葬于兹，其孙葬于兹，其儿媳葬于兹，仲冕亦葬于兹。而且其子唐鉴、唐镆更是入籍肥城。仲冕家族让陶山又一次迸发出万丈光芒。陶山人杰地灵，清代肥城活跃着众多篆刻家，形成独特的印人群体，朱其镜便是其优秀代表，其在陶山下建园酬宾，自号“陶峰”，《陶峰小课》即为其代表作。

第一节　范　蠡

范蠡的事迹散见于《国语》中的《越语》《吴语》，《史记》中的《吴太伯世家》《越王勾践世家》《货殖列传》，以及《吴越春秋》《越绝书》等史籍文献中。今综合诸书，整理范蠡与陶山有关事迹如下。

范蠡（前536～前448年），字少伯，春秋末期楚国人，后官至越国相国、上将军。范蠡本来是楚国宛地三户（今河南南阳市）人，表面上装作狂荡倜傥，与世俗不相谐。文种做宛地长官时，派遣官吏拜谒，吏员回来说："范蠡本是楚国狂人，其病与生俱来。"文种闻言而笑，说："我听说士人如果有才德出众的姿态，一定被讽刺为装疯卖傻。才德出众的人内怀独见之明，外受不被理解的诋毁，这些不是诸位能理解的。"于是文种亲自驾车往见。范蠡知道文种一定会来拜谒，对兄嫂说："今日有客人要来，希望穿着正装见客。"不久，文种到来，二人一见如故，谈得十分融洽，旁观者也耸然而听。[①] 由此，恃才傲物的范蠡步入政坛，后来成为越王勾践的重臣。

范蠡苦其身心侍奉越王勾践，贡献出全部的力量给勾践深谋二十多年，灭了吴国。回到越国以后，范蠡收拾轻便的宝玉，与其亲信乘轻舟出海，一去不回。范蠡由海路转到齐国，更姓改名，自称为"鸱夷子皮"，在海边耕种为生。他不辞辛苦，与家人齐心协力整治家产，没多久，便积聚了数十万财产。齐国人闻其贤能，送上相印请他为相。范蠡喟然长叹说："居家则致千金，居官则至卿相，此布衣之极也。久受尊名，不祥。"[②]显然曾经久居卿相的范蠡，其内心深处更愿意做一介布衣，视尊崇的名声为不祥。于是送还相印，把家产全部分给知己的朋友和邻里乡党，只带着重宝，暗中离开，定居在陶。范蠡以为陶是天下之中，交易买卖、互通有无之路四通八达，谋生治产可以致富，于是自称"陶朱公"。他又约束节制，父子亲自耕田畜牧，囤积货物，等候高价卖出，获取十分之一的利润，很快累积了上亿的财产。

关于范蠡离开越国后的去向，《国语·越语下》称"遂乘轻舟以浮于五湖，莫知其所终极"[③]，《吴越春秋·勾践伐吴外传》则承袭《国语》之文，称"乃乘扁舟，出三江之阳，入五湖之中，人莫知其所适"[④]。《史记·越王勾践世家》则称"范蠡浮海出齐，变姓名，自谓鸱夷子皮……怀其重宝，间行以去，止于陶……天下称陶朱公"[⑤]。在《史记·货殖列传》中称"浮于江湖，变名易

---

① 参见(汉)袁康撰，李步嘉校释：《越绝书校释》卷六，中华书局 2013 年版，第 154、170 页。

② (汉)司马迁撰，(南朝宋)裴骃集解，(唐)司马贞索隐，(唐)张守节正义：《史记》卷四十一，中华书局 1982 年版，第 1752 页。

③ 徐元诰撰，王树民、沈长云点校：《国语集解·越语下第二十一》，中华书局 2002 年版，第 588 页。

④ (汉)赵晔撰，(宋)徐天祐音注：《吴越春秋》卷十，明《古今逸史》本。

⑤ (汉)司马迁撰，(南朝宋)裴骃集解，(唐)司马贞索隐，(唐)张守节正义：《史记》卷四十一，中华书局 1982 年版，第 1752～1753 页。

姓，适齐为鸱夷子皮，之陶，为朱公”①。

《史记》并未明言“陶”的具体位置，这就给后代留下了一个悬案。《越王勾践世家》中之“止于陶”，后人给予了两种解释：其一，《史记集解》引东晋人徐广（352～425 年）语：“今之济阴定陶。”②此观点认为陶为济阴定陶，即今天的菏泽市定陶区。其二，《史记正义》引唐李泰（620～652 年）《括地志》语：“陶山，在济州平阴县东三十五里。止此山之阳也，今山南五里犹有朱公冢。”③

《货殖列传》中之“之陶”，则出现了四种解释。其一，《史记索隐》引东汉人服虔语：“今定陶也”，亦即今天之定陶区。其二，《史记正义》引唐李泰《括地志》语：“即陶山，在齐州平阳县东三十五里陶山之阳也。今南五里犹有朱公冢。”贺次君认为：“所引应与《越世家》引同，由于传写翻刻不慎，致有脱误。唐齐州有平陵县，无平阳县，张文虎校定金陵本《史记》遂改为平陵县，但陶山所在当是济州平阴，《元和郡县志·郓州平阴县》云‘陶山在县东三十五里’可证。”④显然此处与《越世家》语完全相同。其三，又引唐李泰《括地志》语：“又云曹州济阳县东南三里有陶朱公冢。”贺次君指出：“唐初曹州无济阳县，‘阳’当作‘阴’。”⑤此当为今天曹县之陶朱公冢。其四，又引唐李泰《括地志》语：“又云在南郡华容县西，未详也。”此即今湖南省岳阳市华容县之陶朱公冢。⑥

总之，《史记》虽然指出了范蠡止于陶，却没有交代具体方位。后人注释《史记》，出现了四种注解：其一，东汉人服虔认为是定陶，东晋人徐广意见相同；其二，平阴陶山；其三，曹县；其四，华容。此四说表明最早的《史记》注释已经不能断定陶地的具体位置，他们判断陶地的依据就是范蠡墓。后三说都出自唐代李泰的《括地志》。至于华容说，郦道元在《水经注》中已进行勘

---

① （汉）司马迁撰，（南朝宋）裴骃集解，（唐）司马贞索隐，（唐）张守节正义：《史记》卷一百二十九，中华书局 1982 年版，第 3257 页。

② （汉）司马迁撰，（南朝宋）裴骃集解，（唐）司马贞索隐，（唐）张守节正义：《史记》卷四十一，中华书局 1982 年版，第 1753 页。

③ （汉）司马迁撰，（南朝宋）裴骃集解，（唐）司马贞索隐，（唐）张守节正义：《史记》卷四十一，中华书局 1982 年版，第 1753 页。

④ （唐）李泰撰，贺次君辑校：《括地志辑校》卷三，中华书局 1980 年版，第 145 页。

⑤ （唐）李泰撰，贺次君辑校：《括地志辑校》卷三，中华书局 1980 年版，第 145 页。

⑥ 《货殖列传》诸条引文见（汉）司马迁撰，（南朝宋）裴骃集解，（唐）司马贞索隐，（唐）张守节正义：《史记》卷一百二十九，中华书局 1982 年版，第 3258 页。

误："检其碑题云：故西戎令范君之墓。碑文缺落，不详其人，称蠡是其先也。"①可见华容陶朱公冢仅是误传。目前学界并不能就范蠡墓所载地达成一致意见，本书仅就肥城陶山与范蠡的关系展开讨论。

《括地志》认为陶是"济州平阴陶山"，李泰的《括地志》成书于贞观十六年(642年)。《旧唐书》卷三十八《地理志一》载："平阴，汉肥塚(应为城)县。隋为平阴，属济州。天宝十三载，州废，县属郓。大和六年，并入东阿县。开成二年七月，节度使王源中奏置平阴县。"②撰写《括地志》时，今肥城属济州平阴县，所以济州平阴陶山即今天肥城陶山。

系统说明范蠡与陶山关系者，当推《岱览》卷三十二载顺治十六年(1659年)肥城知县史廷桂《重建陶公幽栖祠诗刻并记》，其中记载了幽栖寺创建过程。此碑记梳理了范蠡居陶山及幽栖寺的沿革，是目前所见相对完整系统的叙述，留下了宝贵的历史记载。本书将以《重建陶公幽栖祠诗刻并记》为重要线索，借助其他史料，梳理范蠡与肥城陶山之关系及其遗迹之沿革。

第一，范蠡至齐，定居于陶，号陶朱公，即今肥之陶山也。《重建陶公幽栖祠诗刻并记》以山内有缆船桩、山前有湖屯及山麓陶朱公墓等遗迹证之。

我们再从其他史料看，《太平御览》卷四十二载："陶山，《齐地记》曰：'范蠡浮海出齐，变姓名，自号鸱夷子。间行止于陶山，因号陶朱公焉。'后改曰鸱夷山，在今平阴县东。"③《太平御览》所引《齐地记》，有晋伏琛、南燕晏谟、南朝解道康、北朝张朏等数个版本，《太平御览》所引无论为哪个版本，《齐地记》为唐以前所出无疑。因此，最晚在唐之前，肥城陶山就被认为是范蠡定居之地。

上述唐初《括地志》则明确指出："陶山，在济州平阴县东三十五里。[范蠡]止此山之阳也，今山南五里犹有朱公冢。"④成书于唐元和八年(813年)的《元和郡县图志》卷十载："郓州……平阴县，上，西南至州一百二十里。本汉肥城县地，属泰山郡。古肥子国。隋开皇十四年，于今县西北二十八里置榆山县，大业二年移于今理，仍改名平阴，属济州。天宝十三载，州废，县割

① (北魏)郦道元：《水经注》卷三十二，清《武英殿聚珍版丛书》本。
② (后晋)刘昫：《旧唐书》卷三十八，清武英殿本。
③ (宋)李昉：《太平御览》卷四十二，宋刊本。
④ (唐)李泰撰，贺次君辑校：《括地志辑校》卷三，中华书局1980年版，第145页。

隶郓州……陶山，在县东三十五里。范蠡葬处。”[1]其基本继承了《括地志》的内容。

宋初乐史(930～1007年)《太平寰宇记》卷十三载：“平阴县，本汉肥城县，属泰山郡。古肥子国。隋开皇十四年于今县西北二十八里置榆山县，大业二年移于今理，改名平阴，属济州，取界内平阴县城以为名。天宝十三载州废，县割隶郓州。太和六年七月废，以地并入东阿、卢二县。至开成二年七月，王源中奏：‘境内阔远，东西百二十里，南北近二百里，无县邑以理居人，制御寇盗，请复平阴县。’从之……陶山，在县东三十五里，《史记》云：‘范蠡浮海出齐，变姓名，自号鸱夷子皮，间行止于陶，因号陶朱公焉。’”[2]可见乐史视今肥城之陶山为范蠡定居之处。

成书于元丰三年(1080年)的《元丰九域志》卷一载：“上，平阴。州东北一百二十里。二乡，但欢、石横、界首、宁乡、滑家口、傅家岸、翔鸾七镇。有郁葱山、鸱夷山、黄水、咸水。”[3]这说明今之肥城陶山在元丰三年(1080年)时称“鸱夷山”，金牛山称“郁葱山”。以上足见陶山又称“鸱夷山”有着悠久的历史，不是虚说。《路史・国名纪》载：“范蠡变姓名，间行止陶。今郓之平阴有陶山。”[4]

明景泰七年(1456年)成书的《寰宇通志》卷七十一载：“幽栖寺，在肥城县陶山之东，寺碑云陶朱公隐此，唐懿宗即其地建寺。”[5]据幽栖寺内碑刻，称陶朱公隐居肥城县陶山。嘉靖《山东通志》卷十九：“范蠡墓，在肥城县西北陶山之阳，一在定陶县。”[6]该书持肥城与定陶两说。

此后之明清方志类书基本沿袭此说，如《方舆胜略》之“陶山，肥城，范蠡浮海后止此”[7]；《济胜一览》之“陶山，肥城，范蠡浮海出齐，止此”[8]；《皇舆考》之“陶山，肥城，范蠡浮海出齐，止此”[9]；《广舆记》之“陶山，肥城，接平阴界，

---

① (唐)李吉甫撰，贺次君点校：《元和郡县图志》卷十，中华书局1983年版，第262页。
② (宋)乐史撰，王文楚等点校：《太平寰宇记》卷十三，中华书局2007年版，第252～253页。
③ (宋)王存撰，王文楚、魏嵩山点校：《元丰九域志》卷一，中华书局1984年版，第20页。
④ (宋)罗泌：《路史・国名纪》卷丁，明《历代小史》本。
⑤ (明)陈循等：《寰宇通志》卷七十一，民国三十六年《玄览堂丛书续集》影印明景泰间刻本。
⑥ 嘉靖《山东通志》卷十九，明嘉靖刻本。
⑦ (明)程百二：《方舆胜略》卷四，明万历三十八年刻本。
⑧ (明)侯应琛：《济胜一览》不分卷，明万历四十六年刻本。
⑨ (明)张天复：《皇舆考》卷四，明嘉靖三十六年刻本。

范蠡浮海出齐，间行止此”[①]；乾隆《大清一统志》之“范蠡墓，在平阴、肥城县界陶山。《括地志》：陶山南有朱公冢”[②]；康熙《肥城县志》之“陶山，在城西三十里。相传越范蠡变姓名为陶朱公，浮海出齐，间行隐此，故名”[③]。

又陶山碑刻中，间或提及陶朱公范蠡隐居此山，为我们留下了非常珍贵的史料。今择其要录入如下：

宋绍圣四年（1097 年）《大宋郓州平阴县陶山幽栖寺新修钟楼记》云：“夫地处山□域边齐鲁长□有四□巃嵸，碧峤之前，绿嶂之侧，厥有名峦，其传陶山，□陶朱所隐之山。陶朱者，即范蠡也。”残存文字非常明确地表示，此陶山，就是陶朱公所隐居之山。金大定十九年（1179 年）刘仲杰《登陶山寺》诗题刻，《岱览》卷三十二有录文：“遗迹千年事恐诬，幽栖谁信为陶朱。不知古寺东山洞，曾与西施共隐无？”诗称幽栖寺为陶山寺，并对此处陶朱事迹提出疑问。金代大定二十二年（1182 年）《重修幽栖寺大殿记》云：“吾乡陶山幽栖寺，其来远矣。因陶朱公昔尝隐其中，由是得名。”明万历三年（1575 年）佛洞记摩崖石刻云：“陶山以东，幽东寺北边，有上水庵古迹，玄帝庙威灵之宫。迤东北有佛洞一处，正南王祥寨，西有三间洞，神李琦鸾王之处，春秋时范蠡归湖所居，隐藏之机，乐此为妙，修道者也。”撰者以为陶山是春秋时范蠡归隐修道之处。明万历五年（1577 年）幽栖寺诗碑云：“陶朱栖遁处，偶尔得登临……东西两嵎寺，范蠡旧时林。越王岂能害，种后竟成擒。岩中犹有冢，世换名存今。西施匿何所，五牸可能妊。自吴渡海至，安忍忘山阴。”明崇祯四年（1631 年）《赠友人云侣子吴君修真陶山歌有叙》题刻，其叙云：“陶山，古越王勾践臣大夫范公蠡归湖隐居处也。嗣后，名人高士步踪养真者，比比不胜悉笔。”撰者认为陶山即古越王勾践臣大夫范公蠡归湖隐居处，并引领名人高士至此养真。明崇祯九年（1636 年）《重修大殿十王碑记》云：“寺名幽栖，相传以陶朱公隐逸得名，□□公墓（下残）自春秋以迄于今□（下残）若无人亦疑信相参矣。太史公纪范蠡避地居陶，陶为通衢而公因之货殖，则今之定陶县近是，而此山或为公所营菟裘耳。寺创（下残）唐宋皆重修。”此碑值得关注，撰者对于陶朱公定居肥城陶山，“疑信相参”，亦即半信半疑。他认为定陶为其经商之地，肥城陶山为退隐的处所，可谓独辟蹊径，较好地调和

---

① （清）蔡方炳：《增订广舆记》卷五，清康熙刻本。

② 乾隆《大清一统志》卷一百四十二，清《四库全书》本。

③ 康熙《肥城县志》上卷，清康熙十一年刻本。

了两处陶地的矛盾冲突。清康熙五十一年(1712 年)张家店玉帝行宫《重修大殿并钟楼记》云:“肥邑乃皦碻郡也,治之西三十里许,有陶山,春秋时越少伯范蠡所隐之地,公之坟墓在焉。”康熙五十四年(1715 年)重建陶朱墓碑云:“陶山之阳,幽栖之侧。一冢屹然,千秋独立。传为越臣,于焉遗迹……乃至于今,沧桑几易。秦篆既杳,汉赞谁识。颓然荆榛,一片孤石。藓食文字,久莫可索。第见樵夫牧竖,踯躅而叹于其侧曰:‘此非越大夫之墓欤?何碑字之模糊,觉今之非昔!’时维乙未,春日熙熙。招侣携朋,于兹一适。凭今吊古,晨游竟夕。谒公之祠,寻公之迹。睹兹湮没,心焉恻恻。千秋芳躅,可听泯灭!兴废补弊,何惜千百。爰命匠石,创为再勒。非谓公之霸业于兹益著,庶几青松子三笑三点额,指冢口诵之八言,不致于遂熄。”碑文感叹秦篆、汉赞年代久远,破败于荆榛间,成一片孤石,字迹模糊,于是再次摩勒立碑于墓前。即唐仲冕所云“盖墓前碑所称‘贞观补刻’者,此时又重刊也”①。“范蠡归湖处”碑云:“范蠡归湖处。归湖遗迹在陶山幽栖寺北,有遗墓碑记是也。”

第二,秦代创建陶公幽栖祠,位置就在范蠡旧居处。原有篆碑“忠以事君,智以保身,千载而下,谁可比伦。”后人认为是李斯跟从秦始皇封禅泰山,回程路上,听闻此处有范蠡墓,凭吊书写此碑。

第三,汉代在陶公幽栖祠前建佛殿,去掉“陶公”二字,改称“幽栖寺”,并在寺内立祠祭祀范陶公。一日,有老人自称“青松子”,对冢三笑三点额,手指冢,口诵八言曰:“霸业朽,忠名在。此堆土,黄金块。传万古,人人爱。纲常维,宇宙赖。”诵毕,化为香鸟不见,后人遂刻其语为“汉赞”。按:李斯、青松子事其他书籍均无记载,此为孤例孤证,或许是据当地民间传说杜撰而来,已经无从考证。

第四,隋时,则移幽栖祠于范蠡墓右侧,以秦碣有“忠智”字,名曰“忠智幽栖祠”,即现存的遗址处。然而“秦碑”“汉赞”都已经残断剥蚀。

第五,至唐贞观元年(627 年)四月二十日,有做慈善者立碑重新模刻“秦碑”“汉赞”,并在碑额镌刻《鸱夷歌》,树立在范蠡墓上。此碑光绪《肥城县志》与《山左金石志》均有记载,可相互参看。

光绪《肥城县志》卷二载:“范蠡墓碑,在陶山。碑阳上刻佛像,下刻观世音经。佛像上横刻‘忠以事君,智以保身,千载而下,谁可比伦’十六字,系后

① (清)唐仲冕:《岱览》卷三十二,清嘉庆十二年果克山房刻本。

人所补，并刻《鸥夷歌》于额。佛像下右侧，刻秦李斯留题、青松子笑赞及刘宋时盗墓事。碑阴刻：'霸业朽，忠名在。此堆土，黄金块。传万古，人人爱。纲常维，宇宙赖。'贞观八年僧人刻文，杂乱无绪，以其为贞观时碑录之。《山左金石志》以为金大定时刻。"①

毕沅、阮元《山左金石志》卷二十载："幽栖寺重摹范公忠智碑。无年月，书体详后。碑高四尺六寸，广二尺，在肥城县。右碑首刻《鸥夷歌》，八行，草书；次刻像一躯，内题'忠以事君，智以保身，千载而下，谁可比伦'四句。右边题'范公忠智碑'一行，左边署'贞观元年四月二十刻碑，为千载吊古者凭□'一行，俱正书。下截前刻陁罗尼咒十四行，正书，大小不等；后刻范公灵迹六条，十二行，正书，径三分。碑阴刻'汉赞越范蠡墓'等字，又赞语八句，俱正书，径三寸。案其碑制字体，或是唐人原刻。朱朗斋据《县志》有大定元年重修幽栖寺语，遂定此碑为金时重刻，今姑仍之，俟考。"②

为解释为何范公忠智碑与佛像混为一体，《重建陶公幽栖祠诗刻并记》记述了幽栖寺僧之梦。其云一幽栖寺僧梦到陶朱公说："你在我墓上，将埋没你的名声。"僧人醒后，遂在碑阴刻佛像、佛经，将碑旋转 180°，阴阳易面，以模糊碑的主旨。因此，现在都以为此碑为佛像经碑碣。

接着《重建陶公幽栖祠诗刻并记》解释了不甚高大的范蠡墓为什么在南朝刘裕时被盗。因为盗贼看见碑赞"黄金"二字，夜里打开墓冢，看到墓内有斗大的四个白字："某人不可。"盗贼见字，惊慌逃走，死在墓南。早上有人看见四大字旁有"某终冢南"四小字，看到死于墓南的盗贼，果然就是这个人。自此后无人敢觊觎范蠡墓。这明显是一则普通的传说故事，用以警示盗墓者。同时，这里也传达出范蠡墓曾经被盗的信息，建构了范蠡神圣的形象。

第六，宋代，宋真宗封泰山时，驻跸肥城金牛山，封禅告成，返回途中，经过此处，瞻仰凭吊陶朱公墓，可称盛举。宋真宗封禅，据明人胡瓒《泉河史》卷九载："陶山，在肥城县西三十里，其西为平阴。世传范蠡变姓名，浮海出行，间行于此。金牛山，在肥城县西一十里。宋真宗曾驻跸于此，封为'郁葱山'。南有池，世传龙潜其中。"③书中不记宋真宗凭吊范蠡墓事。乾隆《大清一统志》卷一百四十二亦载："金牛山，在肥城县西八里。《府志》：相传宋真

① 光绪《肥城县志》卷二，清光绪十七年刻本。

② （清）毕沅、阮元：《山左金石志》卷二十，清嘉庆二年小琅环仙馆自刻本。

③ （明）胡瓒：《泉河史》卷九，《四库全书存目丛书》本。

宗尝驻跸于此，改为‘郁葱山’。山南有五龙池，祷雨辄应。”[1]书中亦未记宋真宗凭吊范蠡墓事。以此观之，这件事恐怕也是牵强附会而来，算民间传说故事罢了。

第七，浙江萧山人史廷桂于顺治十二年（1655 年）春来肥城任知县，顺治十五年（1658 年）适逢寺僧保性修理佛寺，请史廷桂主持其事，工程至第二年竣工。萧山为古越之地，所以史廷桂在《重建陶公幽栖祠诗刻并记》中感慨："樵夫牧竖则谓公为越相，而余以越人，故私之。抑知余之所以感慕乎公者，自有在也。"于是史廷桂借机寻得旧址，重新构建祠宇三间。

如上所述，其文亦真亦虚，其真者，有历史记载与碑刻；其虚者，有些内容当取之于民间社会传说，虽然孤例难证，但保留下非常珍贵的民间社会的历史记忆，仍不失其珍贵的历史与民俗价值。所以，笔者认为，范蠡与肥城陶山的历史关系是历史记载与民间社会记忆的复合体。

范蠡祠内新塑范蠡像

① 乾隆《大清一统志》卷一百四十二，清《四库全书》本。

第二节　唐仲冕

唐仲冕(1753～1827年)，字六枳，又字六幕，号陶山，原籍湖南善化(今湖南省长沙市)人，生于乾隆十八年(1753年)九月八日。唐仲冕出身于书香门第之家。唐家世有隐德，家饶于财，行善乐施，是当地的名门望族。祖父上舍棕舟公唐学文，国子监生，德高望重，尤称长者。父亲唐焕，字尧章，乾隆六年(1741年)辛酉科举人，为文精括轩豁，“深求三代为学之要，格物致知”，“每一义出，时论翕然。所著诗古文词，必衷诸道”。①

乾隆二十九年(1764年)，十二岁的唐仲冕应童试，学使卢学士文弨大奇之。乾隆三十三年(1768年)，父唐焕任平阴县知县，唐仲冕随父到山东。这年，唐仲冕娶湖南善化宁廷选之女，宁氏生于乾隆十七年(1752年)，年长仲冕一岁。宁氏自长沙行程三个月至平阴，朝夕奉事唐母、唐父至孝。

乾隆三十五年(1770年)腊月，唐焕移官为昌邑知县。该年十一月十八日，仲冕母卒于平阴官舍，享年五十六岁。据《诰赠奉直大夫前山东昌邑县知县唐公继配谭太宜人墓表》，唐母“谭氏，长沙人，谭故茶陵古姓，年二十五，归同郡唐府君讳焕为继室。入门视前女子子如其子，视前兄弟子如其兄弟子”。

乾隆三十七年(1772年)，唐焕罢官，家中更加贫困，不能将其母(谭氏)归葬善化。唐焕说“齐人爱我如父母”，于是命儿子将其母安葬在陶山之阳。

乾隆三十八年(1773年)，客居岱麓的唐焕带领唐仲冕及两个仆人游览泰山。父子一行过一天门、万仙楼、护驾泉、五大夫松到达泰山极顶，又到天空山寻访元君得道处，夜晚住宿山顶，五更观日出。对各处景点、历史典故、神话传说，唐焕“一一指示仲冕，使遍识焉”。唐焕教导仲冕：“汝登山，汝亦知学山乎？山之岩岩，树汝风骨；山之邃邈，安汝器宇；山之广博，廓汝识量；晓日初升，汝养平旦；肤云乍合，汝作霖雨；积之以自卑，资之以深造；毋躁汝气，毋堕汝志，则至于山且至泰岱矣。不然，是大山之麓止而不能升也。小

① (清)唐仲冕：《岱览》卷三十二，清嘉庆十二年果克山房刻本。

子勉之。”①

下山途中，父子一行又到经石峪，观明人刻《大学》一百九十六言。唐焕慨然曰：“此宋儒所谓经也，格致补传，与古本专责诚意者异。夫物有轨范，当知扩充。诚意者，格致之内功；格致者，诚意之实践。即如余年六十有四，一日之间，登岱四十里，往返后石坞，亦三十里，而筋力不惫者，游兴畅洽故也，诚意也。周览椒麓，则格致也。不宁惟是，山亦有然，其起伏向背者，格致之情状；其扶舆清淑旁薄郁积者，诚意之端倪。故曰不诚无物，此小子所宜沈潜。”②

乾隆三十九年（1774 年）四月，安葬唐母于肥城之陶山，《岱览·自叙》记载安葬唐母之情状：“其葬也，平阴、肥城两邑士民，相率助庸，穿圹负土成坟。圹在山上，山至险峭，不可炊汲，从麓至圹，诘屈四五里。圹又石椁天成，坚整无罅，斤凿所入，仅得分寸，工徒登降传餐，日夕胼胝无怨色。椁当前和开一洞穴，绀砂中满，举锸除砂，适足容棺，推棺入穴，仍以凿石扃合如故。棺初上山，颇以攀陟为危，乃舁舆执绋者数百人，齐歌蒿里，蜂拥蚁附，登跻如云，无少轩轾。非先公惠政，先母氏懿淑所感，曷由至此！而风俗敦庞，邻里匍匐，为人子者能无雪涕稽颡于数百人之前乎！此甲午年夏四月事也。”③

这年秋天，唐仲冕中举人试。此时仲冕自忖，如果将母亲的灵柩移回善化，就违背父亲之命，舍墓而去又于心不忍，于是就留在陶山守墓，所以自号“陶山”。“及太夫人葬陶山，先大夫解组，挈家归里，独就夫人养。”④七十多岁的唐父南归故里，在家乡开馆授徒。唐父生活起居，由仲冕夫人宁氏负责。此后，唐仲冕每隔一年回善化探望父亲一次。

乾隆四十三年（1778 年）春，唐仲冕赴京会试，返回途中作《寒食道中口号二首》，其一云：“抚景惊心处，孤坟岱岳西。春晖何日报，客梦昨宵啼。”⑤该诗记咏其寒食时节对已逝之母亲的深切思念。乾隆四十四年（1779 年），距安葬母亲五年后，仲冕始在母墓垒石树碣：“又五年，垒石植碣。”⑥

---

① （清）唐焕：《游泰山记》，光绪《善化县志》卷三十二，清光绪三年刻本。
② （清）唐焕：《游泰山记》，光绪《善化县志》卷三十二，清光绪三年刻本。
③ （清）唐仲冕：《岱览》卷三十二，清嘉庆十二年果克山房刻本。
④ （清）唐仲冕：《陶山文录》卷八《诰封夫人先配宁夫人墓志铭并叙》，清道光二年刻本。
⑤ （清）唐仲冕：《陶山诗前录》卷上，清嘉庆十六年刻本。
⑥ （清）唐仲冕：《陶山文录》卷六《与某先生求为母氏墓碣文书》，清道光二年刻本。

乾隆四十五年(1780年),时宁乡诗人何焕(字星田)游幕泰安,仲冕作诗《布山旅次喜何星田见过别后赋寄二首》,自注"星田名同,宁乡诸生,庚子"①;何焕与唐仲冕诗文唱酬,有《岱下草》,仲冕为之付刊。② 仲冕忆云:"四十六年,蒙为(泰山书院)主讲。讲院故有三贤祠,因增祀宋、赵两先生,示不忘所自也。堂后有斋,命曰'柬理',取荀卿《修身篇》'安燕而血气不惰'为柬理之义。斋庭虚旷,梧竹箾椮,与诸生游息其中者三年矣。友人何星田赠以诗云:'嶂抱青岩路,山斋鹳护扉。红鳞惊客影,绿筍碍人衣。芳径嘤鸣合,尘阛辙迹稀。摊书吟邵子,演易瓣香微。'又云:'午唤双鸠雨,云阴暗竹房。絮飞沾蕙带,花入点琴囊。杯醮青螺重,亭生白帢凉。晚晴钩露幔,岱色满斜阳。'尔时酬唱成帙,偶记二诗,录之以志友朋之好。"③

乾隆四十六年(1781年),唐仲冕被聘为泰山书院院长。此泰山书院是乾隆二十九年(1764年)泰安知府姚立德、知县程志隆在城西汶阳桥另建的堂宇,题名"泰山书院"。唐仲冕在《重修泰山上书院碑》中回忆当年情形:"余主泰山讲席者三年,书院在城西门外市阛中,每苦其嚣。辄与诸生游凌汉峰侧,谒三贤祠,登授经台,倚侍立石,穆然想见三先生师友考道之遗风。东涧水潆洄,安定先生投书处也。涧上有亭,额以考盘,饮酒赋诗,终日徘徊而不能去。祠故泰山上书院,余尝谓书院当移建于此,以存其旧。"④唐仲冕先后主讲泰山书院三年。《岱览·自叙》载:"仲冕自徒跣葬母以来,往来岱下前后余廿年,主泰山讲席者三年。其时,泰安黄大令钤,属修邑志。名山大川,邑之望也,因与郡中学士大夫,诹访前哲遗文秘籍,图册典章,证三观、七十二峰之名状,溯环、泮、漆三溪及大小汶之分合,下至云亭、梁父、社首、徂徕诸山,岗峦延属,疏其根节,颇为详密。"⑤

同年,唐仲冕回肥城陶山祭拜母墓,作《陶山展墓往返得诗八首》。其四云:"登高节近奈愁何,此际西风枨触多。卅载生涯常作客,十年荒陇几回过。"⑥可知其时为秋九月,仲冕感叹年近三十仍漂泊异乡,母亲去世十年了又祭拜过几回。

---

① (清)唐仲冕:《陶山诗前录》卷上,清嘉庆十六年刻本。
② 参见民国《宁乡县志·故事编》,民国三十年活字本,第20页。
③ (清)唐仲冕:《岱览》卷十六,清嘉庆十二年果克山房刻本。
④ (清)唐仲冕:《陶山文录》卷七《重修泰山上书院碑》,清道光二年刻本。
⑤ (清)唐仲冕:《岱览》卷三十二,清嘉庆十二年果克山房刻本。
⑥ (清)唐仲冕:《陶山诗前录》卷上,清嘉庆十六年刻本。

乾隆四十七年(1782 年),唐仲冕参与了泰安知县黄钤领衔组织的重修《泰安县志》。其间"求古英贤而尚论之,自石徂徕先生外,得前明绎田宋先生,询其行谊,参之史乘,盖守正匹徂徕而醇者也"[①]。因宋焘《青岩居草》已经残缺十之三四,宋焘后人宋育苍请唐仲冕订正,于是仲冕选择宋焘十多首诗辑入《泰安县志·艺文》。该年唐仲冕在泰山上书院的三贤祠内,增祀明儒宋焘与清儒赵国麟,并撰《泰山书院三贤祠附宋赵两先生记》,此举实为泰山五贤同祀之先声。是年,唐仲冕开始编撰《岱览》,至乾隆五十八年(1793 年)基本完成初稿。

乾隆四十九(1784 年),唐仲冕赴京会试落榜,作《出都门二绝句》,其一云:"京华旅食又经春,依旧当年席帽人。"[②]席帽是用藤草编织成的帽子,形似毡笠,四缘垂下,可蔽日遮颜。唐宋时期,尚未显贵的读书人都戴这种帽子,故称未显贵的读书人为"席帽人"。离京后,仲冕直接返回长沙善化老家。"甲辰下第归省,鉴儿生七岁矣。"[③]

乾隆五十年(1785 年)仲冕自善化老家返回肥城,作《发长沙舟中别弟乙巳》,云:"莫从子舍伤离索,应忆孤树望郁葱。昨夜归期曾共数,此心不负小山丛。"自注"陶山旁有郁葱山"。[④] 回到肥城后,清明时给母亲扫墓,作《清明日登陶山展墓四首》,其一云:"梦绕三千里,来经廿四风。凄然冈陇上,酾酒酹空蒙。孤冢存封鬣,浮生叹转蓬。艰难伸拜扫,来去辄匆匆。"[⑤]此时距为母亲墓地垒石植碣已过七年,"始以授徒得金,售祭田数亩,架屋树柏,置守冢焉"[⑥]。仲冕以授徒所收束修,在涧北庄天和观之东,置办宅院,买三十六亩祭田,在陶山挂灯岩之南,修葺三间茅屋,取名"白云丙舍"。所谓"丙舍",即指墓地的房屋,打开北窗就可望见母亲的墓地。故于此年,请人为母亲书写墓碣文。《清明日登陶山展墓四首》其四云:"涧北山南路,村篱带晚烟。欲为联社客,恨乏买山钱。同姓能收族,相资为置田。"[⑦]其中道出与肥城涧北村唐氏认为同宗,并感激他们对自己买田置舍的资助。

---

① (清)唐仲冕:《陶山文录》卷五《青岩居草序》,清道光二年刻本。
② (清)唐仲冕:《陶山诗前录》卷上,清嘉庆十六年刻本。
③ (清)唐仲冕:《陶山文录》卷八《诰封夫人元配室人宁夫人行实》,清道光二年刻本。
④ (清)唐仲冕:《陶山诗前录》卷上,清嘉庆十六年刻本。
⑤ (清)唐仲冕:《陶山诗前录》卷上,清嘉庆十六年刻本。
⑥ (清)唐仲冕:《陶山文录》卷六《与某先生求为母氏墓碣文书》,清道光二年刻本。
⑦ (清)唐仲冕:《陶山诗前录》卷上,清嘉庆十六年刻本。

本年霜降，肥城李止庵致信，邀请唐仲冕同游牛山观赏红叶，因风雪之故延迟。至十月一日，因到陶山展墓，归途中顺道拜访李止庵，与其策马登牛山，并作《游肥城牛山记》。[①]

乾隆五十二年（1787 年），唐仲冕南归善化，行前先到陶山母亲墓前祭拜。作《南归纪行杂诗十八首》，其一吟咏其展墓情景，云："独洒春晖泪，存亡十八年。一抔寒绝岭，双足茧荒烟。但免侵樵牧，何期表垄阡。几时躬秉耒，此地足林泉。"自注："余生十八龄，吾母见背；今又十八年矣。"[②]乾隆五十四年（1789 年），其父唐焕去世，留下遗命："汉袁贺早失母，其父伯楚病，因敕使留葬，侍卫先公。慎无迎取汝母丧柩，如亡者有知，往来不难；如其无知，祇为烦耳。昔人以为清高，儿曹识之。"[③]唐焕借汉代典故劝仲冕不要迁其母墓，最后唐焕安葬于善化之柳术塘。

乾隆五十八年（1793 年），唐仲冕中进士，出任荆溪县知县。在任期间，"劝农桑，崇学校，待士以礼，抚民以恩，治狱平允，书役不敢索民间一钱。调任吴江，即日就道，民惘然若失，有泣下者"[④]。乾隆五十九年（1794 年），以荆县知县代理川沙海防清军同知。[⑤] 乾隆六十年（1795 年）六月二十九日，唐仲冕代理吴江知县。

嘉庆二年（1797 年），唐仲冕派遣仆人到肥城陶山扫墓，作《遣仆赴陶山扫墓》，云："岱云西护鸱夷洞，飞入江南游子梦。幽宫黯惨闭慈容，麦饭凄凉缺新供。昔时作客尚来往，今日居官徒倥偬。"[⑥]是年，泰安学者蒋大庆与山东布政司理问贾培荣、监生乔子忠等重修泰山上书院（三贤祠）。重建正祠，创置配厅，西偏构讲堂二楹，旁立斋庑，并将旧考槃亭改为石亭，历两年而竣工。唐仲冕为撰《重修泰山上书院碑》。

嘉庆三年（1798 年），唐仲冕任奉贤县知县。[⑦] 嘉庆四年（1799 年）六月三日，唐仲冕回任吴江县知县。七月八日，唐仲冕调任吴县知县。[⑧] 嘉庆五

---

① 参见（清）唐仲冕：《陶山文录》卷七《游肥城牛山记》，清道光二年刻本。

② （清）唐仲冕：《陶山诗前录》卷下，清嘉庆十六年刻本。

③ （清）唐仲冕：《岱览》卷三十二，清嘉庆十二年果克山房刻本。

④ 嘉庆《重刊荆溪县志》卷二，清光绪八年刻本。

⑤ 参见光绪《川沙厅志》卷七，清光绪五年刊本。

⑥ （清）唐仲冕：《陶山诗录》卷二《松陵集》，清嘉庆十六年刻本。

⑦ 参见嘉庆《松江府志》卷三十八，清嘉庆二十二年刻本。

⑧ 参见同治《苏州府志》卷五十八，清光绪九年刻本。

年(1800 年)六月十三日,唐仲冕代理苏州府管粮同知。[①] 嘉庆七年(1802 年),唐仲冕任海州知州。[②]

嘉庆八年(1803 年),仲冕入京觐见嘉庆帝,此行作《入觐纪恩八首》。[③]六月八日,仲冕自京城返回,途中至陶山,出仕为官十年后,才第一次亲自为母亲扫墓。唐仲冕感慨万千,作《陶山展墓四绝句》,其一云:"岭上孤云客子魂,十年才一扫荒原。北堂倘许谖长在,岁岁何堪日倚门。"其四云:"经营几日住山斋,恰与衔泥燕子偕。多愧结庐留不得,邻翁遮饮杜茅柴。"[④]仲冕请王芑孙撰《诰赠奉直大夫前山东昌邑县知县唐公继配谭太宜人墓表》,立于母亲墓前。焚香树立墓表后,仲冕上朝阳洞,并命从者展昆源在洞口西侧崖壁上题刻。

回到涧北村后,仲冕至村内唐石岭公祠致祭,并撰《上计谒陶山先祠祝文》,祝文既云陶山为地脉之灵,更歌颂了父母之德。称赞父亲"及先君未仕以前,其行谊皆传于州郡,固已浸推浸广矣。至于父母,斯民邻邑皆仰。劝孝弟,则鸱化为凤,户尽读书,除宵小则莠变为禾,刑可画象,所谓人在镜中,吏行冰上也。寝云门采石之工程,蠲境内籴麦之扰攘,筑城而民不知劳,修堤而财不动帑,则百年之利,而岂一手一足之鞅掌哉"。歌颂母亲"吾母孝于威姑,和于妯娌,严于义方,皆人所难能。而睦姻任恤之风,久见称于宗族乡党。若其相夫子以慈惠,率家人以绩纺,则于政教有关,足与敬姜相仿"。[⑤]

此行,唐仲冕为肥城唐氏作《蛇丘唐氏族谱碑记》,云:"适余以上计展谒祠墓于陶山,因属余为记。余家亦宗莒国分支,既远,谱难强通。先大夫与其先学博友善,以年相若为弟昆。及先太恭人葬陶山,为同县两家,遂不啻同姓矣。乃不辞而记其颠末焉,使世世子孙皆如此用心,则虽合千百年之上如一日,千百里之外如一堂可也,讵不善哉?"[⑥]文中未载确切年份,暂系于此年。

仲冕从陶山菩萨岩取一片石带回海州,摆放在自己的书房,以寄托对母亲的深深思念,并作《慈云片影石》。诗云:"陶山母氏兆,卅年始树表。未为

① 参见同治《苏州府志》卷五十五,清光绪九年刻本。

② 参见嘉庆《海州直隶州志》卷四,清嘉庆十三年刻本。

③ 参见(清)唐仲冕:《陶山诗录》卷二十一《琴月山房集》,清嘉庆十六年刻本。

④ (清)唐仲冕:《陶山诗录》卷七《朐海集》,清嘉庆十六年刻本。

⑤ (清)唐仲冕:《陶山文录》卷九《上计谒陶山先祠祝文》,清道光二年刻本。

⑥ (清)唐仲冕:《陶山文录》卷七《蛇丘唐氏族谱碑记》,清道光二年刻本。

守冢人，欲作移山老。山远不可移，云深不可扫。跰足感秋霜，回头恋春草。片石方且严，隆窳含窈窕。得之菩萨岩，携来仙人岛。山形具体微，云气随心造。鸱夷隔绵邈，马鬣见环抱。岂惟具袍笏，直令怀襁褓。供养琴书间，对影忆幽讨。疏窗入晴晖，时有白云绕。”①

嘉庆十一年（1806 年），唐仲冕代理通州知州。嘉庆十二年（1807 年），唐仲冕再次代理通州知州。② 本年，唐仲冕所编著的《岱览》付刊于海州。全书共三十二卷，以天章、诏旨、祝文、仪注、颁赐、目录为首编，原岱（泰山概述）、岱礼（封禅、致祭）、岱庙为《总览》（七卷），岱顶、岱阳、岱阳东西、岱阴东西为《分览》（十二卷），岱麓诸山、汶水川泉、徂徕、新甫、灵岩、琨瑞为《附览》（八卷），岳牧、文献、虞衡、齐谐为《博览》（四卷），陶山及自叙为《叙览》（一卷）。

嘉庆十三年（1808 年）清明，代理通州知州唐仲冕作《清明感怀时方扃试仍用小寒食韵》，感慨清明时节不能亲自给母亲扫墓，充满忧伤。其云：“鹍鸠枝边感自今，鸱夷山头记从曩。垂白多违丙舍云，焚黄仅植墓门榜夏畦犹得飞纸钱，春晖枉自梦鸠杖。昨朝儿子寄书来，报道松楸傍岩长。公车拜扫岂可常，少游有志谁相强。卷帘草色碧连天，得归便放五湖桨。”自注：“陶山为鸱夷山。”③男儿志在四方，故不得常守母亲墓旁，盼望自己能像范蠡那样，荡舟五湖，退隐陶山。嘉庆十四年（1809 年），唐仲冕由通州知州署松江府知府。④

嘉庆十五年（1810 年），唐仲冕代理苏州府知府。该年仲冕回到肥城陶山，省视母亲坟墓，作《陶山谒祠展墓二首》，感叹母亲去世四十年了，却与父亲分葬两处，自己宦游于外，真不如平民那样正常地祭拜母亲：“合葬难迁非反古，奉尝无懈不如民。少游守墓平生志，底事风尘老此身。”自己在外孤独一人，跋涉辛苦，心系母墓墓庐，时刻思恋母爱春晖：“重茧孤云依丙舍，寸心衰草恋春晖。”⑤

嘉庆十六年（1811 年），唐仲冕实任通州知州。⑥ 嘉庆十七年（1812 年）

① （清）唐仲冕：《陶山诗录》卷八《朐海二集》，清嘉庆十六年刻本。
② 光绪《通州直隶州志》卷八，清光绪元年刻本。
③ （清）唐仲冕：《陶山诗录》卷十一《崇川二集》，清嘉庆十六年刻本。
④ 参见嘉庆《松江府志》卷三十七，清嘉庆二十二年刻本。
⑤ （清）唐仲冕：《陶山诗录》卷十二《云间集苏台集》，清嘉庆十六年刻本。
⑥ 光绪《通州直隶州志》卷八，清光绪元年刻本。

九月深秋，唐仲冕虚岁六十岁，年长仲冕一岁的夫人宁氏也在这年九月十六日过生日。宁氏作《鹿车春驾图》，劝丈夫仲冕致仕归隐，两人相约以来年春天为期。“岂知又阅十春，始遂初衣。”①

嘉庆十八年(1813年)，唐仲冕被推升为福建建宁知府，总督张百龄奏请任命仲冕为江苏候补道员留任江南，调查海州、安东、阜宁诸淤地，按地亩数量，提升科税。嘉庆十九年(1814年)，江苏候补道员唐仲冕自金陵出发至京城，舟行经过东平，远望肥城陶山，思念母亲墓地。自京城返回，到肥城陶山祭拜母亲，作《陶山展墓五首》，追思当年安葬母亲时，“清贫无奈何”，今年自己已经六十一岁，上山祭拜，“百步且三休”。来到墓前，感叹“少植数行柏，今裁一两围。思亲如此树，投老几时归”。归隐陶山之意油然而生：“何须买山隐，是处足忘机。”祭毕返回，不禁感慨道：“来往何忽遽，时闻返哺禽。”②回到涧北村，到唐石岭公祠致祭，作《祭祠二首》，云：“仁粟频叨惠泽推，少牢粗具馈南陔。庚桑自昔尸而祝，丙舍如今槚可材……迁官始获申追养，未审何时得再来。”③

本年，唐仲冕派遣次子唐镆至肥城陶山省墓。仲冕命唐镆先到墓庐，仔细料理墓田和墓地树木，代替自己焚香跪拜。此时唐镆原配善化人宁氏已经去世，唐镆谋划将亡妻安葬于陶山。仲冕嘱咐唐镆因金陵的母亲年长需要侍奉，完事后速回。唐镆返回金陵，仲冕作《遣镆儿由肥城省墓还金陵》，其云：“吾母见背逾一纪，汝初堕地汝祖喜……汝之祖母葬肥城，齐楚相违数千里。葬经四十有一年，汝亦行年三十矣。生晚未接祖母欢，兆域如何弗省视。汝今随侍来京华，焚黄我当亲拜跪。命汝先行到丙舍，墓田宰树细料理。汝有亡妻合祔殡，预谋窀穸相山趾。况汝母年长于吾，侨寓无人奉甘旨。汝宜遄归慰倚闾，守身读书课汝子。我憾终天隔音容，祠墓春秋阙享祀。一在湘西一岱西，追怀少游泪如水。”④

嘉庆二十二年(1817年)九月十九日，唐仲冕以候补道员代理署江苏按察使。⑤ 嘉庆二十三年(1818年)，以候补道奉檄督浚吴松江，咨访水道，利

---

① (清)唐仲冕：《陶山文录》卷八《诰封夫人元配室人宁夫人行实》，清道光二年刻本。

② (清)唐仲冕：《陶山诗录》卷十五《连楙轩集》，清嘉庆十六年刻本。

③ (清)唐仲冕：《陶山诗录》卷十五《连楙轩集》，清嘉庆十六年刻本。

④ (清)唐仲冕：《陶山诗录》卷十五《连楙轩集》，清嘉庆十六年刻本。

⑤ 参见同治《苏州府志》卷二十二，清光绪九年刻本。

病皆见诸施行。[1] 嘉庆二十四年(1819年)正月二十三日,唐镆之长子唐尔益去世,殁年十七岁,此时唐仲冕正以候补道身份忙于疏浚吴淞江,痛感"余为大父,乃因疏江于役海上,未及省视,沉痛何言"[2]。后将其孙葬于陶山唐仲冕母墓右侧平田,并在墓前树立墓表。唐仲冕为之作《祥孙墓志》。嘉庆二十五年(1820年)七月二十四日,唐仲冕以江苏候补道第三次代理江苏按察使,十二月升任福建按察使。

道光元年(1821年)正月初八,唐仲冕因授福建按察使赴京觐见道光皇帝。觐见完毕后,自京返回金陵时,顺便至肥城陶山展墓,并作《奉命之官自都至金陵口占四十首》,其中第八至第十八首歌咏肥城陶山之事。其十三云:"欲以松楸托令君,蛇丘往谒话春云。书生少年风猷美,三月人称长吏勤。"自注:"肥城令刘宇昌颇有贤声。"这是拜托肥城县令刘宇昌看顾母亲墓地。刘宇昌,嘉庆二十五年(1820年)至道光三年(1823年)间任肥城知县。其十八自注云:"镆儿附粮船来葬其妻子,未得见,先寄以书。"[3]这表明该年其子唐镆将亡妻宁氏安葬于陶山。"先是次媳宁氏及其子尔益,窆于太夫人墓右平田。余于今岁清明上冢,自置生圹于墓之左麓。"[4]唐镆妻宁氏及其子尔益俱葬于唐仲冕母墓右侧平田,且仲冕在母墓左侧山麓,为自己预先选定墓地。归途中,仲冕特地到陶山祭拜母墓,作《陶山展墓有感四首》,其三云:"十葬垂今五十年,吉祥善事何能全。"[5]古人云"九葬九迁,十葬万年",十葬即终葬。唐母于乾隆三十五年(1770年)十一月十八日去世,距此逾五十年。

是年八月,唐仲冕由福建按察使升任陕西布政使司布政使。[6] 同年,唐仲冕作《题吴荷屋〈松盘揽胜图〉》,云:"泰山之高高极天,天门诛宕生云烟……只今风雨忆讲社,况复松柏怀冈阡。"自注:"先太淑人葬岱西麓陶山。"[7]仲冕由与泰山有关的《松盘揽胜图》情不自禁地想起母亲。

道光二年(1822年)八月,唐仲冕以陕西布政使暂时守护陕西巡抚印信并处理事务。[8] 道光三年(1823年)正月,唐仲冕致仕,寓居金陵。唐仲冕命

---

① 光绪《松江府续志》卷二十一,清光绪十年刊本。

② (清)唐仲冕:《陶山文录》卷八,清道光二年刻本。

③ (清)唐仲冕:《陶山诗录》卷二十一《琴月山房集》,清嘉庆十六年刻本。

④ (清)唐仲冕:《陶山文录》卷八《诰封夫人先配宁夫人墓志铭并叙》,清道光二年刻本。

⑤ (清)唐仲冕:《陶山诗录》卷二十一《琴月山房集》,清嘉庆十六年刻本。

⑥ 参见民国《续修陕西通志稿》卷十一,民国二十三年刻本。

⑦ (清)唐仲冕:《陶山诗录》卷二十二《廉车集》,清嘉庆十六年刻本。

⑧ 参见民国《续修陕西通志稿》卷十一,民国二十三年刻本。

三子唐镬修饰唐石岭公祠与唐母墓。其作《命镬往肥城修饰先太夫人祠墓二首》，其二云："四尺成坟五十年，松楸被岭表新阡。清芬涧北留祠宇，薄俸山南备祭田。季雅买邻原不易，少游守冢岂徒然。为余恭敬同桑梓，樵牧相随受一廛。"[①]唐母于乾隆三十九年（1774 年）四月终葬于肥城之陶山，距此近五十年。诗中追忆了在涧北建祠堂、购买陶山南祭田之事，表达视陶山为故乡之情。

道光四年（1824 年）七月十二日，仲冕夫人宁氏去世，卒年七十三岁，因仲冕官二品，封夫人。唐仲冕哀叹："嗟乎！夫人与余为五十六年之伉俪，而忍分离耶！"[②]道光五年（1825 年）二月十八日，仲冕夫人安葬于肥城陶山唐仲冕母墓东侧，即仲冕为自己预留的墓地，"竟祔于肥城者，所以终夫人侍姑之志也，虽先生意犹夫人意也"[③]。唐仲冕撰《诰封夫人元配宁夫人墓志铭》，云："夫人先逝，爰令儿辈扶榇涧北，卜吉安葬。余当就近别作寿藏，且命鉴、镆改籍肥城，长奉祠墓。"[④]身在金陵的唐仲冕作《还金陵寓庐三首》，其二详载安葬过程："弃疾（镬儿小字）昨新归，言克葬其母。柩船八阅月，始得低山阜。卜定先茔次，在左不在右。卜期芒种前，四月十有九。风日正清和，圹土无缁黝。坎深不及泉，封崇称其厚。乃兄且倚庐，表树善厥后。尔归先报命，慰我企望久。虽使老夫鳏，长为从姑妇。魂魄得所安，何殊正邱首。"[⑤]

仲冕三子护送母亲宁氏灵柩自金陵出发，船载而行，经过八个月的行程，始抵达陶山，择定安葬在仲冕母墓左侧。为给宁氏守墓，仲冕命长子唐鉴、次子唐镆改隶肥城籍。其三云："他年问佳城，定合傍陶山。卅载阙祭扫，能弗念乡关。欲买潇湘棹，颇觉形影单。儿回好携往，稍待暑风阑。计期当七月，挂席出三山。岂因慕远游，亦非夸锦还。维桑礼必敬，过墟涕已潸。望云权度夏，旋里正迎寒。久静辄复动，虽老何能闲。来春当更返，于此息尘寰。"[⑥]其首先表达归葬陶山之意志，又挂念善化故乡。等待唐镬回金陵后，仲冕意欲七月启程返回善化，似有诀别故乡之意。

---

① （清）唐仲冕：《陶山诗录》卷二十五《小东园集》，清嘉庆十六年刻本。
② （清）唐仲冕：《陶山文录》卷八《诰封夫人元配室人宁夫人行实》，清道光二年刻本。
③ （清）陶澍：《陶文毅公全集》卷四十六《唐母宁夫人墓表》，清道光二十年两淮淮北士民刻本。
④ （清）唐仲冕：《陶山文录》卷八《诰封夫人元配宁夫人墓志铭并叙》，清道光二年刻本。
⑤ （清）唐仲冕：《陶山诗录》卷二十六《小东园二集》，清嘉庆十六年刻本。
⑥ （清）唐仲冕：《陶山诗录》卷二十六《小东园二集》，清嘉庆十六年刻本。

道光七年(1827 年)三月二十二日,唐仲冕卒,遗命葬陶山之西牤牛山[①]。

唐仲冕一生坎坷,为官清正廉能,为政之余,著作丰富。除《岱览》外,其文结集为《陶山文录》十卷,其诗结集《陶山诗录》二十八卷,时人评价极高。

唐仲冕像

资料来源:(清)顾沅辑,(清)孔继尧绘:《吴郡名贤图传赞》卷二十,清道光九年长洲顾氏刻本。

第三节　朱其镜

朱其镜(1738～1797 年),字鉴斋,自号陶峰,肥城人。其出生在世代簪缨的缙绅世家[②]:高祖朱廷光,岁贡生,候选州同;曾祖朱允恭,康熙四十一年

---

① 实际葬于牤牛山以西之安子山(今名“青龙山”)。

② 清宣统二年《朱氏族谱》记载其谱系传承如下:旺(始祖)—文善(二世)—邦相(三世)—鹏(四世)—永宁(五世)—斌(六世)—廷光(七世)—允恭(八世)—曰琏(九世)—立经(十世)—其镜(十一世)。

(1702年)岁贡[①],雍正四年(1726年)任潍县训导[②],后升兖州府教授;祖父朱曰琏,由监生任万安仓监督,授湖北德安府同知[③];父亲朱立经,增贡生,乾隆二十八年(1763年)任昭化县知县[④],后升兵马司指挥。

据汪镛撰《敕封儒林郎候选州同陶峰朱公暨德配张安人合葬墓志铭》记载,朱其镜生而颖慧,性恭顺,深得父母的钟爱。长大后,因体弱多病,不能专力于科举应试,遂另辟蹊径,妙通琴理,工于八分书体,尤精于图章。

乾隆二十八年(1763年),朱其镜的父亲朱立经独自赴任四川昭化县知县,二十六岁的朱其镜接手家业。其父任职期间,廉洁奉公,官署中的支费,除了自己的正俸和"养廉银"外,全部取自朱家。朱其镜按时寄送钱财,供给远在千里之外的父亲,使之免除后顾之忧。正因如此,其父在任上秋毫无犯,辖境内人人都称赞其廉洁。朱立经去世后,按照清朝旧例,朱其镜可捐职州司马一职,但朱其镜却不乐仕进,淡泊名利,未曾去任职。

朱其镜奉养母亲,与兄弟友爱,与邻里关系和睦,题其堂屋为"怡怡"。闲暇之余,闭门谢客,琴书自娱。《朱氏族谱·鉴斋朱先生传》记载其日常生活言:"宅内辟小园一区,置假山,导活水,环绕亭台,花木丛茂。招呼平陵陈雨人、陈风人、崔拙侯诸公,或谈经义,或习八分书,啸傲其间,弹琴自乐。余以葭莩亲,每过从焉。镌《桃李园序》《陋室铭》及《治家格言》古篆,勒为一帙,颜曰《陶峰小课》,存于家。"[⑤]

朱其镜终日游转于田园间,很少出远门,更无意攀附名公巨卿。与他往来密切的人除了亲戚乡邻之外,大多是书坛名士。根据《鉴斋朱先生传》的记载,与朱其镜交游者有平陵(今济南)陈震、陈霖兄弟二人及茌平崔拙侯。民国《续修历城县志》卷四十七《列传九·侨寓》载:"陈霖字雨人,自浙居历下。书画冠时,与兄陈风人震齐名。晚年喜作竹石,兼(苏)东坡、(文)与可之长,一帧可质数金。善布园林,潍县田氏园为其役筑,不减清虚堂也。旧居济南城内三角楼下,门前叠石,过者玩所镌句不置。"[⑥]陈霖、陈震兄弟二人与朱其镜有着相同爱好,因而与之交往密切。民国《茌平县志》卷三《人物

---

① 参见光绪《肥城县志》卷八,清光绪十七年刻本。
② 参见乾隆《潍县志》卷三,清乾隆二十五年刊本。
③ 参见光绪《肥城县志》卷八,清光绪十七年刻本。
④ 参见嘉庆《四川通志》卷一百零四,清嘉庆二十一年刻本。
⑤ 《朱氏族谱》,清宣统二年刻本。
⑥ 民国《续修历城县志》卷四十七,民国十五年铅印本。

志·隐逸》载:“崔班字拙侯,邑庠生。书法精绝。乾隆间以抄书院抄书,开场考试全国字学,班列御榜第二名,由此书名洋溢。后游幕云南,安南国人闻其善书,具重金为贽,求书‘安南国’三大字,班坚拒不许。”①崔班精于书法,曾寄住在肥城阴良辅家。光绪《肥城县乡土志》卷五《耆旧录》云:“阴良辅,字又婴,居城北里许怡村即今鱼池庄,因别号怡村。性淡逸洒脱,读书不乐仕进,耽吟咏,能文章,尤嗜琴。辟小园,构池亭,亲莳花木。时而坐花阴,俯清流,观鱼鸟,触意成诗,随其心之所适,徙倚啸傲,陶然自得,几不知世间有争竞事。茌平崔拙侯及邑之李开圃诸名士,尝主其家,相与弹琴漉酒。有赠序投诗者,悉刻诸石,环池亭如堵。”②崔班与朱其镜之交往,约始于此时。

朱其镜工于八分书,乾隆四十四年(1779年)十月,四十二岁的朱其镜在陶山之阳的团瓢(即今吕仙村)朱家泉刻立“听泉”二字碑。今碑上半部缺失,仅存下半部。

乾隆五十九年(1794年),五十七岁的朱其镜将自刻印辑成《陶峰小课印谱》二册。印谱开本高24.8厘米、宽14厘米,板框高17.5厘米、宽10.5厘米,连史纸墨板框刷。前有序一篇,后附跋二篇,均据墨迹刻板,印文刻《朱子家训》《陋室铭》《桃李园序》三编,一句一印,每页正面钤印,每面二印或四印。第一册35页,共70印。第二册34页,共90印。全书凡收印160方。除三编文句外,后又有闲章掺入。③ 朱其镜妹婿肥城名士尹鸿价为之作《〈陶峰小课印谱〉序》。尹鸿价,乾隆五十三年(1788年)举人,官至淄川县训导。《〈陶峰小课印谱〉序》称:“内兄朱君陶峰,工铁笔,博辨有法,孔鼎汤盘,岐阳之鼓,岱山邹峄会稽之石刻,与夫古文籀篆分隶诸家之字书,莫不元元本本,殚见洽闻。所得日益多,所制日益富,举凡玉血铜斑,螭纽龙文,韭花薤叶,布列几案间,灿然若五都之市,令观者刿心怵目,恍然与轩颉冰斯相唯诺而同鷇壳也。癸丑冬,爰以紫阳《家训》、《桃李园序》、《陋室铭》汇镌登册,命为《陶峰小课》。”④朱其镜表弟肥城名士李基熙为之作《〈陶峰小课印谱〉跋》。

---

① 民国《茌平县志》卷三,民国二十四年铅印本。

② 光绪《肥城县乡土志》卷五,清光绪三十四年刊本。

③ 参见《陶峰小课印谱》介绍,郁重今编纂:《历代印谱序跋汇编》,西泠印社出版社2008年版,第504页。

④ (清)尹鸿价:《〈陶峰小课印谱〉序》,郁重今编纂:《历代印谱序跋汇编》,西泠印社出版社2008年版,第505页。

李基熙，字止庵，附贡生，工诗古文辞，著有《怡园存草》，纂修嘉庆《肥城县新志》并作序。《〈陶峰小课印谱〉跋》云："余中表朱陶峰兄，性澹逸，不屑屑为时好，琴书尊彝之旁，手镌大小石若干，类皆古色斑驳，灿列几上。观其《小课》一册，心手灵敏，章法疏密，妙同天然，无美不备；或娇若时女，或艳若春华，或老若苍松，或峭若怪石，或回翔若凤翥，或惊逸若龙腾，珊瑚错落，云霞蔚蒸，诚艺圃之大观也。非神明于古者，何足语此。"[①]此书被多种印学书目著录。如张英《鲁盦所藏印谱简目》卷三载："《陶峰小课印谱》二本。朱陶峰集。清乾隆甲寅，公历一七九四年。高六寸二，阔四寸二，黑双线格，高五寸二，阔三寸三。每页二印。尹鸿价序，李基熙、杨启润跋。"[②]又孙殿起《贩书偶记》卷十《子部·艺术类》称："《陶峰小课》一卷，蛇邱朱□□陶峰纂。道光丁亥印本。"[③]又王敦化《篆刻参考书传本书目》曰："《陶峰小课》不分卷。蛇邱朱陶峰刻印，乾隆钤印二册本，道光丁亥钤印一册本。"[④]其影响之大由此可见一斑。

嘉庆二年（1797 年）十二月三日未时，朱其镜去世，享年六十岁。因无子，故过继其弟朱其铭之长子朱泰基为嗣子。嘉庆六年（1801 年）三月初六日申时，朱泰基将朱其镜夫妇合葬于庄西汇水滨旁新筑的墓地。济南历城进士、顺天府尹汪镛为其撰《敕封儒林郎候选州同陶峰朱公暨德配张安人合葬墓志铭》，朱其镜妹婿尹鸿价书丹，善于丹青的东平举人孟甲年篆盖。

朱泰基继承父风，也擅长书法创作。清嘉庆十三年（1808 年）八月中秋，在陶山之阳的团瓢（即今吕仙村），刻立"泉响云飞"四字碑。

第四节　唐　鉴

唐鉴（1778～1861 年），字栗生，号敬楷，又号镜海，唐仲冕长子。生于乾隆四十三年（1778 年）五月七日，唐仲冕诗《题鉴儿〈读书图〉》记述其童年读书生活情景："汝犹在母我计偕，汝生七年我归来。是时汝祖七十五，抱汝置

① （清）李基熙：《〈陶峰小课印谱〉跋》，郁重今编纂：《历代印谱序跋汇编》，西泠印社出版社 2008 年版，第 505 页。

② 转引自《细数近年肥城珍贵文物拍卖之〈陶峰小课印谱〉》，《泰山晚报》2013 年 2 月 4 日。

③ 孙殿起：《贩书偶记（附续编）》卷十，上海古籍出版社 1999 年版，第 256 页。

④ 王敦化编：《篆刻参考书传本书目·陶峰小课》，1940 年刊本。

郄相嬉谐。云汝未能了瑟僩，日诵百名音尚乖。但喜椎朴视毋诳，勿以愚鲁弃不才。我时承命勤课读，不敢捶楚惊堂阶。十年五经粗卒业，刁为帖括多删裁。"[①]嘉庆四年（1799 年），成为生员，进入县学。嘉庆五年（1800 年），成廪生。唐仲冕作《题〈万卷书屋图〉示鉴儿》，教导唐鉴："汝方补诸生，妄自期令仆。出身重廉能，居家先孝睦。能收已放心，自拓无穷目。求之贵有恒，戒之在欲速。读书善提纲，藏书真式谷。"[②]

嘉庆九年（1804 年），唐鉴赴京城参加顺天府乡试落第。返回途中，到肥城陶山扫墓，作《陶山扫墓三首》，自注："落第归。"其一云："大父宰平阴，大母葬肥邑。居民荷锸来，老幼如鸠集。至今甘棠存，近与墓门接。去思留口碑，高冢从马鬣……齐楚路三千，阅年已四十。风传沂汶清，雨过松楸泣。"祖母安葬肥邑陶山已经整三十年了，今日唐鉴扫墓，居民老幼一起前来，追思当年唐焕之德政、祖母之妇德。其二追忆父亲唐仲冕游泰山下二十年，主讲泰山书院，以束修置祭田、建庐舍，并记去年父亲唐仲冕扫墓之事，"去年旌旆来，攀寻及甜间。千里载慈云，时时念封鲊"。其三，因乡试落榜，向已逝的祖母表达愧疚之情，"虽补弟子员，终愧天下士。郁抑不足言，卤莽竟何似。今年试京兆，坦率又如此"。[③]

按清代科举制度，生员可以捐纳银米，不由考试进入国子监，成贡生，称为例贡。唐鉴以此途成例贡，获得出身。嘉庆十年（1805 年），唐鉴以贡生的身份出任临湘县训导。[④] 嘉庆十二年（1807 年），唐鉴乡试中试，成举人。嘉庆十四年（1809），成进士，改翰林院庶吉士。

嘉庆十六年（1811 年）四月，唐鉴以庶吉士身份入翰林院庶常馆学习三年期满，举行散馆考试，汉书三甲考列一等，授检讨之职。[⑤] 检讨即翰林院检讨，翰林院史官分为修撰、编修、检讨。《清史稿・选举二》云："大学分科毕业，最优等作为进士出身，用翰林院编修、检讨。"

嘉庆十九年（1814 年），唐鉴以翰林院检讨身份充任甲戌科会试同考官。嘉庆二十二年（1817 年），迁任浙江道监察御史。嘉庆二十三年（1818 年），

---

① （清）唐仲冕：《陶山诗录》卷一《临津集》，清嘉庆十六年刻本。

② （清）唐仲冕：《陶山诗录》卷六《平江集》，清嘉庆十六年刻本。

③ （清）唐鉴：《唐确慎公集》卷六，清刊本。

④ 同治《临湘县志》卷九，清同治十一年刻本。

⑤ 《清实录・仁宗睿皇帝实录》卷二百四十二，中华书局 1986 年影印本。

充任戊寅科顺天乡试同考官。嘉庆二十四年(1819年),充任会试监察御史。[①] 本年,因其父唐仲冕身体不佳,唐鉴请假探亲。仲冕作《鉴作请假归省诗以示之》。[②]

道光元年(1821年),新帝诏中外大臣各举所知,诸城刘镮之推荐唐鉴。三月,经铨叙后派作广西遗缺知府。到广西省后,补平乐府知府。[③] 道光三年(1823年)冬,因母亲病重,唐鉴请假回家,奉养母亲。唐仲冕作《鉴儿引疾将母至自粤西》:"忽闻母病引疾回,不如此亦为非孝。"[④]道光四年(1824年)七月十二日,母亲宁氏去世。唐鉴与其弟唐锳、唐钱护送母亲灵柩自金陵出发,八个月后,抵达肥城陶山,于四月十九日安葬在其祖母墓侧。[⑤] 为给宁氏守墓,仲冕命长子唐鉴、次子唐锳改隶肥城籍。服丧期间,唐鉴在陶山母亲墓旁小屋居住守孝,作《山居二首》,描绘自己头戴草笠,脚穿草鞋,键户独坐,守护先茔的情形,一年胡须渐白,或整日翻阅书籍,或墓前植柏。其间,唐鉴口不茹荤,事事求合古礼,因此撰写《读礼小事记》,分为前后两编。这时何凌汉为山东学政,聘唐鉴主讲泰安书院。[⑥]

道光六年(1826)冬,为母亲守丧期满,唐鉴回到金陵。唐仲冕劝其回朝廷复职。唐鉴认为三年来一直守在肥城陶山,没时间向父亲请安问好,又加上父亲年过七旬,仍请侍奉父亲。[⑦] 道光七年(1827年)三月二十二日,唐仲冕在金陵去世,唐鉴又丁父忧。这年冬天,唐鉴护送父亲灵柩到肥城陶山。第二年春天,安葬在平阴界之安子山(今名"青龙山"),然后在陶山为父亲守墓。其间,仍然主讲泰安书院。为帮助无力读书者,他用墓田的收入延请师资,在涧北庄开办义学。[⑧] 道光八年(1828年)十一月,涧北村的天和观重修

---

① (清)唐尔藻:《皇清诰授资政大夫特旨赐谥确慎二品卿衔太常寺卿唐公镜海府君行述》,(清)唐鉴:《唐确慎公集》,清刊本。

② (清)唐仲冕:《陶山诗录》卷十一《崇川二集》,清嘉庆十六年刻本。

③ (清)唐尔藻:《皇清诰授资政大夫特旨赐谥确慎二品卿衔太常寺卿唐公镜海府君行述》,(清)唐鉴:《唐确慎公集》,清刊本。

④ (清)唐仲冕:《陶山诗录》卷二十五《小东园集》,清嘉庆十六年刻本。

⑤ (清)唐仲冕:《还金陵寓庐三首》,《陶山诗录》卷二十六《小东园二集》,清嘉庆十六年刻本。

⑥ (清)唐尔藻:《皇清诰授资政大夫特旨赐谥确慎二品卿衔太常寺卿唐公镜海府君行述》,(清)唐鉴:《唐确慎公集》,清刊本。

⑦ (清)唐尔藻:《皇清诰授资政大夫特旨赐谥确慎二品卿衔太常寺卿唐公镜海府君行述》,(清)唐鉴:《唐确慎公集》,清刊本。

⑧ (清)唐尔藻:《皇清诰授资政大夫特旨赐谥确慎二品卿衔太常寺卿唐公镜海府君行述》,(清)唐鉴:《唐确慎公集》,清刊本。

完工，乡人请唐鉴作《重修天和观碑记》。[1] 道光九年（1829 年），三年守丧期满，除服后，唐鉴进京觐见道光皇帝，被分派到广西，照例补授原缺。觐见完毕后，作《将出都门偶尔书怀即以留别诸同年知己》，其中云：

> 望云思南陔，归帆驶以速。痛丁岁在申，置树感风烛。蛇丘营窀穸，朝暮走山麓。再期返金陵，杖鸠日三祝。方喜诗礼严，且幸甘旨足。年逢委和纪，忽然弃顾复。此哀已终身，此罪更难赎。藏书十万卷，含涕不能读。峨峨鸱夷山，下有白云屋。晨起拜家堂，夜来泣宰木。于此可终焉，曷为变野服。插足尘埃中，风雨任驰逐。谒选来春明，软红没轮毂。荒刹身栖迟，寒过暑又伏。看看塞鸿归，寄语篱边菊。登程方有期，论治殊可恋。一伎殚千金，未能适时俗。[2]

诗中追忆自道光四年（1824 年）丁母亲忧开始，在陶山守墓，“峨峨鸱夷山，下有白云屋。晨起拜家堂，夜来泣宰木”。服阕后，换下野服，赴京谒选。

唐鉴在守墓期间，作《老屋读书图》，陶澍为之作《题唐镜海〈老屋读书图〉即送其重官粤西》，为唐鉴重新回任广西送行。其中云：“早年出守粤之西，口碑载遍荒江黎。一朝心痛惊臂啮，身在湘南望湘北。浮江一舸走金陵，刚及春杯奉颜色。频年庐墓泰山阳，故居时复怀清湘。三间旧楼环古木，曾是当年老书屋。此行仍作粤江行，却载图书过湘麓。”[3]

道光十年（1830 年），唐鉴自京返回肥城陶山，将启程粤西时，祭拜父母之墓，作《展墓》，中云：“磷磷列石惨深烟，不见松楸又一年。涧奉祀违时节，宰木伤心泣陇阡。堪叹粤西千万里，长号欲去复迁延。”[4]又到涧北祠堂祭祀告辞，作《辞涧北祠墓》，中云：“匆匆拜展又登程，雨嶂烟峦万里情……何日归来依丙舍，白云红树事春耕。”[5]长途跋涉，回到金陵，作《到家四首》，其一云：“霜雪盈髭博一官，七千里外计程宽。岱东展拜慈云远，白下归来暮雨寒。”[6]此刻，他犹在思念远方的陶山。道光十一年（1831 年）春，唐鉴到广西赴任途中经过长沙，特意祭拜祖父唐焕，作《辛卯春之官粤西道出长沙寒食

① （清）唐鉴：《唐确慎公集》卷三，清刊本。
② （清）唐鉴：《唐确慎公集》卷六，清刊本。
③ （清）陶澍：《陶文毅公全集》卷五十六，清道光二十年两淮淮北士民刻本。
④ （清）唐鉴：《唐确慎公集》卷六，清刊本。
⑤ （清）唐鉴：《唐确慎公集》卷六，清刊本。
⑥ （清）唐鉴：《唐确慎公集》卷六，清刊本。

日拜大父墓》，中云："大父于兹宅幽室，我来含涕看遗碣。回思掌上掀髯时，晨夕承欢持枣栗。转瞬年华五十三，缁尘满衣雪满发。"[①]到广西省后，先代理梧州府、桂林府知府，不久任平乐府知府。

道光十三年(1833年)，唐鉴入京，经铨叙，奉旨派任安徽宁池太广德等处兵备道，驻芜湖，兼管钞关。唐鉴出京乘船到任，从临清上岸，回肥城陶山扫墓。作《出京赴安徽任至肥城扫墓》，其云："重游桂管又三年，泰岱迢遥万里天。枫陛宠膺新渥泽，松阡获展旧云烟。圃留枣柿酬童叟，涧有苹蘩奉豆笾。回忆湘江无去雁，令人惆怅脊令篇。"[②]此时，离服阕后赴任广西已经过去了三年，奉旨回京，又获新任，才得到重新扫墓的机会。回到陶山后，祭奠先人，取祭田枣柿酬答涧北村的孩子与老人。在陶山居住两天后，回到运河船上，作《自临清往肥城埽墓居二日回船》，云："居二日兮将行，依依宰木兮何以尽吾情。君不见婴儿堕地尺半长，呱呱而泣寝之床。稍长出入牵衣裳，那能一日离亲旁。"[③]舟中回忆肥城陶山扫墓，对父母思念之情肝肠寸断，令人泪下。

道光十四年(1834年)，调江宁十府粮储道。本年是唐鉴祖母安葬陶山六十周年，唐鉴手绘《岱麓耕云图》，题《自题〈岱麓耕云图〉并序》[④]诗于其上。诗咏其祖母、父亲、母亲安葬之形势："大母寄幽宅，山面悬崖间名挂灯岩。安焉重迁徙，倏历六十年。双亲念定省，易箦留遗言。于时卜兆域，东西两相环。东冈状凤翼，西岭形牛眠。峨峨挂灯岩，仰视中独尊。有如一堂坐，子妇立两边。"其次记述为父母守墓六年的情景："我留事拜扫，一日三往还。松柏手自植，灌莽手自斩。流泉绕山脚，白云飞山前。顾复如闻声，瞻依承笑颜。长此志意接，不异庭闱亲。村前有田叟，村后有山民。秉耒乐南亩，荷锄盈东阡。我欲为老农，与之结比邻。庶几子职尽，亦免尘世喧。"最后是对浮身宦海的感慨："自从释蔽褐，遂尔驱劳薪。三年饮离水，两载羁吴门。烟波隔江海，风雨迷关津。欲耕不能得，千里怀慈云。"本年七月，唐鉴次女惠观病逝，因原籍肥城家中无人，次年春间借葬天界寺旁。惠观有孝行，因为其建坊旌表。"次女惠观于十四年七月，在伊前任江安粮道署内病故。该司因原籍无人，不能归葬。于十五年春间借葬天界寺旁隙地。嗣伊女因孝

① (清)唐鉴:《唐确慎公集》卷七，清刊本。
② (清)唐鉴:《唐确慎公集》卷七，清刊本。
③ (清)唐鉴:《唐确慎公集》卷七，清刊本。
④ (清)唐鉴:《唐确慎公集》卷七，清刊本。

行题奉部覆准其建坊旌表……寿星桥房屋本系该司已故族伯唐景昌游幕江南时，于嘉庆八年接买秦姓之宅，该司故父唐仲冕自陕西藩司罢官后在江宁居住。迨身故后，该司即将此房改为祠堂。该司胞弟唐锳即唐紫玖，本系浙江候补运副，因目疾不能当差，时来江省就医，即在故父祠堂居住。”[①]

光绪《肥城县志》卷九载惠观孝行如下：“唐孝女惠观，唐鉴女，字江西，周氏。生而孝，长益笃，与妹恩官最相爱。父教以《曲礼·内则》《四子书》《女论语》，俱能领略大意。道光壬辰，鉴守广西平乐令，猺人滋事奔走戎行，不遑内顾。母病，惠与恩衣不解带，夙夜侍奉。病笃，姊妹吁天求代，各于无人处剪左腕肉寸许煎汤以进。母病渐愈，越一年，母又病。时鉴督运北上，惠病新瘥，而犹时发。一日，又袖剪入室，恩随后强取之，走入别室，剜旧痕下肉以进。惠见而让之，恩曰：‘姊病初愈，而肤革未充，妹代之宜。且姊妹一体也，何争为？’惠犹时以为歉，侍疾益勤。越三十余日，母病愈，而惠病不起矣，遂卒。戚党以孝女称。”[②]

又本年，唐鉴等捐资创建岱南书院。光绪《肥城县志》卷五载：“岱南书院，在陶山之东，小泰山之南。道光十四年，芜湖道唐鉴、庠生罗维钟等捐资创建，以为附近士人读书所。有碑记，唐鉴撰。”[③]

道光十六年（1836年）六月，唐鉴改官山西按察使。赴任途中，又改调为贵州按察使。道光十七年（1837年），贵州按察使任上的唐鉴接到其弟唐锳家书，作《接紫玖弟书诗以寄之》，云：“圣恩擢我绣衣使，先晋后黔一万里……君不见泰山云起慈复慈，游子未返雨凄其何当。脱文锦，还初衣，与尔握手归鸱夷。”[④]其身在贵州，想念泰山家乡，盼望早日致仕后，能与弟弟握手，一起回归陶山。道光十八年（1838年）二月，唐鉴由贵州按察使升任浙江布政使。到任途中，又调任江苏布政使。其间，两江总督陶澍患病，唐鉴代行两江总督事。

道光十九年（1839年）正月二十二日，其弟唐锳自金陵回山东肥城陶山

---

① （清）吴文镕：《查明江宁藩司被参各款折》，《吴文节公遗集》卷三《奏议》，清咸丰七年吴养原刻本。

② 光绪《肥城县志》卷九，清光绪十七年刻本。

③ 光绪《肥城县志》卷五，清光绪十七年刻本。

④ （清）唐鉴：《唐确慎公集》卷七，清刊本。

扫墓。[①] 道光二十年(1840年)四月,唐鉴奉旨为太常寺卿,入都供职,召对一次。道光二十五年(1845年),宫中值日车翻,伤及唐鉴肘部。冬季又感风寒,旧疾复发,主管祭祀的唐鉴认为自己的身体不能保证祭祀,有伤大雅,请求另外选人,自己回家调理,十一月得到允准。[②]

道光二十六年(1846年)春,唐鉴先到肥城陶山扫墓,然后回湖湘老家,为继子唐尔藻完婚。唐鉴没有子嗣,过继其三弟唐箧之子尔藻为嗣。[③]

道光二十七年(1847年)八月,唐鉴由长沙返回金陵,作《丁未八月由长沙返棹金陵留别诗》,其七云:"去年买舟来,今年买舟去。江水向东流,我心向东注。安得岱下耕,岁腊伏祠墓。有愿未遽申,依依空孺慕。"[④]诗中表达了自己企盼回到肥城陶山,每年能祭祀祠墓,然而愿望难以实现,空有对父母的悼念孝敬之情。返回途中,遭遇劫匪。《清宣宗实录》卷四百四十八载:"道光二十七年十月,谕:有人奏,湖南盗贼横行,省城南门内萃升钱铺,被贼劫银九百余两,犯无一获。又另片奏,告病回籍之前任太常寺卿唐鉴,船泊湘阴县,被贼劫银六百余两及金器等物,并有拒伤事主及跟役之事,正贼亦未弋获各等语。"[⑤]

咸丰元年(1851年),咸丰皇帝即位,唐鉴于五月十九日到京,觐见皇帝,进谒并答对十一次。据《清文宗实录》卷三十载:"咸丰元年三月,命前任太常寺卿唐鉴,来京听候召见。"[⑥]君臣二人对中外利弊尽情交谈,唐鉴深得咸丰皇帝之意。八月二十日,咸丰皇帝下谕旨:"前经特召前任太常寺卿唐鉴来京迭次召对,朕嘉其品学兼优,器识安定。欲令留京供职,念该员年逾七旬,力陈衰老,若使勉强服官,转不足以示体恤。唐鉴着加恩赏给二品卿衔,仍回江南主讲书院。江南为人文渊薮,得老成硕学为之教导,俾后进有所矜

---

① (清)吴文镕:《查明江宁藩司被参各款折》,《吴文节公遗集》卷三《奏议》,清咸丰七年吴养原刻本。

② 参见(清)唐尔藻:《皇清诰授资政大夫特旨赐谥确慎二品卿衔太常寺卿唐公镜海府君行述》,(清)唐鉴:《唐确慎公集》,清刊本。

③ 参见(清)唐尔藻:《皇清诰授资政大夫特旨赐谥确慎二品卿衔太常寺卿唐公镜海府君行述》,(清)唐鉴:《唐确慎公集》,清刊本。

④ (清)唐鉴:《唐确慎公集》卷八,清刊本。

⑤ 《清实录·宣宗成皇帝实录》卷四百四十八,中华书局1986年影印本。

⑥ 《清实录·文宗显皇帝实录》卷三十,中华书局1986年影印本。

式，于士习民风当有裨益也。钦此。”[①]

唐鉴谢恩出都，返回江南，途中到肥城陶山。于九月八日扫墓，“是日为府君生辰”，此距上次道光二十七年（1847年）春扫墓已经四年。唐鉴焚香祭拜，向先人汇报进京获加恩二品卿衔。面对祖母墓茔，感慨“弱冠即来攀巘巢，古稀常欲近松杉”[②]。自己成年以前即来拜墓，现在已是古稀之年。作《九月八日上陶山府君墓》《上先妣宁太夫人墓》《上祖妣谭太夫人墓》等诗。

咸丰二年（1852年），唐鉴主讲钟山书院。这年秋天，太平天国义军在湖湘乡间活动剧烈，唐氏祠墓多遭践毁。接到家书后，唐鉴深为挂念，急欲回归故里。[③]

咸丰四年（1854年）冬，唐鉴回到长沙。湘楚老成，多已凋谢，亲戚邻里迁徙一空，满目凄凉，不堪回首。于是定居宁乡县四都之衡丹岭，从事著述，不与外人周旋。[④]

咸丰十一年（1861年）正月十八日，唐鉴病逝，享年八十四岁。咸丰十一年三月二十五日，葬于宁乡县四都十区王坑新屋后山子山。“咸丰十一年六月，予故二品衔太常寺卿唐鉴，谥恪慎。”[⑤]

唐鉴一生著述颇丰，有《平猺纪略》二卷、《畿辅水利备览》八卷、《学案小识》十四卷、《朱子学案》八十卷、《读易反身录》二卷、《易牖》二卷、《读易识》二卷、《读礼小事记》二卷、《四经拾遗》四卷、《省身日课》十四卷。此外，奏疏、诗、序、传、墓志铭等合录为《唐确慎公集》，正文十卷，首末各一卷。

---

① （清）唐尔藻：《皇清诰授资政大夫特旨赐谥确慎二品卿衔太常寺卿唐公镜海府君行述》，（清）唐鉴：《唐确慎公集》，清刊本。

② （清）唐鉴：《唐确慎公集》卷八，清刊本。

③ （清）唐尔藻：《皇清诰授资政大夫特旨赐谥确慎二品卿衔太常寺卿唐公镜海府君行述》，（清）唐鉴：《唐确慎公集》，清刊本。

④ 参见（清）唐尔藻：《皇清诰授资政大夫特旨赐谥确慎二品卿衔太常寺卿唐公镜海府君行述》，（清）唐鉴：《唐确慎公集》，清刊本。

⑤ 《清实录·文宗显皇帝实录》卷三百五十四，中华书局1986年影印本。

唐鉴像

资料来源:(清)唐鉴:《唐确慎公集·像赞》,清刊本。

第六章　诗文刻石

陶山山中洞窟星罗棋布，溪谷横亘，泉源点缀，风景秀美，是隐士隐居修行的理想之地。陶山历史文化悠久，有高僧大德开窟建庙，文人墨客吟咏唱和，留存了丰富的碑石题刻及文学作品。现将陶山碑石题刻及诗文誊录如下，并略作考述。

第一节　现存碑石

幽栖寺

唐赵怀相造像记碑

碑在幽栖寺西配地藏殿以西大院内，立碑时间不详。根据《岱览》的记载，此碑原嵌于幽栖寺大雄宝殿前韦陀殿南墙下。碑通高 91 厘米，宽 56 厘米，厚 21 厘米。上部共刻有七尊佛像，下部及左右两侧为题记。造像面部残毁，中间为坐像，高约 30 厘米，两侧各有两尊立像，里侧两尊高约 20 厘米，外侧两尊高约 25 厘米，最外侧为大力士造像，高约 20 厘米。造像上端两侧刻“张大娘供养”“张二娘供养”，上端中间部分为凸刻佛像，已残毁。

因碑中有“贞观元年”字样，后人多称为“唐贞观造像碑”。根据碑文，“贞观元年”所言之事为造像者祖父早年行迹，且碑文中称“想慈颜之已谢”，可知造像者刻石之时其母亲已去世，所以造像刻石的时间应晚于贞观元年(627 年)。此外，碑中屡次提及“唐封”，疑为武周时期刻石，但其中“天地”等字并非武则天称帝时所造新字。因武则天将新创的十二个新字颁行于天下是在载初元年(689 年),而唐高宗李治已于弘道元年(683 年)去世,因而,赵怀相造像记碑刻立时间极有可能是在弘道元年(683 年)至载初元年(689 年)之间。

窃以三界(下残)」扰是爱河苦海之地□」无朋有漏之中,故使劫」历三祇非得涅槃之智」数经拂石犹纆□□□」之缠,故有十号,慈悲□」运一垂于火宅,三身□」舍□六庆于大(下残)」□□归依晤□(下残)」脱三千回尚了□觉而和」南,此大方使者,其有灵」□乎。曾祖博,隋任德□」录事参军,中庸布德,积善」归仁,廉慎为心宽平,创□」倍功效可尚,声著闻天□」,遂改授寿州前塘县令。出」性恭宽,为人简约,务剪□」弊,冀长淳和,当官叹来」暮之逢,谢职恨攀辕之」哭。祖信,唐贞观元年三月」七日,吏部授卢州孝感县尉」,九毗百里,抚赞一同,合境被」威恩,闾里称其仁智。父□」毛,唐授上骑都尉,少怀武略」,□擅于戈,横行静海水之」戎,直踼扫辽城之孽。以兹」命赏,剋著畴庸」。

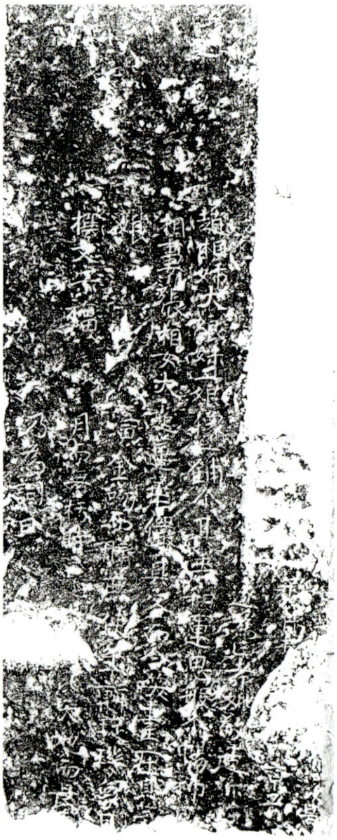

唐赵怀相造像记碑左侧面拓片

爰有佛弟子赵怀相、智灯」、远照、觉镜、负明,悲乳哺」之余深,想慈颜之已谢」,□割妻帑之□□咸王□」□□(下残)□□□」□□□(下残)□□□」遂为亡考妣敬造弥□」像一铺,□其垂和运思般□畅神□」起莲华俨真容而合笼□□□□□」演金吻而腾,庶使□轩琮玑,象日」月而无朽,时迁□□,比天地而长□」。乃为词曰」。

赵相姊大娘、妹二娘」,相妻张、相女大」娘」,撰文宗福」。

唐赵怀相造像记碑右侧面及正面拓片

唐广明二年陁罗尼经幢

经幢原在幽栖寺大殿前东侧，唐广明二年(881 年)立。1979 年移至泰安岱庙碑廊。《岱览》载："广明二年岁次辛丑二月己卯朔十五日癸巳建立。右幢八棱，立于殿前阶台之东，高五尺二寸，有盖有座，俱镂花纹。"[①]经幢通高 260 厘米，底座为圆形莲花座，莲瓣有三层，高 35 厘米。幢身八角形，高 192 厘米，八个侧面各宽 35 厘米，字径 2.5 厘米。幢身上置八角形宝盖，高 33 厘米，侧面宽 28 厘米。[②] 经幢刻字局部漫漶，今据拓片并结合《岱览》《泰山历代石刻选注》录文。

维大唐广明元年岁次庚子九月壬子朔八日己未，郓州平阴县信城乡申家疃百姓贾公詧，奉为国、尚书、常侍、□官、端公、郡邑寮宲等，建造佛顶尊胜陁罗尼经石幢壹所并序。沙门无垢撰」。

详夫周王感瑞，□□于是西来；汉帝呈祥，金像因兹东迈。是以达摩应梁□□梦，历险阻而为法无辞；僧会感吴主之心，度山川而捐躯有志；波利是罽宾之上客，摄总持而往返无方；义静是圣朝之高僧，念真宗而去来」不倦。斯乃历代□□□朝达人。圣生明而道德遐彰，帝叶茂而清□远□，伏以此寺名传万古，厥号幽栖。凿山谷以崇修，倚溪岩而葺理。顷因会昌圣敕，像返真空，僧还故里，殿塔成而却摧，泉林翠柏悉复枯凋。爰」□□□□□□□□□□□□□□□□□□□□□殿伽蓝宜依修□□□。至咸通十三年，有大施主贾詧、樊亮、侯宽等，虽身拘尘纲，心且如莲阳。兹梵宇摧残，金田荒芜，遂与两村人等，共结信珠，欲重建造。□闻□□□僧□□时便蒙给赐公□」□□□□□□□□□□□□□□□□□□□□□□□□□殿□立，是以采泰峰之梁栋，市嵩华之柱石。遂构斯佛堂三间，新创古殿长养泉林，伤残石像再辉毫，停废重容重出现，可谓□毫暗而迎新，金色隐而复现。更招良工，于堂内塑」释迦牟尼佛一躯，□□□□□□□□□又□同□□菩萨一对，供养□花菩萨一□。□迁岁序岂历星霜，彩绘装塑悉皆圆满。公睹斯堂宇未覆旧基，虽立殊功，未全本志。遂重舍珍帛，更市长材，又于乾符四年秋七月，堂厦周回□瓦上面□□」□。四岳海兽□云月以号天，周面山禽对烟霞而笑日。可谓近出

① (清)唐仲冕:《岱览》卷三十二，清嘉庆十二年果克山房刻本。

② 姜丰荣编注:《泰山历代石刻选注》，青岛海洋大学出版社 1993 年版，第 107 页。

群峰，远□孤岫。可以遂檀越之信心，可以资施主之福庆；足以栖宴坐之山僧，足以纳幽贞之野客。泉林如故，松柏复青，修持道客可安宁，施主修崇保欢庆。至五年正月下旬，遇黄巢草军」经过，公于此时为母亲尊年，孝心恳切，不避捐躯，竭力祗候。人马往来约百千万，虽罄家资，且喜慈亲万福，骨肉不被俘虏，在园牛马悉皆如故。至三月廿三日，母亲寿年八十，素无疾苦，倏尔而辞世。公虽怀荆木之心未答，劬劳之德重启，愿」更资夜识，遂于佛殿后面造天王堂一所。至六年春，广召人工，撮石砌基，摊土平下。上接山脚，垒以成台；下倚涧崖，砌而成仞。始自一匮，终乎千工。已日，计时磐基数，给主自曰："藏新□风扇□。"遂请当寺僧惠照，又市长材构斯堂宇，维□□」□□迁□朔，大工将毕，福果已圆，往来道侣可归依，萦系尘心可瞻仰。又于七年春改为广明元年四月，塑北方大圣毗沙门天王一躯，大圣和尚一躯，地藏菩萨一躯。至夏五月，月号蕤宾，皆已毕功。又于七月，召良工于卢邑，琢美石于陶峰」，□邦国之清泰，□先亡而离苦，请当寺僧惠照，共建造佛顶尊胜陁罗尼经幢一所，斯乃镌总持之秘要，镂天人之相仪，广尘墨之徽言，极龙宫之妙□。欲垂不朽之号，必设金石以标可能传永劫之名，须赖志人而光美真筌。了义□□」□□□□□□□□□□□□□目前有作心且无为，大惠广施，不言己善。率躬以喻众，克己以劝人，郡邑咸称积善家，乡党尽传清信士。棱层窣指梵刹之光辉，崱□金幢显宝地而壮观，能使善住天子得灌顶而三恶自除，释提□」□□□□□□□□□□□□□□落尘影以销殃，殁后修因得净土而灭罪。殊功既立，徘徊鹰翅于长空；巨善已彰，集人天之善庆；已立胜幢，挡他日之令名。并着金地，欲陈奇志，砂笄难筹；欲尽深诚，尘墨无化。总斯上善，福□□□」□□□□□□□□□□□□□□□□□□□极，诸王太后宝位常安，辅相近臣长资宠锡。尚书广春膏之惠，草木增荣，杀秋霜之威，品物咸赖。长官风清，百里布政，一同为邦国□□□臣之君父□□遏端公尽忠，略以驰名，竭□」□□□□□□□□□□□□□□□□□□□□著于人寰；德赞烹鲜，忠孝早传于上国。□□士庶，共保休贞，井邑居人，咸欢乐业。消灾襄而若秋霜落叶，□福庆而似春景花开。山川□造化之因，□□富农桑之实，场□地里，祐我生民」，□□□□□□□□□□□□□□□□□□家之名姓尽在幽栖，镌两村之信人永标金地，先赎得经，具录于后。

大佛名经一部，妙法莲华经一部，金光明经一部，贤劫千佛名经一部，仁王护国般若经一部，佛因果经一部」，(上残)经一部，大悲陁罗神咒经一部，地藏菩萨经一部，观世音经一卷，药师经一卷，阎罗王经一卷，宝箧陀罗尼经一卷，又因果经一卷。

幽栖寺寺主僧道坚，功德主僧惠照，僧□□，僧□□」。

【题名略】

紫盖虔祎书，汾水处尘赞，镌石幢子匠吴弘章。广明二年岁次辛丑二月己卯朔十五日癸巳建立」。

佛顶尊胜陁罗尼经序

佛顶尊胜陁罗尼经者，婆罗门僧佛陀波利仪凤元年从西国来至此土，到五台山中次，遂五体投地，向山顶礼曰："如来灭后，众圣潜灵，唯有大士文殊师利，于此山中，汲引苍生，教诸菩萨。波利所恨，生逢八难，不睹圣容，远涉流水，故来」敬谒。伏乞大慈大悲，普覆令见尊仪。"言已，悲泣雨泪，向山顶礼。礼已举头，忽见一老人从山中出来，遂作婆罗门语谓僧曰："法师情存慕道，追访圣踪，不惮劬劳，远寻遗迹。然汉地众生多造罪业，出家之辈亦多犯戒律，唯有佛顶尊胜陁罗尼经，能灭众业，未知法师□」□此经来不？"僧曰："贫道直来礼谒，不将经来。"老人曰："既不将经来，空来何益？既见文殊，亦何必识？师可却向西国取此经来，流传汉土，即是遍奉众圣，广利群生，极济幽冥，报诸佛恩也。师取经来至此，弟子当示师文殊师利菩萨所在。"僧闻此

唐广明二年陁罗尼经幢

语，不胜喜跃，遂载抑悲□」，至心敬礼，举头之顷，忽不见老人。其僧惊愕，倍更虔心，系念倾诚，回还西国，取佛顶尊胜陁罗尼经。至永淳二年回至西京，具以上事闻奏大帝。大帝遂将其本入内，请日照三藏法师及敕司宾寺典客令杜行头等，共译此经，施僧绢三十匹，其经本禁在内不出。其僧」悲泣奏曰："贫道捐躯委命，远取经来，情望普济群生，救拔苦难，不以财宝为念，不以名利开怀，请还经本流行，庶望含灵同益。"帝遂留□得此经，还僧梵本。其僧得梵本，将向西明寺，访得善解梵语僧顺贞，奏共翻译，帝随其请。僧遂对诸大德共顺贞翻」译。译讫，僧将梵本向五台山入，于今不出。今前后所翻两本并流行于代，小小语有不同者，幸勿怪焉。至垂拱三年，定觉寺寺主僧志静□□在睹魏国东寺，亲见日照三藏法师，问其逗留，一如上说。志静遂就三藏法师咨受神咒，法师于是口宣梵音，经二七日，句」句委授，具足梵音，一无差失。仍更取旧翻梵本勘校，所有脱错，悉皆改定。其咒初注云："最后别翻者是也。"其咒句稍异于杜令所翻者，其新咒改定不错，并注其音，讫后有学者幸详此焉。至永昌元年八月，于大敬爱寺见西明寺上座澄法师，问其逗留，亦如」前说，其翻经僧顺贞见在，住西明寺。此经救拔幽显，最不思议，恐学者不知，故录其委曲，以传未悟。

【佛顶尊胜陁罗尼经及咒语略】

宋绍圣四年大宋郓州平阴县陶山幽栖寺新修钟楼记碑

碑原立幽栖寺，现在范蠡祠殿内，宋绍圣四年(1097年)立。碑仅存右半部，碑文较漫漶，局部可辨识。

大宋郓州平阴县陶山幽栖寺新修钟楼记」

夫地处山□域边齐鲁长□有四□巃嵸，碧峤之前，绿嶂之」侧，厥有名峦，其传陶山，□陶朱所隐之山。陶朱者，即范蠡也」。兹山之侧精舍□□，恩位所纪幽栖寺开基之□不搜其□」今主首□师□□芝□光前忠睿，继后□□，畿远宦豪□成□」舍资□自南北之东西□□沁于遐迩，遂使登游，晓色闻之，瞻仰其」圣，沙陌□□□之□□□□□□□□于近□□□达于远□。送」□日于西山，□□月于东岭，况一残□□□□认□□□□□□」错鸣褐□□□□窗下□生□水□□□□□□□鸣于子□三衲」□其书□□□□游□于山□□无德翼驾飞于一理验之」者□□□□□□于□□□□□□□□□□□□□□□□之□」□嵘□□□□□□□□□□□□□挹□之讵画□善斯焉清利」□矣

□□□□□□□□□□钟者合堂□□□说于偈经曰」:

际伏□力□,□□□□□,露地□□□,比丘闻当集」,诸欲闻法人,□□□死海,闻此□响音,尽当云集此」。

绍圣四年丁丑岁十□月下旬兴工,至六月上旬工毕」。

宁乡镇□□□□□□□□□□母□□□□□施(下残)」

当□(下残)」

宋绍圣四年大宋郓州平阴县陶山幽栖寺新修钟楼记碑拓片

宋元符二年刘汶施石柱

石柱原在幽栖寺大殿前,宋元符二年(1099 年)刻。1979 年移至泰安岱庙,现立于岱庙碑廊外北侧墙前。据石柱题刻,原共捐施四根,现存三根。北京大学图书馆藏拓片两种,今结合北京大学图书馆馆藏拓片录文。

其一:

郓州平阴县东张村黄芦泉居住清信男弟子刘汶,奉为」□考早生天界,见存慈母杨氏百千长寿，并及保庆自身」□□，阖家同施花锦石柱四条。元符二载五月二十三日立记」。

其二：

郓州平阴县东张村山后黄芦泉居住清信男弟子」刘汶，奉为先考早生天界，现存慈母杨氏百千长命」，兼保庆自身，谨施花锦石柱四条，胜利恭集，阖宅康」乂。元符二年五月二十三日记」。

其三：

郓州平阴县东张村黄芦泉居住刘汶，奉为」先考早生天界，现存慈母百千长寿，兼」保庆自身，谨施花锦柱四条，胜利恭集，合家」康宁。元符二年五月二十三日记」。

宋元符二年刘汶施石柱

宋元符二年孟安施石柱

石柱在幽栖寺地藏殿内前墙北侧，刻面朝西，宋元符二年（1099 年）刻。

东阿县郭下市户孟安施石柱一条，□（下残）」□□□施与四恩三有，多生父母，生身（下残）」国王水土大臣官长，愢愿成佛」。

元符二岁五月二十（下残）」

宋元符二年孟安妻施石柱

石柱在幽栖寺地藏殿内前墙南侧，刻面朝西，未注镌刻时间。据刻字内容，应与孟安捐石柱同时刻立，即刻于宋元符二年(1099年)。

孟安妻贾氏施石柱一条，亦多生」身父母，多生父母，报国王水土」大臣官长，四恩三有，惣愿成佛」。

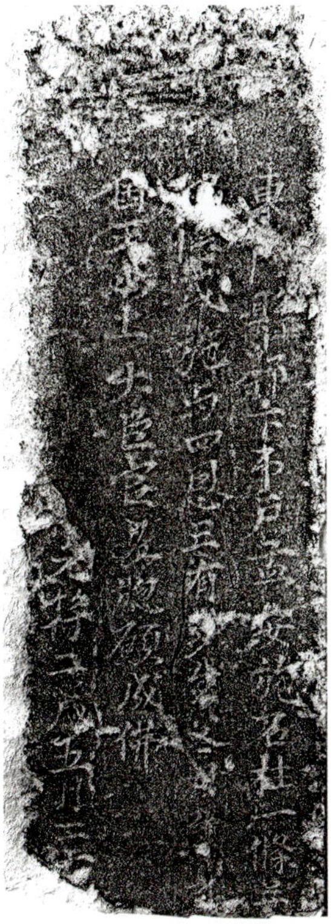

宋元符二年孟安施石柱拓片

宋元符二年孟安妻施石柱拓片

宋元符二年刘安施石柱

石柱在幽栖寺地藏殿内佛龛南侧，刻面朝东。题刻落款年代为己卯，据刻字样式，极有可能与殿内其他石柱同时刻立，即刻于宋元符二年(1099年)。

大留村刘安、妻王氏，合家共施石」柱一条，男忠和、次男实、次男寅、女」大娘、二娘、三娘、四娘」。

己卯五月二十三日记」。

宋元符二年郑善施石柱

石柱在幽栖寺地藏殿内佛龛北侧，刻面朝东，未注镌刻时间。据刻字样式，极有可能与殿内其他石柱同时刻立，即刻于宋元符二年(1099年)。

棘勤村郑善、妻刘氏」，男合德、女七儿、□儿，合家清吉」。

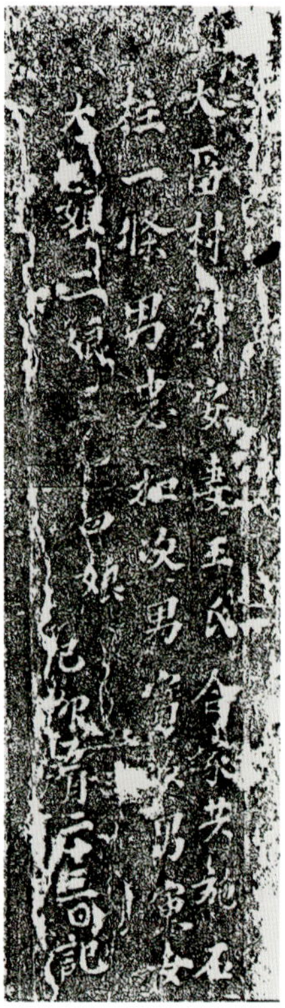

宋元符二年刘安施石柱拓片

宋元符二年郑善施石柱拓片

宋元符二年季芳施石柱

石柱在幽栖寺地藏殿门前北侧，刻面朝西。题刻落款年代为己卯，据刻字样式，极有可能与殿内其他石柱同时刻立，即刻于宋元符二年(1099年)。

北申村季芳、妻牛氏，男皋、次男郎、三儿、四儿」、五儿、女□二娘、三娘，新妇翟氏、陈氏，愿」合家眷□清吉」。

己卯岁五月二十三日」。

宋元符二年华严社众施石柱

石柱在幽栖寺地藏殿门前南侧，刻面朝东。题刻落款年代为己卯，极有可能与上述石柱同刻于宋元符二年(1099年)。

华严社众等，贾昌、(下残)李□、(下残)」、王政、王谅、张德、张名、(下残)宋赞、边□」、王□聚、焦安民、孔政、谭氏、王昌、杨氏」。

己卯岁五月二十三日记」。

宋元符二年季芳施石柱拓片　　宋元符二年华严社众施石柱拓片

宋宣和三年宋琮施石柱

石柱在幽栖寺后院北面旧址，宋宣和三年(1121年)刻。

平阴县延福村清信男弟子宋琮，合家施花锦」石柱一条。平安家眷：宋琮、妻刘氏，男珍、张氏，男」京、李氏，男荣、韩氏，男厚、邵氏，男铎、韩氏，孙男概」、潘氏，孙男琼、吴氏，小□□儿、柳儿、橡儿、小□儿」，(上残)赵氏、宋氏，伏愿先亡□父」(上残)王过韩氏，伏□□存□眷属同霑福」□□□彼岸」。

(上残)宣和三年九月□日宋琮谨记」。

宋靖康元年裴从善施石柱

石柱在范蠡祠殿门前东侧，作为厦子立柱使用，刻面朝北。宋靖康元年(1126 年)刻。

平阴县寺□村裴从善，合宅施花锦石柱一条，姓名如后」：

裴琮善、妻兰氏，男□聚、妻张氏，次男□□、妻王氏，男裴□」□、妻邵氏，孙男裴□、妻赵(下残)王氏，孙男裴□」□□氏，孙男裴衷、妻□氏，孙男(下残)□□娘，气女」□孙牛儿、黑儿、山儿、四儿、□(下残)」然愿亡过生天，见存福乐(下残)俱登彼岸」。

靖康元年八月十五施主裴琮善记」。

宋宣和三年宋琮施石柱拓片

宋靖康元年裴从善施石柱拓片

赵□施石柱

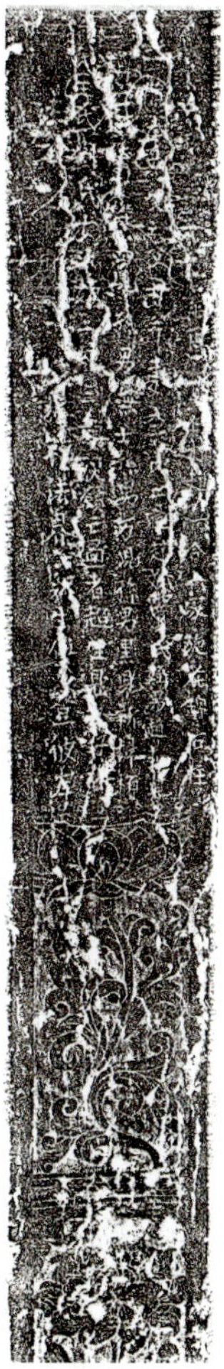

赵□施石柱拓片

石柱在范蠡祠内范蠡像东侧，刻面朝北，未注镌刻时间。据题刻内容，极有可能刻于宋宣和至靖康年间（1119～1127 年）。

（上残）赵□合家施花锦石柱」一条，（下残）父母（下残）赵□□氏，侄男赵□□」（上残）四儿，孙男无士、孙男万儿、孙男黑儿，新妇栢」氏、王氏、刘氏，女大娘、二娘、三娘。伏愿亡过者超生见□□□」（上残）法界□□生□□登彼岸」。

明正德十年幽栖寺重修大殿记残碑

碑在栖幽寺村西南角，仅存左侧中下部。根据《岱览》的记载，幽栖寺有明正德十年（1515 年）幽栖寺重修大殿碑，为“泰安州僧无瑕撰，牛山寺僧兴谦书”，并有“典史刘廷章”题名。由此可知，此残碑为明正德十年（1515 年）幽栖寺重修大殿碑。今结合《岱览》记载，录文如下。

（上残）财檀越福有所载知见在之（下残）」

（上残）□分尘刹，螟蛉寄子缘，（下残）」（下残）院幽栖寺，金石镂铭坚。（下残）」

［正德十年岁次乙亥孟冬月吉旦日］。

［泰］安州僧无瑕撰」。

［牛］山寺僧兴谦书」。

［知县唐卿、县丞毛玘、主簿姜］备、典史刘廷章」。

（上残）司僧会圆钦」。

明正德十年幽栖寺重修大殿记残碑拓片

明嘉靖二十一年刘文夆施石柱

石柱在范蠡祠殿门前西侧，作为厦子立柱使用，刻面朝北。明嘉靖二十一年（1542年）刻。

肥城县高余社荣家庄居住善人刘文夆、妻丁氏，男刘泰锡、蔡氏」，孙男刘思敬、刘思□、（下残）□刘大姐，合家喜舍」石柱一根，故父刘和、母亲魏（下残）□故超升」。

嘉靖二十一年八月十六日立」。

会首僧了安」。

明嘉靖二十五年张家施石柱

石柱在幽栖寺钟亭，为东北角立柱，刻面朝北。明嘉靖二十五年（1546年）刻。

平阴县见在□□大留村（下残）□□□□□□共施□□□（下残）」□张玉□、妻潘氏，男张（下残）张杰□氏，□□张（下残）」（上残）男张绍（下残）张□□□氏，（下残）业（下残）」

大明嘉靖二十五年二月□□日立。住持了安。（下残）」

明嘉靖二十一年
刘文夆施石柱拓片

明嘉靖二十五年
张家施石柱拓片

明隆庆四年诗碑

碑在范蠡祠院内西墙前台上，原镶嵌于幽栖寺韦陀殿西墙。明隆庆四年（1570年）立，共刻诗十三首，文字较漫漶。碑高41厘米，宽161厘米，厚23厘米。

清明后游陶山丁□」

十年江海逐浮名，虚负东山旧隐情」。幽洞近来谁作主，好花还待我重行」。

夕阳天外看归鸟，春晚溪头数落英」。翻笑此身无定所，烟霞何日足平生」。

醉后书怀□□」

秋风摇落雁初归，小院沉沉独掩扉」。书剑身随忙里老，江湖心向梦中违」。

往联珠玉头囊出，醉引龙蛇信手飞」。莫怪近来多冷笑，青天难认复难依」。

送潘羽士朝东岳己巳」

萍水相逢非故人，又闻东岳欲朝真」。茫茫别去青山晓，历历愁看芳树春」。

造化有情收肺腑，乾坤何处住风尘」。丹砂药就升天日，莫惜瑶音寄我频」。

陪许张二文宗游陶山□巳」

林泉久得乐从容，谁信高轩此日逢」。村酒不堪成雅会，僧房何幸宴儒宗」。

云团西岭芙蓉出，雨瀼东岩翡翠重」。文物一时真胜概，荒山千古记行踪」。

幽栖寺甲寅」

为爱幽栖好，乘闲时一过。林深俗客」少，山静白云多。睡起逢樵话，诗成对」月歌。兴来何所适，长啸舞烟萝」。

秋霁野望□□」

潇洒无穷异，阴晴七月中。晚云常带」雨，秋树苦吟风。日影流还断，山光淡」又浓。看来浑似画，复恐画难工」。

清明再游四首□午」

携酒盘桓逐岁来，酤怜风物未能回」。山灵知我贪春意，故遣繁花处处开」。

又」

狂饮尊前不计巡，但教一醉度青春」。桃花莫厌沉贪酒，解惜春光有几人」？

又」

着屐看山岂惮劳，一年一度此登高」。醉攀桃李吟风月，不让人间诗酒豪」。

又」

眼对风花事可哀，欲以零落故吹开」。惜花无计空惆怅，把酒沉吟日几回」？

戏赠王月溪书舍乙卯」

功绩由来静里深，道心出自远尘心」。何嫌僧业妨儒业，且傍禅林学翰林」。
赠信禅寿八十一岁乙卯」
断履红尘九九春，法堂独坐觅太真」。同来讲道今何在？惟有陶山共老人」。
闻张马诸君登竹林欲从不果」
几年踪迹落江湖，每对高朋好兴孤」。闻道竹林清会在，争教不附七贤图」。
隆庆庚午东山张继业漫识」。

明隆庆四年诗碑拓片

明隆庆五年王宗贵等施石柱

石柱在幽栖寺后院北侧旧址。明隆庆五年（1571 年）刻。

肥城县顾柳社人氏」头甲善人王宗贵、妻李氏、邓氏，女小大姐，舍石柱一根」，见在张家店街北居住」。

大明隆庆五年二月初二日，搬运车主张□」。

明隆庆五年王宗贵等施石柱拓片

明万历五年诗碑

碑在范蠡祠院内西墙前台上。明万历五年(1577 年)立。

游陶山东西二寺□□□□□□」

陶朱栖遁处,偶尔得登临」。岩然突峰石,静曲路幽森」。入山不见寺,缥缈无踪寻」。行过一里许,遥见藏危岑」。忽闻钟磬响,远迓二淄襟」。崎岖朝阳洞,蝙蝠在前嵚」。竹林遗址峻,徒切仰高心」。旋舆转麓去,梵宇邃且深」。泉从石窦出,恍忽疑鸣琴」。东西两嵎寺,范蠡旧时林」。越王岂能害,种后竟成擒」。岩中犹有冢,世换名存今」。西施匿何所,五牸可能妊」。自吴渡海至,安忍忘山阴」。夕阳笼返照,悼古伫沉吟」。徐徐下坡去,咯咯噪归禽」。

时」万历五年闰八月既望,东」平同知署平阴县事京」口七山」袁思忠书,勒于石,以记」一时邂逅之兴云尔」。

同游」:招讨司经历张继业」,太学生张绍」,庠生江子湘、张缙」、张世业、张绅」、张綍、张絅」、张缜、张令闻」。

明万历五年诗碑拓片

明万历十一年重修陶山幽栖寺十王殿记残碑

碑在幽栖寺后院,仅存右上部及左下部,残碑额题“重修(下残)”。据《岱览》记载,幽栖寺有明万历十一年(1583 年)“重修幽栖寺十王殿碑”,“额篆‘重修陶山幽栖寺十王殿碑记’”。由此可知,此残碑为明万历十一年(1583 年)“重修幽栖寺十王殿碑”残碑。今据《岱览》补录刻立时间及立碑人等。

重修陶山幽栖寺十王殿碑记」

余素性好狂，每载酒吟诗啸傲泉（下残）」临乃知十王殿也。雕梁画栋，绘像（下残）」呜呼！禅林得百僧□□□一建事（下残）」故事夫阎罗（下残）」为善（下残）

[万历十一年九月吉旦]。

[四川六番招讨使司经历、前德府审理副东山张继业谨撰]。

[浙江东越山阴翼楼王文炳谨书]。

[肥城县知县李思问、县丞周有人、主簿邹学诗]。

【题名略】

【碑阴题名略】

明万历十一年重修陶山幽栖寺十王殿记残碑拓片

明崇祯九年重修大殿十王记残碑

碑在幽栖寺后院，明崇祯九年（1636 年）立，额题“重修大殿十王碑记”。碑体碎为多块，仅存五块，右侧下部缺失。碑上部立在地中，其他四块散落在地面。今据《岱览》补录刻立时间及立碑人等。

重修陶山幽栖[寺]」

大佛殿西配地藏殿[落成记]」

赐进士出身承德[郎任户部河南山西清吏司主事奉]」

敕总理宣抚镇粮储以[中官参劾落职陶南逸民张]梧顿首拜撰」。

陶山旧隶平阴寺（下残）我」朝始隶肥邑。肥固沃土（下残）」以壮邑之形胜。以故两邑学士大夫多游息其地焉。寺名幽栖，相传以陶朱公隐逸得名，□北公墓（下残）」自春秋以迄于今千（下残）若无人亦疑信相参矣。太史公纪范蠡避地居陶，陶为通衢，而公因之货殖，则今之定陶县近是，而此山或为」公所营菟裘耳。寺创(下残)」唐宋皆重修,至我」世庙以及」神庙,享国长久,时和年丰,民(下残)宇巍焕,山门内大殿五楹,西配地藏殿三楹,咸称壮丽,遨游者啧啧叹赏。当今」圣明在御,去重修时又百余(下残)殿倾毁」,金像蒙尘,适际我」国家多事,边陲频警,萑苻(下残)民间财赋几殚,游者始太息于巍焕之不可再矣。寺比丘七十岁翁正川禅师,传其师了锦衣钵者。地藏殿原属锦禅」创建,在川禅宜有堂构之(下残)恐正殿工程浩大,修整维艰,稍又补葺,尚可绵延数载,以俟后之君于斯。川禅竭蹶趋事之心真有可嘉者,盖释教之不」明也久矣。学释者原以(下残)于俗,而卒堕于俗,惟不思护持三世,而护持四大展转轮回。百年一梦,殿宇修否,于我何有焉?即有稍知宗教动情咨嗟」而苦募靡常,半涂自废,以冀功之成也难矣。今川禅以古稀之年坚意缮修,卒底功成,宁第为神所福飨耶?吾辈遨游憩息,仰视榱桷,瞻礼金碧,当」亦诵禅师之功于(下残)矣。是役也,兴于崇祯六年三月初四日,成于崇祯七年七月初一日。费颇不资,皆川禅募缘之力,而寺前居民史经者为之」首倡,并志以劝善(下残)」。

时」崇祯九年岁[次丙]子仲春吉日立」。

文林郎[知肥]城县事朱光时、主簿饶九卿、典史白光文,僧会司[僧]官智旺」。

儒[官张]桐、生员张灼如、张焰如、朱鼎延,修书杨名世,石匠刘宗现、男刘□」。

【碑阴题名略】

明崇祯九年重修大殿十王记残碑拓片

清乾隆四年重修陶山幽栖寺残碑

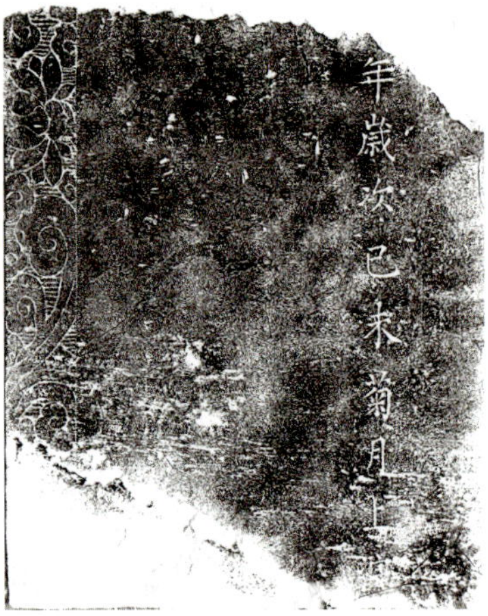

清乾隆四年重修
陶山幽栖寺残碑拓片

残碑在幽栖寺后院，仅存左侧中部一块。据《岱览》记载，幽栖寺有清乾隆四年(1739年)“重修陶山幽栖寺碑”，“在佛殿东墀下，记文未录”，落款为“乾隆四年岁次己未菊月上浣之吉”，由此可知此残碑为清乾隆四年(1739年)“重修陶山幽栖寺碑”残碑。今据《岱览》补录题款。

[乾隆四]年岁次己未菊月上浣[之吉]。
[肥城县廪膳生员张景运撰文]。
[儒学生员马振宗书丹]。
【碑阴题名略】

清光绪二十二年创建坎房记碑

碑在幽栖寺塔林，镶嵌在墓塔上。光绪二十二年(1896年)立。

光绪二十二年岁次丙申」。
余今者创修坎房本为居」处者也，一旦有游山观景」到此，可为托足之处，拜佛」进香来此，可作烹茶之所」。室之不可不成也，明矣。但」工程未大，无庸烦善人之」舍施；耗费不多，仅得捐吾」侪之积余。欲白后世，聊叙」数语，以志不朽可耳」。

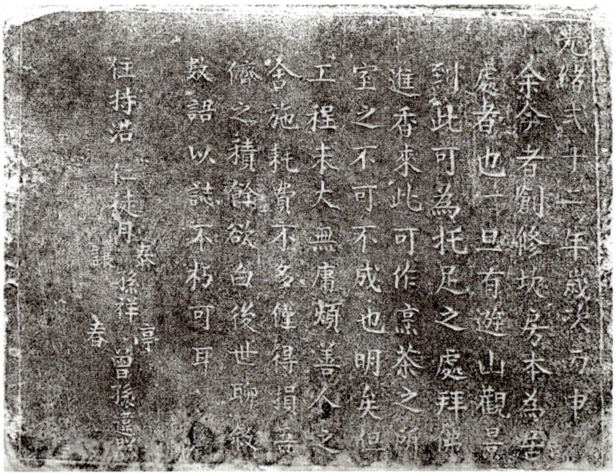

清光绪二十二年创建坎房记碑拓片

住持浩仁，徒月泰、月让，孙祥亭、祥春，曾孙违照」。

民国十三年重修幽栖寺残碑

残碑在幽栖寺后院，仅存碑体上部。民国十三年(1924年)立。

幽栖寺何为而名也，以越大(下残)」何时也。考之碑志，唐宋金元(下残)」庙貌之巍峨，佛像绘画之工(下残)」山建寺，则有觉灵祖师也。持律(下残)」杰诸名士一时往来赠答篇什(下残)」盛衰迭易，理之固然，人世既有代(下残)」落，有其废之莫能举也，有其堕之莫(下残)」住锡于此，卓绝辛苦，立志兴修，请到(下残)」愿将本寺旧日当出庙产变价作卖，以(下残)」月告成，缭垣也，山门也，钟楼也，□佛殿与(下残)」共费三千余缗。明上人乞请幽栖子勒诸□(下残)」

劝学(下残)」

北申社社长张凤翙、于培桢，衡鱼社社长(下残)」

民国十三年岁次甲子瓜月上浣」

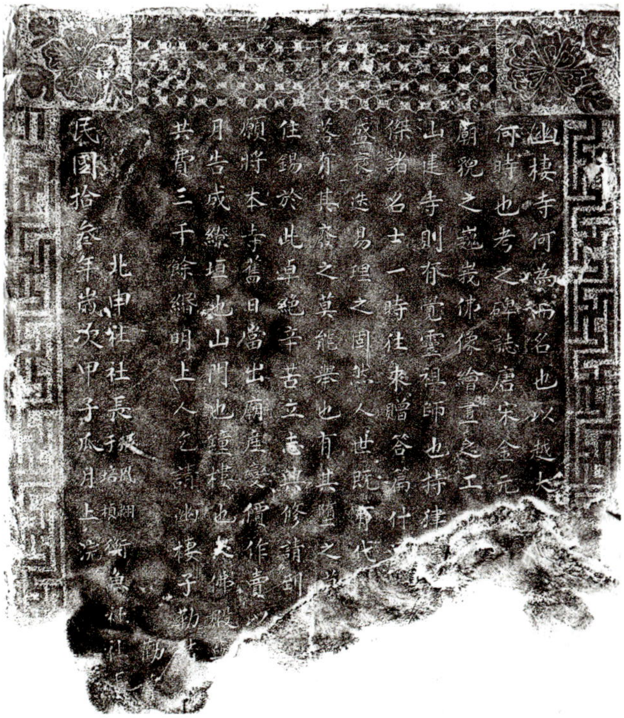

民国十三年重修幽栖寺残碑拓片

张文兴施石柱

石柱在幽栖寺挂钟亭，为西南角立柱，刻立时间不详。

大留村施主张文」兴、妻毛氏，男张晟」共施石柱一条，所」集胜利各希福寿」。

题名残碑

残碑在幽栖寺后院北侧遗址，仅存上部，刻立时间不详。

施财善人王宗(下残)

张文兴施石柱拓片

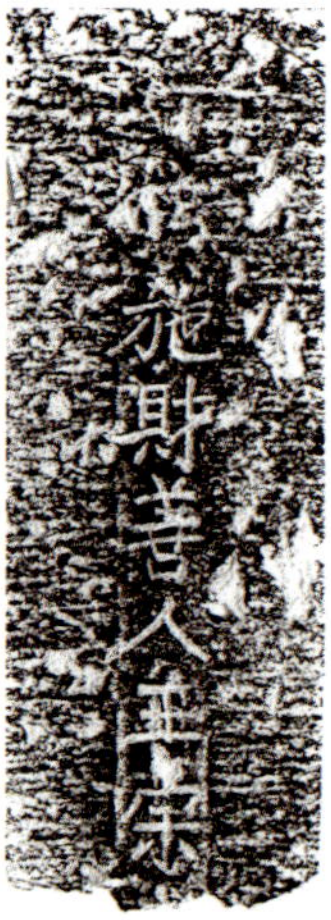

题名残碑拓片

范蠡祠

清顺治十六年重建陶公幽栖祠诗刻并记碑

碑在范蠡祠前厦东侧墙壁，清顺治十六年(1659年)立。碑文被逐字刮去，无法辨识。今根据《岱览》录文。

忆昔扁舟去，千年何所之。那知穷谷里，长此卧鸱夷。问山陶是姓，访洞则名施。桑枣屯湖水，缆船装欲攲。神通僧梦幻，古佛绣岩碑。三笑歌存汉，青松再子皮。虽云留白字，金穴总传疑。禅岱途经跸，幽栖寺占祠。野棠寒食路，落日照芜蘼。古迹无人到，藤花走鹿麋。我来瞻拜起，四顾立迟迟。樵牧先申禁，榱楹访故基。工鸠因俗豫，昭俭翦云茨。十日成三舍，馨香卜盛粢。越人奠齐酒，对此长相思。缘梦稽山暗，公应记旧时。功成不居霸，富以散而奇。金铸空余想，寒岚锁独知。胥江涛亦冷，湖舫月涟漪。为谢炎炎客，毋来此祝尸。

案公自霸越后，扁舟至齐，止于陶，号陶朱公，即今肥之陶山是也。山内有缆船椿，山前有湖屯诸处，相传为古背山面湖之故基，而山麓公墓在焉。旧有祠，创于秦，在公之旧居处，名"陶公幽栖祠"。有篆碑曰："忠以事君，智以保身，千载而下，谁可比伦。"后则系以"斯从上封泰山还，闻蠡墓在此，吊书"。斯者，丞相李斯也。至汉，于祠前建佛殿，去"陶公"二字，改为"幽栖寺"，即于寺内立祠祀公。一日，有老人自称"青松子"，对冢三笑三点额，既而手指冢，口诵八言曰："霸业朽，忠名在。此堆土，黄金块。传万古，人人爱。纲常维，宇宙赖。"诵毕，化为香风不见，遂刻其语为"汉赞"。隋时，则移祠于冢右，以秦碣有"忠智"字，名曰"忠智幽栖祠"，即今之遗址是也。然"秦碑""汉赞"皆残断剥蚀，无复完好。至唐贞观元年四月二十日，有好事者重刻于石，并镌《鸱夷歌》于额，立之冢上。随有一寺僧梦公语之云："尔于我冢上，泯其名。"僧寤，遂刻佛象、佛经于碑阴，易面而立，以混其迹。今则依然以佛象、佛经为碑碣也。冢不甚高，闻刘裕时有盗，见碑赞"黄金"二字，夜开冢，视内有斗大四白字曰："某人不可。"其人见之惊走，终于冢南。旦视四大字旁有"某终冢南"四小字，视所终者，即其人也。嗣是人无敢犯，此事颇怪，得之破碣伏莽中。宋真宗封泰山驻跸肥之金牛山，返而过此，瞻吊公墓，差称盛举。自后迄今，山僧野老间有修葺佛寺，而终无妥我神居者矣。

余于顺治乙未春，来令兹土，当兵燹之余，古迹虽存，山寺并圮，狐兔荆榛，荒凉特甚，谒公墓而为之恻然。延至戊戌，山僧保性修理佛寺，募余首事。寺工既竣，汉额重新，余因得访隋时遗址，构寺三楹。溯从秦额曰"陶公幽栖祠"以祀公。寺与祠联，围墙廊舍，兀立空山，且封墓而高大之。敢谓此千百年仅事，而樵夫牧竖则谓公为越相，而余以越人，故私之。抑知余之所以感慕乎公者，自有在也。祀之日，赋有短章，并搜其逸事以付之石。适邑文学田见龙会拜祠下，遂书以镌之。

顺治十六年九月中浣之吉，浙湘书岩史廷桂识。

清顺治十六年重建陶公幽栖祠诗刻并记碑

清光绪十三年重修山门记碑

碑在范蠡祠前厦西侧墙壁，清光绪十三年(1887 年)立。

光绪十三年岁次丁亥，余读」书于此，而就读者五六人」，各输资财重修山门，悬」范公匾额，栽柏树八株。援」笔以记之，非谓有功于祠」也，聊以志一时之浮踪耳」。

邑庠生张启昂敬志」。

同学：张启湘、李衍恭、王衍卜、陈乐堂、郭书政」、张启彭、张衍铄、赵文奎」。

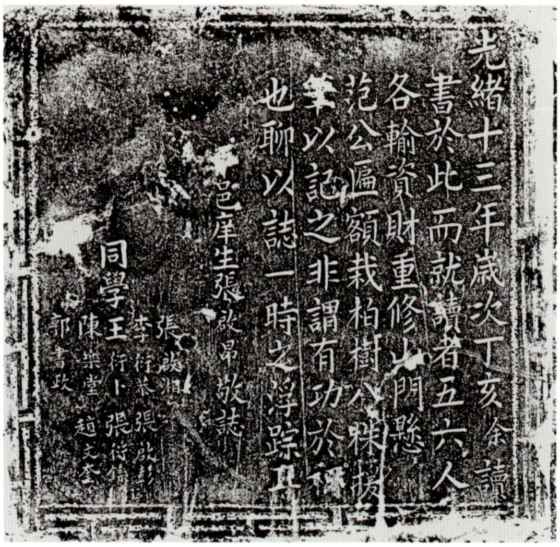
光緒十三年歲次丁亥余讀
書於此而就讀者五六人
各輸資財重修山門懸
范公匾額栽柏樹八株援
筆以記之非謂有功於祠
也聊以誌一時之浮踪耳
邑庠生張啟昂敬誌
同學
張啟湘 李衍恭 王衍卜 陳樂堂 郭書政
張啟彭 張衍鑠 趙文奎

清光绪十三年重修山门记碑拓片

清宣统三年植树碑

碑在范蠡祠院内，额题“万古流芳”，清宣统三年(1911 年)立。

儒士何有莘书丹」。

《诗》曰：“徂徕之松，新甫之柏。”是知树资山以生，而山因树而名。山之不可无树也，明矣。陶山自」南匪北窜，而后避难山居者，数十家，斧斤伐，牛羊牧，若彼濯濯，岂山之性哉？光绪甲午，余」读书于祠，因公与众会众向余曰：山居多年，倘异日风流云散，何以留遗世之杳名乎？余答」曰：久远之计，莫如栽树。而众曰唯唯。遂各出资财，于祠后引流种柏一百四十二株，住持祥」起及周先生连元留心保护。曾日月之几何，回忆之，已十八年矣。今春，偶偕诸人复游于此」，临眺之际，见夫蔚蔚苍苍，山川生色。未始不叹生生者，山之性；而濯濯者，非山之性也。众恐」其世远掩没，共欲镌石以记之，属余为文，因述其巅末，以志遗世之杳名焉」。

鸿胪寺序班、覃恩加三级增生张启昂撰文」。

【题名略】

大清宣统三年岁次辛亥清和月穀旦」。

清宣统三年植树碑拓片

幽栖寺塔林

金大定六年初公塔铭

塔铭在幽栖寺塔林，墓塔共八面，正面刻“初公山主之塔”，其他七面刻《加句灵验佛顶尊胜陁罗尼经》，其中五面字迹漫漶，无法辨识，塔铭刻立时间不详。光绪《肥城县志》载：“大定六年故律师初公山主塔铭，在幽栖寺后。”[①]另清陆增祥撰《八琼室金石补正》记载，“幽栖寺广初塔铭：……篆额题‘故律师初公山主塔铭’九字”，落款为“大定六年岁次丙戌九月初六日”。[②]可知此塔林中之塔铭为记载之塔铭，两刻文位置不同，其镌刻时间应相同。因此，墓塔塔铭也应刻于金大定六年（1166年）。

金大定六年初公塔铭拓片

初公山主之塔」

加句灵验佛顶尊胜陁罗尼曰，□□沙门（下残）」

稽首千叶莲华殿，金刚座上尊胜王，□□□□□□□」，愿得金手摩我顶，灌顶间持妙章句，□□□□如来□」，□通变化济含生，故我发心恒赞诵。如有众生书□□」，闻此陁罗尼添福寿。如有众生造极重罪，闻此陁罗尼罪消灭」。如有众生遇恶病，闻此陁罗尼□□愈。如有众生临命终」，闻此陁罗尼生净土。我命□□此真言，惟愿如来常救护」。

（上残）□□□□□□□如瑟吒□□□驮」（下残）

---

① 光绪《肥城县志》卷二，清光绪十七年刻本。

② （清）陆增祥：《八琼室金石补正》卷一百二十四，《石刻史料新编》第1辑第8册，（台北）新文丰出版公司1979年版，第6017～6018页。

元大德二年海公塔铭

塔铭在幽栖寺塔林，元大德二年(1298年)立。

海公山主之塔」
大德二年正月□日，福忍立」。

元大德三年都纲恩公塔铭

塔铭在幽栖寺塔林，元大德三年(1299年)立。

都纲恩公塔铭」
小师福受、福□」
大德三年二月日□□立」。
(下残)

元大德二年海公塔铭拓片

元大德三年都纲恩公塔铭拓片

明弘治十三年海月空和尚塔铭

塔铭在幽栖寺塔林，墓塔共八面，正面刻“建受塔海月空和尚之记”，后两面刻题名，其他面漫漶。明弘治十三年(1500年)立。

建受塔海月空和尚之记」
弘治十三年十月初三日立。石匠赵原，男赵成、赵昇」。
建塔徒弟：□万、□山、（下残）□□、□□、□□」。
法孙：悟兴、悟准、悟经、悟□、悟善、（下残）」。
了登、了宗、了□、（下残）」。

明弘治十三年□□塔铭

塔铭在幽栖寺塔林，明弘治十三年（1500 年）立。

□□山主之塔」
弘治十三年十月初三日，建塔徒弟悟兴」。

明弘治十三年海月空和尚塔铭拓片

明弘治十三年□□塔铭拓片

明嘉靖五年慧公和尚塔铭

塔铭在幽栖寺塔林，墓塔共八面，正面刻“预先建立慧公和尚延寿宝塔之铭”，背面刻题名，其他六面刻波罗蜜经咒。明嘉靖五年（1526 年）立。

预先建立慧公和尚延寿宝塔之铭」
时大明嘉靖五年三月二十日立石。石匠赵成、赵昇」。

尸罗般若波罗蜜」
毗离耶般若波罗蜜」
般若波罗蜜」
徒弟了秀、了玄、了住、了端、了擎」，法孙正祥、正□」。
禅般若波罗蜜」
羼提般若波罗蜜」
檀般若波罗蜜」

明嘉靖五年慧公和尚塔铭拓片

明嘉靖五年“圆寂”塔铭

塔铭在幽栖寺塔林，残存上部，明嘉靖五年(1526 年)立。

圆寂(下残)

嘉靖五(下残)

明嘉靖五年“圆寂”塔铭拓片

明嘉靖十六年悟准塔铭

塔铭在幽栖寺塔林，墓塔共八面，正面刻“预先建立悟准延寿宝塔”，三面刻题名，其他四面刻波罗蜜经咒。明嘉靖十六年(1537 年)立。

预先建立悟准延寿宝塔」

大明嘉靖十六年四月十九日立。石匠(下残)」

法侄了贵、了安，法孙正岐、正伦、正强」。

毗离耶般若波罗蜜」

禅般若波罗蜜」

建宝塔徒弟：道人刘赞，了□、了奉、了□、了□」，法孙(下残)」。

羼提般若波罗蜜」

檀般若波罗蜜」

俗家侄男：古□、古经、古伦、胡□□、李汝相，外生男：晁臣、张文忠、王文忠」，孙男古希颜、古希孟、古永□、小法来，小古□」。

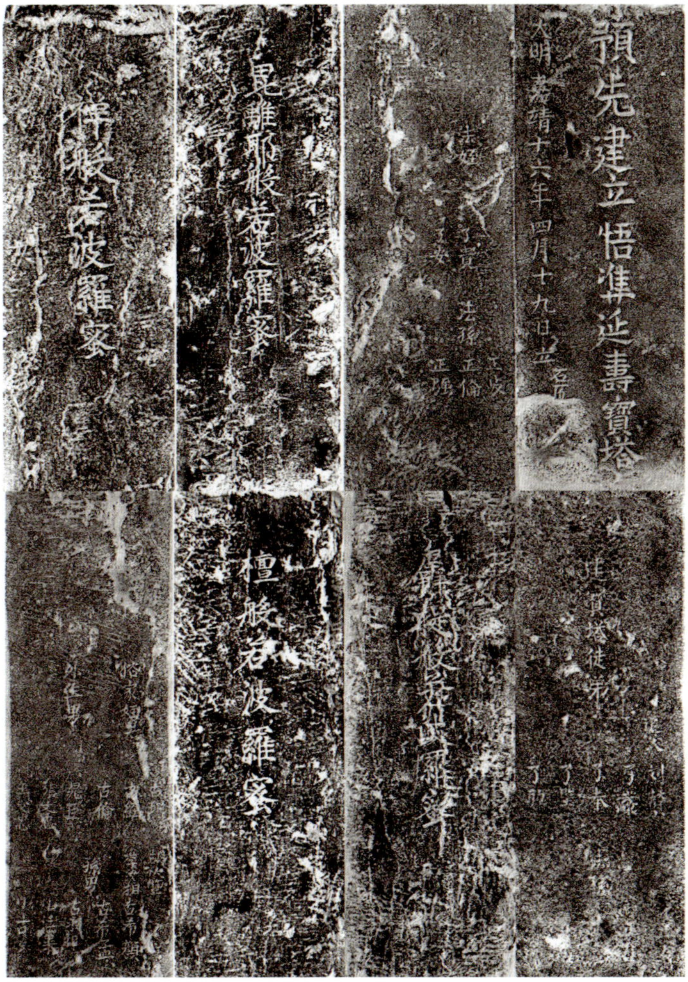

明嘉靖十六年悟准塔铭拓片

“峰行庚八十一岁”残碑

残碑在幽栖寺塔林，残存右下部，立碑时间不详。据镌刻石匠姓名与徒孙字辈，此碑很可能立于明正德至嘉靖年间。按碑文，碑主本命生年为戊辰，可能为正统十三年（1448 年），那么卒年为嘉靖八年（1529 年）。则此碑刻立时间极有可能是明嘉靖八年（1529 年）。

（上残）峰行庚八十一岁，本命戊辰（下残）」（上残）俗家幼□三岁。父亲付普名，二十六岁□见堂」（上残）三个月□嫁他人。有爷耶付得刚，六十岁有余，」（上残）□恩养孙子，十岁成人，顾许出家，送幽栖寺拜」（上残）□果□

训教数十余载，通经仪礼。年三十八岁」(上残)亲到北京□礼部尚书周关领度牒一道，钦」(上残)□瑜□教见在本寺住座中，实晨厚年高，有」(上残)略切所不能尽安然妥太拙手拙笔书写」(下残)

(上残)徒孙了兴、了恕、了申、了来，重孙正峰、正礼」。

(上残)石匠赵澄、赵昇镌」。

"峰行庚八十一岁"残碑拓片

清康熙二十七年云公塔铭

塔铭在幽栖寺塔林，清康熙二十七年(1688年)立。

陶山幽栖寺重建云公之塔」

清朝定鼎，有僧人瑞云云游此山，观看殿宇」□□，神像毁坏，心中不忍，苦化十方，殿宇重」修，神像庄严，共赞山□不朽耳焉」。

圆寂本师云公和尚一位觉灵」

徒弟宝□、宝□、宝照、宝兴、宝会，徒孙玄清、玄末、玄林、玄变、玄□、玄

□、玄亮、玄□、玄玉，重孙浪明」。

康熙二十七年十月二十一日立」。

清康熙二十七年云公塔铭拓片

相公和尚墓碑

塔铭在幽栖寺塔林，立于墓前，无刻立时间。

圆寂本师相公和尚觉灵，孝徒广增、广茂」。

“演公”塔铭

塔铭在幽栖寺塔林，仅残存三字，无刻立时间。

演公山（下残）

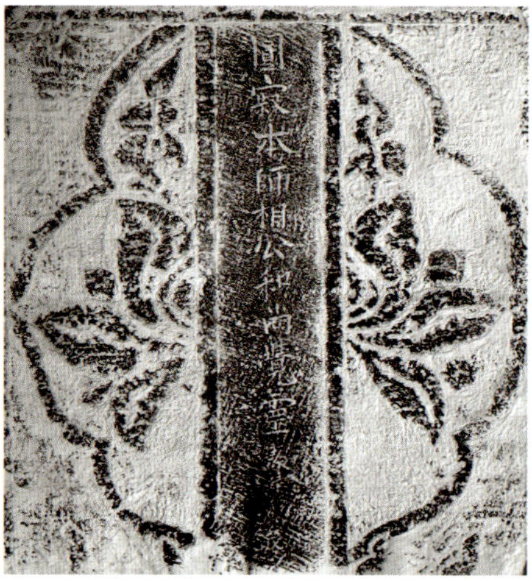

相公和尚墓碑拓片

"演公"塔铭拓片

"惠公悟"塔铭

塔铭在幽栖寺塔林，正面刻三字，下方为浮雕，无刻立时间。

惠公悟」

"和尚宝"塔铭

塔铭在幽栖寺塔林，今残存三字，无刻立时间。

和尚宝（下残）

"惠公悟"塔铭拓片

"和尚宝"塔铭拓片

竹林寺

宋宣和二年竹林寺摩崖碑弥勒佛创修大殿之图供养记摩崖石刻

摩崖石刻位于竹林寺遗址西侧崖壁上，宋宣和二年(1120 年)刻。摩崖中间上半部为佛像，周围刻文字，部分残缺、漫漶。摩崖题刻面高 74 厘米，宽 53 厘米。右侧为增刻，镌刻时间不详。北京大学图书馆藏拓片，今据拓片校补录文如下。

竹林寺摩崖碑弥勒佛创修大殿之图供养记」

夫东平府者，平阴之界，翔鸾之乡，□□□□□山之景□堂院三代之孙，扬」名之义积之功，炼磨真性，通达妙□□□□□□修弥勒之尊，劝化一方之善」，各证菩提之路。陶山幽栖寺广□，□□□□聚仙亭，□峰岭上高僧出，岩」崖险峻步难行。讲堂云集完砌好，□□□□□□□文，三门远望悬空里，钟楼」经阁耳啈聆。竹林一寺水澄清，滴漉□□□□□□，青龙洞府神仙隐，日光弇」敞现红轮。石辛坐骐师子动，□□□□□□栖□洞，山高峻岭步难行，」罗汉洞中壬癸□。里面贤圣念经啈，□□□□□□祥现，毫光万道照天门。忽」闻闪灼睹莲花，盆里行弥勒□□，□□□三代阿僧救万民累劫。曾」□□□率内院结良因指一大」□□□方隐化现真身。三人同」□□远化他方，共四邻发愿舍」□□梁柱钱□米绢珍」□□宁□宣□谨舍净财镌」□□施佛袈裟一套，后盖大殿」□□清吉家眷平安，各报生身」□□先亡四恩忽报三友，遍□」法界众□总□成佛，将来必定超□□□□□□□□长生求雨文：竹林求雨」下甘泉，□物滋荣谢圣贤，雨露洒□□□□，□□无不感神天，旱后孛然苗」稼起。秋熟稞粒穗头坚，冬□□暖□□□，□□□□太平年，龙隐深潭烟」雾罩，忽观黑气吐白云，疃□□告来□□，□□□下。万民奏改宫为寺，相公」朝罢万民欢，感谢皇恩□□宣，改□□□□□□喜，院德名额挂高迁，德士」离苦天赐宽，三省同□□□咸，却□□□□□□安宁，永作太平年。愿」皇帝万岁□以千秋□□□□寿命□□□□官常居禄位。石匠张全」。宣和二年庚子岁仲冬己酉日□□□□安撰并书记」。

右侧题刻字迹漫漶，《岱览》中录文亦不全，今据《岱览》及拓片核对、补充部分碑文。

佛道汪洋归之□永超生死方(下残)□□尚悟真心然时属未永去圣年□

人心□」独恶荒迷者众□□德力浇□(下残)太继流□物□精□以尘生祸□□□」恩□众因以传□□□不舍勉□□修石□(下残)殿□阶基诸余缘事□□□佛恩」当请超法师施□钗子一双□□管勾施(下残)□僧□悟法师钗子一只宣□□堂众共施钱三贯」,王十一翁施麦一硕,陈三叔施麦一硕,□(下残)□□,刘六叔、谷怀士、赵□□、张行者、陈行者」,李四叔共施钱一贯,□□□,大封村张大□、(下残)北申村张小、大郎施钱三贯,□伯(下残)

宋宣和二年竹林寺摩崖碑弥勒佛创修大殿之图供养记摩崖石刻拓片

清乾隆三十一年重修竹林寺记碑

碑在竹林寺遗址院内，清乾隆三十一年（1766 年）立，额题“万古流芳”。碑断为两截。

重修竹林寺碑记」

盖闻非常之举必得担荷非常之人，乃能起而任之。是□（下残）运会所关非偶然也。陶山脉源太岱，派接金牛，威□端严，因钟灵毓秀，奇」人杰士所由出也。中有竹林寺一座，朝阳蝙蝠洞灵崇绕，范公幽栖墓寺环列，统观前后左右，千岩拱向，万峰朝揖。□寺在山半，如」坐密室者。然微风不动，仙圃长春，以视太山之碧霞宫、大峰之簸箕掌，何多让□？但阅古碑，修于宣和二年，本可流传千古，至其后」罹山石崩颓覆压，而此寺荡然无迹矣。是石也，广周一亩，高至数仞。数百年间，阅者孰不兴思恢复焉。□□□□无不惊骇震恐，抑」□退谢，叹息于无可如何。谁敢以启辟为无难而重复故迹。吾父名坤字子厚，生平乐施任侠，不可□□独□□□□己任，不惜资」财于己，不殚募化于人，命工鸠匠，必求此事告成而后已。□有姜文、陈琮、邓怀玉、汤学文、林振贵等。其才其德□□比更经画勷」赞，不遗余力。功兴于」乾隆二十九年二月，至三十一年正月告竣。巨石除而天开日□，新庙就而栋辉宇灿，遂胜地如初，佳境犹昔矣。夫以□□□人人束手」无策者，而一旦庆成，殆亦天佑神

清乾隆三十一年重修竹林寺记碑拓片

助，发光华于人间也哉。□为序」。

【题名略】

廪膳生员刘传世撰文」。

府学生员刘祖尧书丹」。

大清乾隆三十一年岁次丙戌二月穀旦立」。

【碑阴题名略】

清宣统元年爱陶泉摩崖石刻

摩崖石刻位于竹林寺遗址西侧崖壁上，清宣统元年（1909 年）刻。

大清宣统元年」

爱陶泉」

仙坡徐茂莘」

清宣统元年爱陶泉摩崖石刻拓片

民国八年重修竹林寺朝阳洞记碑

碑在竹林寺遗址大门处，民国八年（1919 年）立，额题“乐善好施”。碑阴右上部残损。

重修竹林寺朝阳洞碑记」

陶山西崦有竹林寺，地势幽深，林壑清美，又有洞天映带左右，在肥邑足称胜境。内有佛殿三楹，创自宣」和年间。宣和为宋徽宗年号，繄考其时，金人内犯，宋之号令不行于河北诸郡，此处大好山河沦于夷狄」。岩栖谷隐之士计无复之，遂遁入空门，皈依佛法，建此兰若，藉蒲团静地以为避世之举，理或然欤？人代」之速，邈如转毂。自宋迄清，七百余年，其间盛衰迭易，治乱相循，而陵谷变迁，不第世事沧桑，而此庙亦为」崖石崩压，荡然无存，梵王宫作为飞来石矣。乾隆中叶，有刘传世桥梓，流连胜境，慨慕前规，出为领袖，倡」率重修，载在碑志，兹不赘述。而年湮代远，上雨旁风，又复殿宇摧颓，佛光暗淡，不徒为禅家之耻，亦以览」胜者之羞也。兹有善士尹、张、徐诸檀越，纠合同志，捐资重修，鸠工庀材，不日告竣，并以余资补筑朝阳洞」，焕然一新。本救世之苦心，作渡迷之宝筏。仆虽不解佛法，顾胸有丘壑，性爱山林，登览之余，亦赞叹诸君」善举为不置云」。

【题名略】

陶山散人吕登岩熏沐敬撰」。

邱金沐手书丹」。

民国八年岁次己未辜月中旬穀旦立」。

【碑阴题名略】

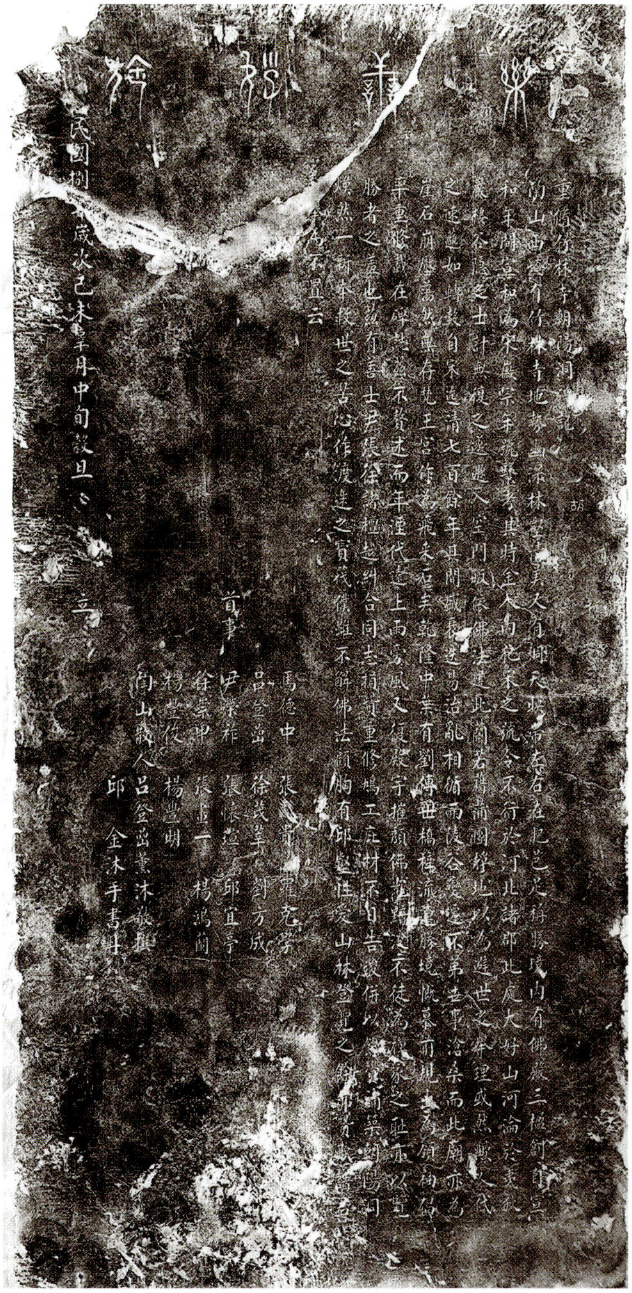

民国八年重修竹林寺朝阳洞记碑拓片

民国八年三宝摩崖石刻

摩崖石刻位于竹林寺遗址东侧岩石上，民国八年(1919年)刻。

民国己未腊月林盛□助工」
三宝」
陶阳居士赵广湖涂」

民国八年三宝摩崖石刻拓片

民国十三年竹林寺摩崖石刻

摩崖石刻位于竹林寺遗址东侧岩石上，民国十三年(1924年)刻。

民国甲子」
竹林寺」
张怀瑾、徐茂莘志」

民国十三年竹林寺摩崖石刻拓片

天仙井摩崖石刻

摩崖石刻位于竹林寺遗址后面岩石上，无镌刻时间。

天仙井」
赵小月题」

天仙井摩崖石刻

朝阳洞

快哉洞摩崖石刻

摩崖石刻位于朝阳洞洞口内西壁下部。题刻共由五部分组成，从右至左依次为“修石香炉”题刻、“快哉洞”题刻、“庚子八月廿二日”题刻、“至治元年”题刻、“宣和乙巳”题刻。根据袁明英《泰山石刻》的记载，幽栖寺有宋宣和四年（1122 年）戴政等施石柱题刻，“修石香炉”题刻中也有戴政之名，故此题刻应刻于宋宣和四年（1122 年）前后。“宣和乙巳”即宣和七年（1125 年），故此题刻刻于宋宣和七年（1125 年）。

（上残）石香炉，为首者黄首坚」（上残）座主姚安、马师姑、马氏」（上残）□氏、王氏、张氏、戴政、常氏」（上残）□氏、张氏，旦欢镇修石香炉一坐。」（上残）侯氏」。（上残）年九月十五日记，匠人李豪」。

快哉洞」

庚子八月廿二日」，钦□子硕德操同来」。

至治元年二人到此」。

河南佃道洁、真定巩端朝」，宣和乙巳九月二日同登」风洞，京师吕子胜继至」。

快哉洞摩崖石刻拓片

明弘治十五年石柱残件

石柱残件在朝阳洞前洞，现残存两截，柱体有八面，每面皆有刻字。石柱上残存"□五年壬戌岁"字样，根据干支纪年推算，历史上带五的壬戌年有北宋元丰五年（1082 年）、明洪武十五年（1382 年）、明弘治十五年（1502 年），迄今为止在陶山上并未发现元丰年间（1078～1085 年）、洪武年间（1368～1398 年）的碑石，而弘治年间（1488～1505 年）的碑石颇多，因而此石柱极有可能为明弘治十五年（1502 年）捐立。

（上残）□□同增福寿（下残）」（上残）帝万岁，重臣千秋（下残）」（上残）□绪□□知州无□□□□（下残）」（上残）□不中恳□□（下残）」（上残）□李氏、李氏、王□（下残）」（上残）勤村王饶、张能、张（下残）」（上残）□州平阴县翔鸾乡（下残）」（上残）副维那头王端、郝平（下残）」（上残）□□□□赞□户

□(下残)」(上残)□□王氏兄赵立弟□(下残)」(上残)李庆、王氏、梅□(下残)」(上残)□五年壬戌岁八月十五□(下残)」

(上残)定本庄东栽树计□三十□(下残)」(上残)□妻王氏、婿李仝谨记(下残)」(上残)□由村寄居维那头马绪(下残)」(上残)北坦、李镐、李氏、于氏、陈□(下残)」(上残)弟王成、弟王□、李□(下残)」(上残)□、李德、刘德、苏友、□(下残)」(上残)贾昌、林□(下残)」(上残)众户共献香炉(下残)」(上残)□□寮□居禄位(下残)」(上残)尚□侯方□□□□□(下残)」

明弘治十五年石柱残件拓片

明正德二年云碑记摩崖石刻

摩崖石刻位于朝阳洞洞口外西侧崖壁上,明正德二年(1507 年)刻。

云碑记」

大明国山东济南府肥城县西四十里,陶山幽栖寺上有竹林寺古」佛洞一座，亘古无人住此。今有本府齐东县僧人（下残）一同进山修行□道，无甚酬报诸佛圣恩，谨□虔心启造圣像，亦非领□庄村镇善众□」施主造满洞」佛□□□众善人等亦发信心，精进修行，得证果位，以□□□将各□□人名字开置于后。」计开铜」佛三十尊、铜楼殿一所、钟磬云□、大锅四口（下残）」

【题名略】

正德二年三月吉日□建立」。

明正德二年云碑记摩崖石刻拓片

清嘉庆八年唐仲冕摩崖石刻

摩崖石刻位于朝阳洞洞口外西侧崖壁上，清嘉庆八年（1803 年）刻。刻面高 1.2 米，宽 1 米。

嘉庆八年夏六月八日，长」沙唐仲冕由入」觐还，至陶山，焚黄树表，因」上朝阳洞，瞻仰佛相，真炎」歊中一清凉世界也。爰命」从者展昆源书于壁」。

住持僧人通禧、徒心常」。

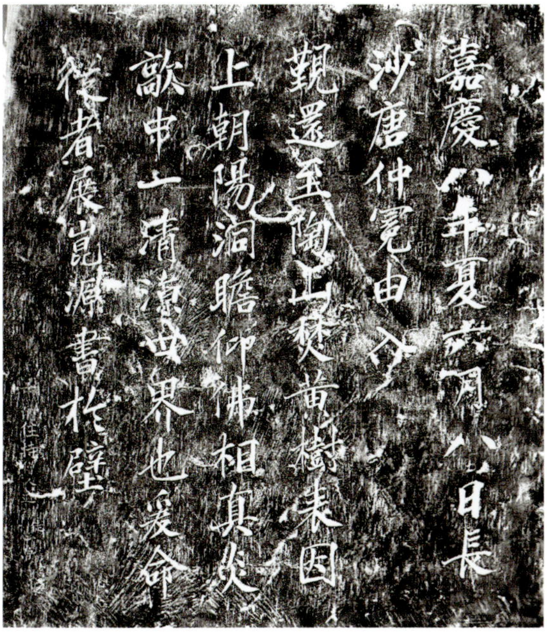

清嘉庆八年唐仲冕摩崖石刻拓片

清嘉庆二十二年朝阳洞摩崖石刻

摩崖石刻位于朝阳洞洞口上方，清嘉庆二十二年(1817 年)刻。刻面高 0.6 米，宽 1.6 米。

嘉庆二十二年」

朝阳洞」

沙庄刘佺敬题」

僧人浩乐」

清嘉庆二十二年朝阳洞摩崖石刻

清光绪二十七年
佛字摩崖石刻拓片

清光绪二十七年佛字摩崖石刻

摩崖石刻位于朝阳洞前洞西壁，清光绪二十七年（1901 年）刻。刻面高 1.3 米，大书“佛”字。

大清光绪二十七年岁在辛丑桂月上旬修，铁笔郭立城，愿助工」。

佛」

洞庭赵广湖顿书」。

清宣统元年三教渊源摩崖石刻

摩崖石刻位于朝阳洞中部东壁杨祖像南侧，清宣统元年（1909 年）刻。

清宣统元年」

三教渊源」

弟子徐茂莘、张怀瑾、纪庆芳叩」。

清宣统元年三教渊源摩崖石刻拓片

民国十二年可避秦摩崖石刻

摩崖石刻位于朝阳洞外下方东侧崖壁上，民国十二年(1923年)刻。

清帝逊位十二年□月」
可避秦」
山人吕登岩志」

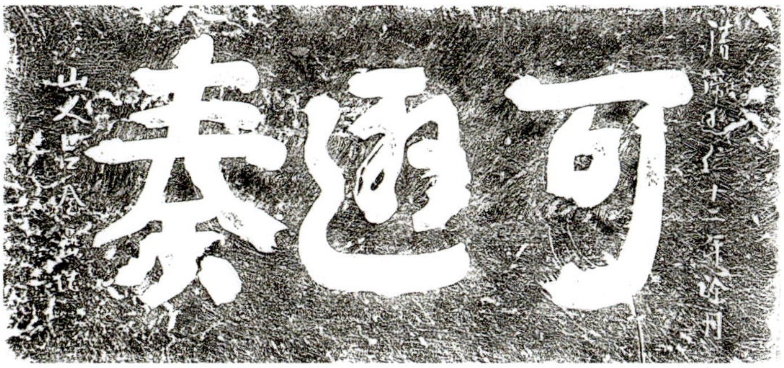

民国十二年可避秦摩崖石刻拓片

民国十三年潜修摩崖石刻

摩崖石刻位于朝阳洞洞口内东壁，民国十三年(1924年)刻。

民国甲子年」
潜修」
仙坡徐茂莘题」
同志人郭明涵」

民国十三年潜修摩崖石刻拓片

民国十四年高隐摩崖石刻

摩崖石刻位于朝阳洞洞口内东壁，民国十四年(1925 年)刻。

民国乙丑阳月」
高隐」
洞庭赵广湖题」
护坛人李继春」

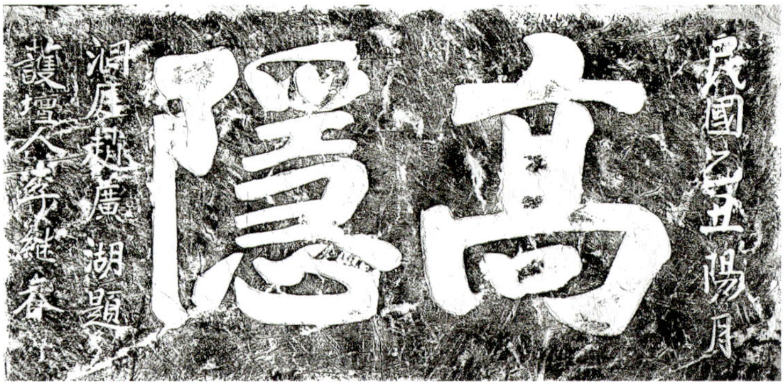

民国十四年高隐摩崖石刻拓片

民国十四年南无无量寿佛摩崖石刻

摩崖石刻位于朝阳洞中部东壁杨祖像下方，民国十四年(1925 年)刻。

民国乙丑阳月」
南无」无量」寿」佛」
赵广湖，男庆霑志」

民国十四年南无无量寿佛摩崖石刻拓片

民国十四年重修朝阳洞碑

碑在朝阳洞前洞，上下均有残缺，碑文完整。碑文中称“（民）国太岁在旃蒙赤奋若”，按太岁纪年，为民国乙丑年，即碑刻立于民国十四年（1925年）。上有今人凿刻：石横公社战山河，五连，一九七八、三、二十九，孟凡成留念。

重修朝阳洞碑」

尝考洞天福地记，陶山在七十二福地之一。余家山阳数」里，春秋暇日，辄一登临，探奇揽胜，境致幽绝，岩壑幽邃，步」步引人入胜，如行山□□上，应接不暇。就中尤以朝阳洞」为冠，洞在陶山西崦之菩萨岩，高出山半，路遥崎岖，仅通」一线，洞口南向，拾级而登，初行极狭，才通人，复行数武，阔」若广庭，初入昏黑，不辨人，瞑目移时，顿觉开朗，毫发可见」，圆峤方壶，别有天地，令人有遗世之志焉！洞壁周遭镌刻」佛像，生动逼真，栩栩若活，见者疑为鬼斧神工，诚奇观也」。外洞旧有佛龛，塑大士像，岁久漫漶，磨灭不堪。兹重修佛」龛暨大士像，配以诸神，并就洞中建三教堂，金碧辉煌，光」彩夺目，又重修洞外挂屋一楹、洞门一付，共费二千余缗」。工既竣，大众刊石问志于余，余不能文，仅述颠末如此」。

民国十四年重修朝阳洞碑拓片

【题名略】

陶山老人吕登岩熏沐敬撰」。

霁云山人书丹」。

总监督张怀瑾」。

［民］国太岁在旃蒙赤奋若菊月中旬穀旦」。

民国十四年小有天摩崖石刻

摩崖石刻位于朝阳洞前部西壁，民国十四年(1925 年)刻。

小有天」

民国□□乙丑冬，阙」里孔繁聪、迁安」李广荣从军，次」陶阳揽胜，登朝阳」洞，访昌品老」，瞻仰佛相，书壁」以志留鸿」。

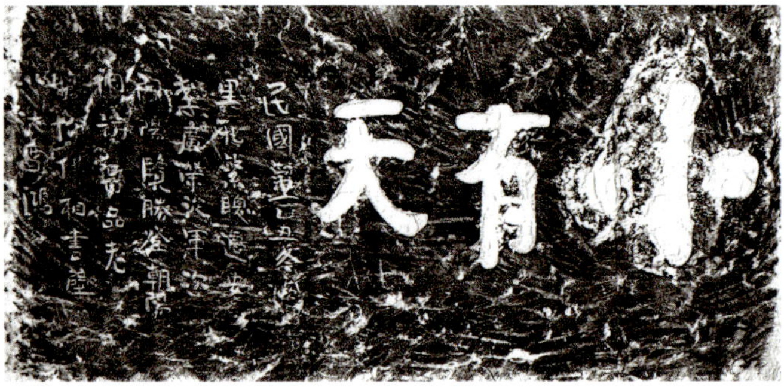

民国十四年小有天摩崖石刻拓片

民国十五年张怀瑾摩崖石刻

摩崖石刻位于朝阳洞外下方东侧崖壁上，民国十五年(1926 年)刻。

民国癸亥冬，山人吕登岩镌“可避秦”于」快哉洞口，越三载南北构兵，肥邑」适当其冲，县城沦陷，境内骚然，余家」匿居此间，幸获无恙，“可避秦”三字」遂成谶语，爰命男昌宜题数语济壁」，以志沧桑。

居停主张怀谨，铁笔纪学勤」。

民国十五年张怀瑾摩崖石刻拓片

民国十五年弥陀竹摩崖石刻

摩崖石刻位于朝阳洞前洞东壁，是由“南无阿弥陀佛”六个字组成的石刻阴纹竹画。民国十五年(1926年)刻。

弥陀竹」

无者」原为有□」基，无极生」有化太仪。

混沌」未开无全像」，大千世界总空」虚。

天地有精生万物」，父母有情生身躯。

人」物有生终有死，三生」万物道生一」。

洞庭赵广湖」。

岁在丙寅蒲月上旬，写」的原来“南无阿弥陀佛”」六字真经是也」。

民国十五年弥陀竹摩崖石刻拓片

民国十六年虫二摩崖石刻

摩崖石刻位于朝阳洞前部西壁，民国十六年(1927年)刻。

民国十六年」

虫二」

张启秀书」

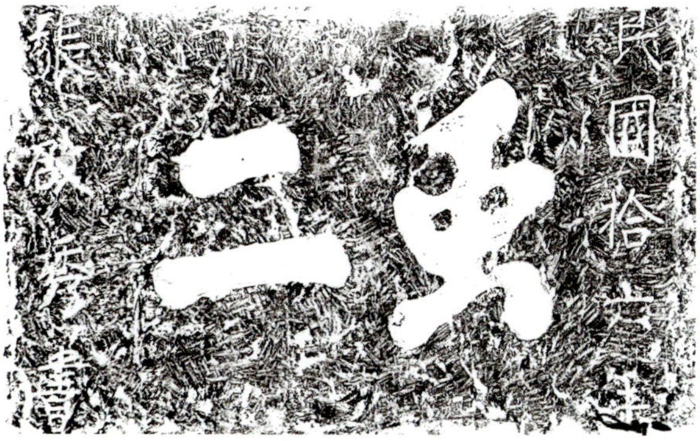

民国十六年虫二摩崖石刻拓片

潜修高隐诗摩崖石刻

摩崖石刻位于朝阳洞前洞西壁、“佛”字题刻上方，无镌刻时间。题刻内容为藏头诗，四句诗的首字连起来为“潜修高隐”。朝阳洞中另有多处赵广湖题刻，时间在清光绪二十七年(1901年)至民国十五年(1926年)之间，因而此摩崖应刻于清光绪二十七年(1901年)至民国十五年(1926年)之间。

潜迹避世装」愚蒙，修成丹焰作」哑聋。高尚其志归」山住，隐名独立不」求功。

赵广湖书」。

潜修高隐诗摩崖石刻拓片

立杨祖像摩崖石刻

摩崖石刻位于朝阳洞洞口外西侧崖壁，无刻立时间，右上部残缺。石刻中提及“所长洞庭”，为理门在肥城公所的所长赵广湖。朝阳洞中另有多处赵广湖题刻，时间在清光绪二十七年(1901年)至民国十五年(1926年)之间，因而此摩崖应刻于清光绪二十七年(1901年)至民国十五年(1926年)之间。

(上残)李继春、杨联芳、赵庆霈、铁笔纪学勤」

(上残)□如系山东莱州府即墨县白马」(上残)访名山，后隐岐山，道成创立理门」(上残)上登仙箓，诸弟子代传其道，迄今」(上残)不有理门之公所矣。经所长洞庭」(上残)□杨祖石像一尊，庶使理门弟子得」(上残)序于余。余参核遗迹，谬为胪序云」。

（上残）□阳沐手敬撰」。

（上残）沐拜书即同志共赞」。

【题名略】

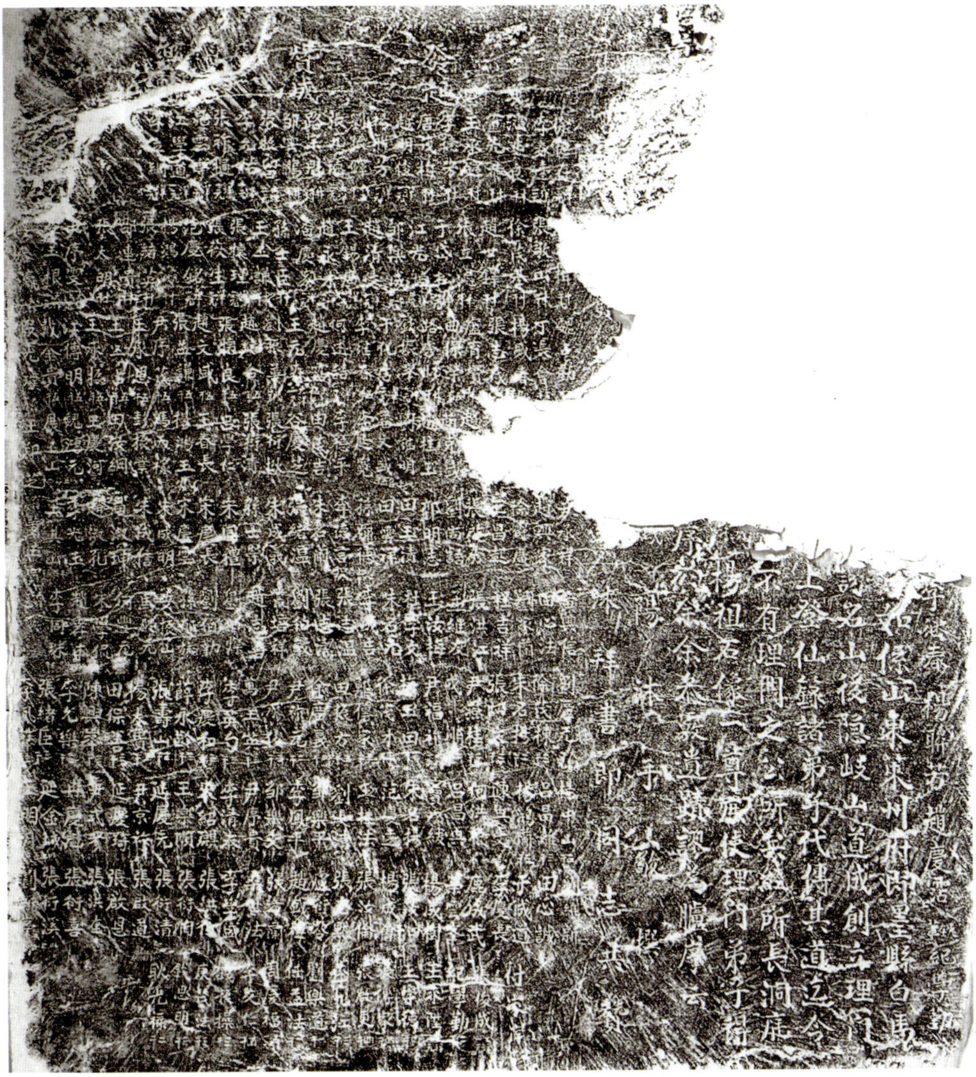

立杨祖像摩崖石刻拓片

龙虎摩崖石刻

摩崖石刻位于朝阳洞外下方东侧崖壁上。朝阳洞中另有多处赵广湖题刻，时间在清光绪二十七年（1901 年）至民国十五年（1926 年）之间，因而此摩崖应刻于清光绪二十七年（1901 年）至民国十五年（1926 年）之间。

龙虎」
赵广湖书」

洞第摩崖石刻

摩崖石刻位于朝阳洞外下方东侧崖壁上。朝阳洞中另有多处赵广湖题刻，时间在清光绪二十七年（1901 年）至民国十五年（1926 年）之间，因而此摩崖应刻于清光绪二十七年（1901 年）至民国十五年（1926 年）之间。

洞第」
洞庭赵广湖拙笔」

龙虎摩崖石刻拓片

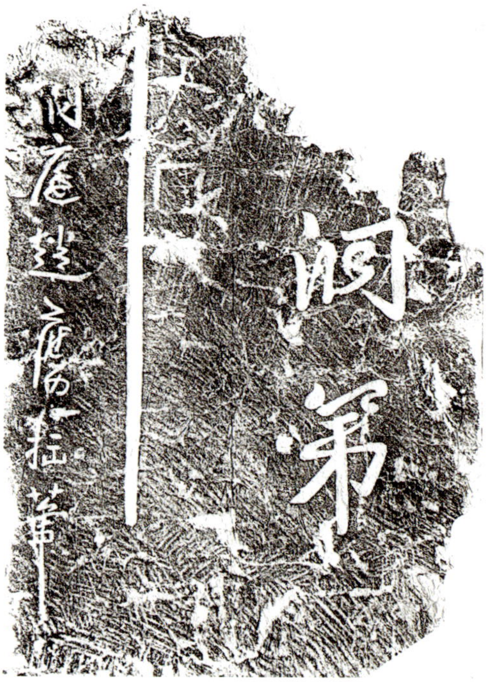

洞第摩崖石刻拓片

退藏摩崖石刻

摩崖石刻位于朝阳洞洞口内西壁上部，无镌刻时间。

退藏」
仙坡逸人」

退藏摩崖石刻拓片

题名残碑

残碑在朝阳洞内前部，共五块，立碑时间不详。

【题名略】

题名残碑拓片

三仙洞

清光绪二十八年陶山三仙洞玄真子志碑

碑在三仙洞外侧洞，清光绪二十八年(1902年)立。上有今人凿刻：留念」、石横大战」、孟凡成」、刘传安」、七八、三」。

陶山三仙洞玄真子碑志」

粤稽佛入中原昉于汉明帝，道之崇胜端自宋徽宗。佛教流传由」来已久，故学此道者遂不可以恒河沙数矣。铅龙汞虎，术既精邃」；三皈九转，法尤玄妙。求诸男子，已难其人，而况女流能造精乎？陶」右三仙洞玄真子者，系济宁州孙公传奇之女，髫年许字于直隶」省保定府宁晋县福德王公之子名子彦为妻。十七岁于归，未及」周岁而夫亡焉。真子屡次寻死而未得，由是苦志守节，专心学道」，买山田为修道之需。修炼数十载，而道果遂成，行年七十四岁，时」光绪二十三年三月上巳，而真子仙逝矣。其徒陶氏云兰、秋」兰，张氏秀芳，亲视含殓，扶輀窀穸。斯时，好义诸公，欲成人美，羡玄」真之英烈，洵志节之堪传，又多施□□，广济世人。公议安置陶氏」护理田亩，收获籽粒，时奉祭扫，缘此□石，以志不朽云」。

约计山田四十余段，□□许陶氏耕种，不许伊自行典卖。所有」杂色树株，并不许樵夫牧童任意剪伐。玄真子墓在洞西南二」百余步，有墓志焉」。

试用招远县儒学正堂孙立基撰文」。

邑庠生谷凤翔书丹」。

【题名略】

门徒陶氏立石」。

大清光绪二十八年二月上浣穀旦」。

清光绪二十八年陶山三仙洞玄真子志碑拓片

观音洞

明正德二年观音洞摩崖石刻

摩崖石刻位于观音洞洞口南壁，明正德二年（1507年）刻，额题“观音洞”。上有今人凿刻“石横公社战山河，五连，78.3.23”。

伏名山大刹罕有人居，陶洞清幽，惟僧可住。今」住持□□乃□□故家，自幼聪敏，努力求释，及」长峥嵘，光扬祖道，居此数年，道行坚牢，孜孜以」修持为心，汲汲以诵经为事，四方乡人靡不重」厚。近岁修造铜像、石佛一十七尊，永为后人敬」仰之所。故书此以为久远之记耳」。

时大明正德二年岁次丁卯秋七月吉日立」。

【题名略】

石匠赵原」。

明正德二年观音洞摩崖石刻拓片

明崇祯四年赠友人云侣子吴君修真陶山歌摩崖石刻

摩崖石刻位于观音洞前部北壁，额题“斜阳洞”，明崇祯四年（1631年）刻。光绪《肥城县志》误作为“崇祯六年”。①

赠友人云侣子吴君修真陶山歌有叙」

陶山，古越王勾践臣大夫范公蠡归湖隐居处也。嗣后，名人高士步踪养真」者，比比不胜悉笔。近得云侣子吴君讳奇号振川者，乃锦川名族也。一旦薄」家缘为烦恼，骞弃而归隐，养真自乐。未几，见有异物伏洞门下，身长丈余，头」斗粗，玄色如铁，铃眼箭须，令人骇视。吴君为之深揖，兼祝之曰：

① 《肥城县志》卷二，清光绪十七年刻本。

"得无试我?"毕」，其物即摇头掉尾而去，渺不知其所之。语云："道高龙虎服，德盛鬼神钦。"其此」之谓欤？然犹得之传闻。及吾辈寻访实履，见其山势逶迤，层崖巉峭，古洞半」天，清幽宜人，共羡以为此诚养真乐地，吴君得其所矣。俄而吴君至，相与从」容，揖让飘潇顺适，其一种淡荡景况，似吸风饮露，餐霞而有得者。且告以孤」阳独抱，不复有子女婚娶之扰。知□自」先帝甲子年来，早已樵云牧丹不（下残）」而勒之云窝。以为拔宅左券，俾吾辈（下残）爱□无□续以短」歌，聊志一时云。歌曰」：抛尘缘兮无牵挂，薄齐楚兮图王霸。归名山兮采黄芽，美烟霞兮炼丹」砂。望□□兮看吾家，跨鹤鸾兮路不赊。回首北茫兮咲呵呵，长安不见」兮□□□」。

崇祯四年朱明月之吉，启坛道人王家泰、□家□，卢锡惠书」。

【题名略】

（上残）弟子：江守□、李守德、□守□、（下残）」。

明崇祯四年赠友人云侣子吴君修真陶山歌摩崖石刻拓片

清同治二年观音洞残碑

残碑在观音洞内，残存右上角、左下角两块，额题"观音洞"。碑文有"咸丰辛酉"，即咸丰十一年（1861 年），距离某年最近的癸亥年为同治二年（1863 年）。另残碑题名中有"徒侄浩仁"，根据幽栖寺清光绪二十二年（1896 年）创建坎房记碑，至光绪二十二年（1896 年）浩仁已成为幽栖寺住持，因而此碑极有可能为清同治二年（1863 年）刻立。

尝闻人之诵观音经（下残）」乎大慈大悲观士音（下残）」咸丰辛酉岁，南匪蜂拥（下残）」人见嗜杀自分无以全□（下残）观（下残）」无恙，益信乎。大慈大悲（下残）救难也避难□□」既身离难矣难离身矣（下残）咸对张子同珍计所」以报明神者。张子曰（下残）曰唯唯。因是鸠工庀」材，创建石平房四□（下残）爰勒诸石，以记其事」。

本学（下残）撰文」。

陶阳（下残）孔书丹」。

钦加二（下残）□唐鉴」。

【题名略】

（上残）年岁次癸亥八月吉日立」。

清同治二年观音洞残碑拓片

清宣统元年慎独摩崖石刻

摩崖石刻位于观音洞前部西壁，清宣统元年（1909 年）刻。

清宣统元年」

慎独」

仙坡徐茂莘」

清宣统元年慎独摩崖石刻拓片

栖幽寺村山神庙

清同治四年山神庙门楣题刻

题刻为栖幽寺村山神殿门楣，清同治四年(1865)刻。

同治乙丑梅月」
山神殿」
督工张同珍拜题」

清同治四年山神庙门楣题刻

唐仲冕母墓

清嘉庆八年诰赠奉直大夫前山东昌邑县知县唐公继配谭太宜人墓表碑

碑在陶山之阳唐仲冕母墓前，已断为两截，清嘉庆八年(1803年)立。碑文缺字据清王芑孙《渊雅堂全集·惕甫未定稿》卷十一《唐太宜人墓表》补录。

诰赠奉直大夫、前山东昌邑县知县唐公继配谭太宜人墓表」

会试一等举人、国子监典簿、待诠前江南华亭县教谕、世袭云骑尉长洲王芑孙撰铭」

赐进士及弟、分巡山东兖沂曹济兵备道、前翰林院编修、刑部郎中阳湖孙星衍书篆」

善化唐君仲冕以江南吴县知县擢知海州直隶州，入见」天子，还过山东，焚黄先宜人墓下，歆荣祇惧，悼思流懿，以书命芑孙曰："吾先大夫以乾隆六年举人，历知平阴、昌邑县事，有惠」于东，中吾先宜人之殁于平阴也，适会调之昌邑，旋罢，贫无旁以归，于是相肥城之陶山以为吉，遂葬焉。肥城，故平阴旁县，先大」夫风声气泽存焉。陶山穴高险，不易营，两县之民实相与奔走，共作之于兹，二十有九年矣。惟仲冕之弗德弗明，无所负荷，恫」念先大夫后宜人二十年获殁于乡，故与前宜人李皆葬善化之白田铺，而宜人之丧不克归。仲冕从仕东西南北，幸得一日」之闲以来酾酒，而墓道之石无文，其何以诏远，愿有图于子。"芑孙与仲冕雅故，哀其请，不敢辞，乃叙次其族出事行、生卒男女」之大凡，为之表而系铭焉。

表曰：宜人姓谭氏，长沙人，谭故茶陵古姓，年二十五，归同郡唐府君讳焕为继室。入门视前女子子」如其子，视前兄弟子如其兄弟子。又尝受教于先姑氏，先姑氏彭，有礼法，性严毅，在侧者常轻重不得，独宜宜人，临终喟然谓」曰："汝异日当有贤子孙。"宜人传其训，以□于家。其生平恭俭，□□□从府君宦中，无寒暑，纺绩声彻户外。或劝止之，曰："吾习业」可以养心。"均爱诸子，不姑息，诸子有戏为乩卜者，立毁其具。曰："曷为神仙，汝乃不读书而作剧耶？"其有识断如此。卒以乾隆三」十五年十一月十八日，年五十六，葬以三十九年四月。以夫阶封孺人，以仲冕官荆溪知县时加三级，晋今衔。子三：长家崑，貤」封文林郎、吴江县知县；次即仲冕，以乾隆五十八年潘世恩榜成进士，历今官；次家驹，从八品。女一，适训导张隽思。孙九：亶，从」九品；常钧，县学生；常铄；鉴，训导；常锐；亮，分发安徽，从九品；锓；常英，国子生；錢。孙女六，曾孙八。

铭曰：有穹其颠，有坎其中，有巇有」谺，宜人之宫。惟是陶山，卜之允吉，大夫视穸，县人悬綍。宪宪大夫，惠此县民，婉婉宜人，壶彝是闻。爰集其庥，及于知州，维廉维」勤，世德之求。既最而升，入命」天子，歆是」宠绥，来告来祀。大夫反葬，湖雨湘烟。相望緜邈，洒涕兹阡。协诸经义，先妣有祭，异时守冢，其祭亦世。知州有子，有承于是。世载」廉勤，神其委祉。伐石为文，以告东人。读是铭诗，扞其樵薪」。

嘉庆八年岁次癸亥夏五月」。

清嘉庆八年诰赠奉直大夫前山东昌邑县知县唐公继配谭太宜人墓表碑拓片

清道光三年皇清诰赠夫人唐母谭太夫人神道碑

碑在唐仲冕母亲墓南300米处，麟首龟趺，清道光三年(1823年)立。碑阳题“皇清诰赠夫人唐母谭太夫人之神道”，碑阴为碑铭及序。神道碑高约2.53米，宽约1.02米，厚约0.48米，碑阳字径17厘米，碑阴字径3厘米。碑座高约1.02米，宽约1.04米，长约2.62米；碑帽高约0.9米，宽约1.04米，厚约0.48米。

皇清诰赠夫人唐母谭太夫人神道碑铭并序」

赐同进士出身、诰授光禄大夫、太子少保、协办大学士、兵部尚书、都察院右都御史、两江总督统辖南河、年愚侄任城孙玉庭撰文」。

赐进士出身、经筵讲官、太子少保、协办大学士、南书房行走、户部尚书、翰林院掌院学士、步军统领、门下晚生长白英和书丹」。

赐进士出身、诰授通议大夫、浙江按察使司按察使、前翰林编修、掌河南道监察御史、福建按察使盐法道、愚再侄南海吴荣光篆额」。

道光三年，岁在昭阳协洽，夏四月，陕西布政使唐君仲冕致事，侨居金陵，来谒曰：“慈氏窀穸肥城之陶山五十年矣，幸遇」覃恩，诰赠夫人，例得置石人、石马、石羊、石虎、望柱各二，碑高八尺、广三尺二寸，麒麟首高二尺八寸，趺高二尺四寸，而碑文未具，愿乞道德文章」勋业之崇者，撰著于石，以垂不朽。公，仲冕举主也，敢冒昧以请。”余维山毗乡郡，仲冕又余同年友，谊不获辞。

谨按：夫人姓谭氏，湖南茶陵人，入」善化贯。年二十五，归同邑乾隆辛酉科举人唐石岭府君。继壶淑慎，宜其室家。威姑彭太君礼法肃毅，侍奉者不少假辞色，夫人独得欢心。临终谓」之曰：“汝善养志，日后必获贤子孙之报。”夫人哀毁，几至灭性，岁时频荼，悲感□穷。其相夫子，治家课子，一以先姑为式，接娣姒雍雍如也。族鄙邻」妪贫乏，假贷无吝色。勤于缝绩，从府君平阴任日，率妇婢治□枲、纫衣履，佐为廉吏。子若孙之胜衣者，促令昕夕就塾，无姑息爱。乾隆三十五年」冬十一月十有八日，卒平阴官舍，年五十六。三十九年夏四月，葬于陶山之阳趾癸首下。山阴隶平阴，阳隶肥城，圹在山巅，两邑数百人举挽而」上，乃克葬，盖府君德政所感也！子三：长家偲，貤封奉政大夫、通州直隶州知州；次仲冕，乾隆甲午科举人、癸丑科进士，历官陕西布政使、护」理陕西巡抚；次佳驹，布政司经历，貤赠奉宜大夫、浙江道监察御史。女一:适训导张隽思。孙九:亶,改名错,江苏龙潭司巡检;常钧,县学生;锡」,国子生;锐;亮,署安徽项村司巡检。家皊出。鉴,嘉庆丁卯科举人、己巳科进士,翰林院检讨、浙江道监察御史、今广西平乐府知府;镆,浙江盐运司」副使;篯,甘肃泾州直隶州知州。仲冕出。钊,邑廪膳生。佳驹出。曾孙:瀛,县学生;沄。错出。洽;淑。常钧出。淳;洁;沛。锡出。斌。亮出。尔益,尔灏。镆出。尔羡;尔鸿」。篯出。尔泺;尔济;尔漯;尔泗;尔泌。钊出。元孙:日楙,洽出;日起,淑出。夫人以夫阶,例封孺人,以子仲冕晋赠宜人、恭人、淑人,今赠夫人。

铭曰」:岱西百里,岩洞蟠郁,矗为陶山,邦媛幽室。鹿车既挽,牛眠预征,庚禾封窆,丙舍依凭。遗爱芾棠,长护宰木,叠被」恩荣,推原式穀。壶彝食报,克副尊章,虽异邱首,弥表桐乡。品秩既崇,仪物咸备,刻此丰碑,以彰锡类」。

清道光三年皇清诰赠夫人唐母谭太夫人神道碑局部

清道光五年诰封夫人显妣唐母宁夫人墓碑

碑在唐仲冕妻宁氏墓前,清道光五年(1825年)立。今据袁明英《泰山石刻》照片录文。

道光五年五月」

诰封夫人显妣唐母宁夫人墓」

严命男锳、鉴、鑀,孙尔羡、尔鸿奉祀」

清道光五年诰封夫人显妣唐母宁夫人墓碑

资料来源:袁明英主编:《泰山石刻》第9卷,中华书局2007年版,第2778页。

天和观

浩仁施钱残碑

碑在幽栖寺后院,被解为两块,右侧缺下部,左侧缺上部。碑阳额题“万善(下残)”,碑阴额题“(上残)流芳”。碑文有“陶西幽栖寺戒僧浩仁轻财好义,适逢重修天和观,施钱四十千”之语。而幽栖寺现存一通清光绪二十二年(1896年)创建坎房记碑,其中有“住持浩仁”,可知光绪二十二年(1896年)时浩仁已担任住持,而天和观浩仁施钱碑仅称其为“戒僧”,因而浩仁施钱碑刻立时间要早于光绪二十二年(1896年)。又陶山观音洞中有同治二年(1863年)残碑称“徒侄浩仁”,因而浩仁施钱碑立于清同治二年(1863年)至光绪二十二年(1896年)之间。

陶西幽栖寺戒僧浩仁轻财好义，适逢重修天和观，施钱四十千。首事人（下残）」故勒诸石以为将来好义者劝，又有祖师殿画工张广怀捐资天地棚画（下残）」

【题名略】

【碑阴题名略】

浩仁施钱残碑拓片

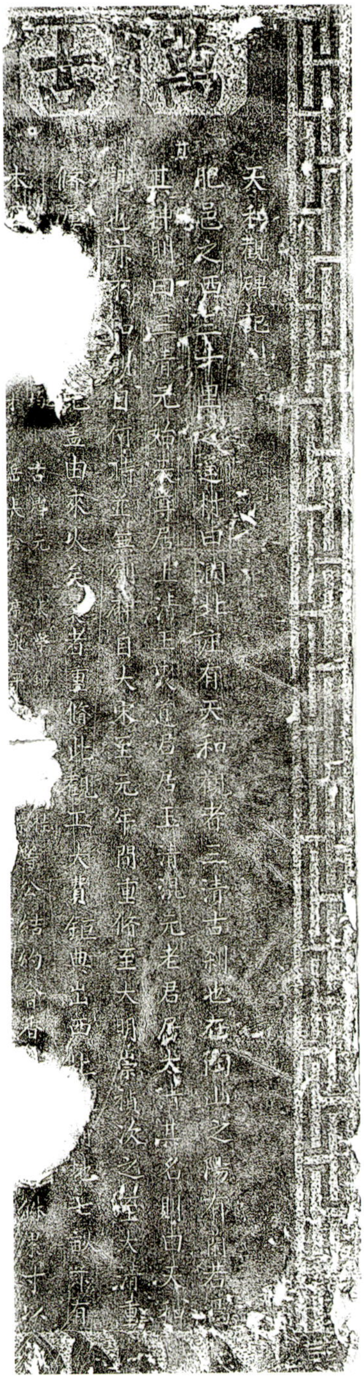

重修天和观记残碑拓片

重修天和观记残碑

碑在幽栖寺后院，残存右半部。碑中称“自大宋至元年间重修，至大明崇祯次之，至大清重修屡□□□□□，盖由来久矣”。由此可见此碑应当立于清中期之后。其中所称“大宋至元年间”应为“大元至元年间”。

天和观碑记」

肥邑之西三十里之遥，村曰涧北庄，有天和观者，三清古刹也，在陶山之阳，有兰若焉」。其神则曰三清，元始天尊居上清，玉震道君居玉清，混元老君居太清。其名则曰天和」观也，亦不知创自何时，并无创碑。自大宋至元年间重修，至大明崇祯次之，至大清重」修屡□□□□□，盖由来久矣。曩者重修此观，工大费巨，典出西北□□地七亩。兹有」本庄（下残）均、古魁元、张学锦、（下残）桂、（下残）才、岳长玲、席永平、（下残）荣等公，结约会香□□□□铢累寸，以」（下残）。

【碑阴题名略】

天王万岁寺

元至正三年重兴天王万岁寺记残碑

残碑在吕仙村村委大院东，现仅存两块，碑文缺失严重。据残存碑文与《岱览》所录碑文比对，确认残碑为元至正三年(1343 年)重兴天王万岁寺记残碑。关于此碑，《岱览》言："右碑，在佛殿东阶下，西向，高五尺五寸，广二尺。额篆同题，文俱行书。碑首雕龙龟趺，制甚坚致。碑阴横题'谷山佛峪寺下院'。下书僧派系、寺四至及施人姓名。"① 今据《岱览》补全碑文及刻立时间。

[前堂邑县医学教谕李承杜撰额并书]。

[皇元德化远被而奄有天下，儒老道大行而佛道为尤甚，以为佛能福国家寿人主，遂精构佛居，蔓曼广袤。由东汉而下，迄宋金，旧寺与今新建者，盖将经纬焉。佛道张大，蔑以加矣。然寺古僧老，用是芜废者，班班有]之。若天王万岁寺者甚一也。寺在济[宁肥城之北申里，面原而背冈，左右俱山岚气，朝暮可掬，实古者方外遁世脱俗之地也。殿舍倾]坏不可措手，佛像亦已圮毁，所余之舍[仅御风日，其僧卒无有能自振者。元统间有僧曰惠祥暨住持圆果，慨然有兴旧之志，乃于邑中]与夫田间愿成佛事者鸠其金，既积[而富，乃召工人以图其事，首建法堂一区，佛像称是，又为西僧舍凡十楹，厨舍处其东，凡六楹，又]为马明王、二郎、关王共为一堂，神皆[有象，三门一座。迫寺之田，人遂不惜而愿为寺有，俾垦之以供佛用，种植诸木，错综千有余本，而凡]在寺者，百废皆兴，若然其亦佛之[灵阴有以相之欤。夫事有巨细，而人有勤怠。勤者，事无巨细，而克襄厥功。怠者，事虽至细，未有能成之]者。今天王万岁寺覆败几尽，人[皆以为兴之难，不久而见殿宇佛像焕然一新，若惠祥并圆果者，可谓勤而有功者矣。古今寺不可胜算，]而殿宇佛像之需必有其[人为之左右，使发廪库给谷布，然后得以终其功。今惠祥、圆果兴废起旧，曾无一毫资于上，而若有资于上者，]是盖能为其众人所[不能为者已然。即其大小论之，此寺视诸地名寺固不无孟季之间，而地之遐僻又不与诸名寺密，而所以为国家延福祈寿，则未始有大小远近之别也。功德主王宗道言曰以其事宜书于石，请余志之，故为之记以]塞来命。

---

① (清)唐仲冕:《岱览》卷三十二，清嘉庆十二年果克山房刻本。

［前乡贡进士宁晋伯颜记，又从而歌之，其辞曰：大河之阳，肥城之坰，巍巍焕然，圮寺荐兴。宝殿华廊，次第而成，孰其能之，惠祥之僧。佛氏］有灵，克寿［国家，天道不息，地道永宁，祝我皇元，天地常经］。

［时大元至正三禩季冬末旬吉日立石。住持僧圆果，监寺圆辉，监寺圆进，授帝师法旨管领济宁路寺提点圆镜，工匠］头董德林，男董上、董志，门人杜荣、门人王从政刊，［搬载碑石杜信同、周福、王遵礼、圆沼、待诏胡］荣祖。

【碑阴题名略】

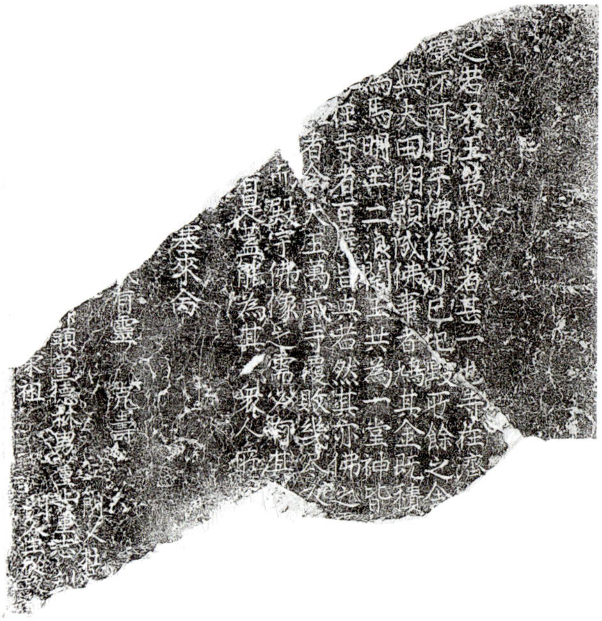

元至正三年重兴天王万岁寺记残碑拓片

明“迄胡元颁经”残碑

残碑在吕仙村村委大院东，仅存下部，刻立时间不详。据碑文有“迄胡元颁经”等字，推测此碑立于明代。

（上残）□迄胡元颁经戒坛几」（上残）回绕殆与烟雨楼滕王」（上残）□刹清幽，若黄童，若黧叟」，（上残）氏躬为倡举，力成善果，去」（上残）缈则火宅晨凉，磬韵悠扬，则」（上残）罔能悉捐功德言杳无所立谬」（下残）

【题名略】

住持僧周昌、周梅」。

明“迄胡元颁经”残碑拓片

清乾隆十八年重修东幽寺记碑

碑在吕仙村村委大院东，已断为两截，清乾隆十八年(1753 年)立。碑高 235 厘米，宽 89 厘米，厚 33 厘米，字径 4 厘米。

重修东幽寺碑记」

尝谓厥父筑室，厥子肯堂，前后辉映，虽儒者亦难其人，而不谓于释教中遇之。陶山之东幽寺，碧峰横抱其后，翠巘英其左右，云深而山门愈」静，花盛而禅房更幽，入其寺者潭影山光，时动万籁俱寂之想。余大兄联辉肄业，其后象坤侄暨侄孙辈复相接读书于此，虽未染翰凤」池，而亦各有所就，未必非山灵之助也。忆余大兄读书时，有僧心然住持，朝夕之暇，时共谈笑，颇有比丘逸致。伊悯是寺废坏，抒诚募化，殿」宇之已坠者补葺之，廊檐之未举者创建之，惮心竭虑，以鸠厥功。事竣，欲立石志其辛苦以示弟子，未就，而心然已涅槃矣。故侄与孙」复来读书时，岁月迁流，雨师频经，风伯时过，而殿宇之修葺者后复残缺，檐廊之创建者亦复颓败。有心然之弟周昶慨然兴绍」述之思焉，不烦募化，而砖瓦石块、栋梁榱桷罔弗备具，而是寺又复焕然矣。壬申初冬，余来游是寺，杯酒之余，僧人周昶历言其」事，丐文于余，余深嘉其师弟作述以相与有成也。夫心然与其弟浮屠氏耳，而前后济美如是，使变释为儒方立庙堂，未必」不业著竹帛，其建立有卓乎可纪者。然则世之弓人不为弓，冶人不为冶，与弓人之子不为箕，冶人之子不为裘者，其去此贤」不肖何如？余故历述之，用为释氏法，且为儒者鉴也！是为序」。

清乾隆十八年重修东幽寺记碑拓片

刑部四川司郎中加四级纪录九次张嗣宗撰并书。

文林郎知肥城县事加一级李芬。

庚子科举人改授教谕兼训导事加一级张芳台。

候选知府李景让。

候选内阁中书科中书朱立德。

【题名略】

大清乾隆十八年岁次癸酉四月穀旦」

【碑阴题名略】

清光绪二十四年重修东幽寺残碑

碑在吕仙村村委大院东，清光绪二十四年（1898 年）立。根据碑的形制，此组碑由三通碑组成，现仅存左侧两通。中间碑高 150 厘米，宽 78 厘米，厚 21 厘米；左侧碑高 150 厘米，宽 64 厘米，厚 21 厘米，字径均为 3.5 厘米。

（上缺）豆笾之列，匹夫亦知效其诚。自光绪五年张公存琳、化鹏」等游览寺院，见夫正殿三座，瓦滴零铃之雨，裙墙两厢，景同荒」径之烟。虽伊蒲饭可以斋僧，青精饭可以延寿，而寺宇倾颓，神」像惨淡，其心何安乎！于是触景生情，发施善心，约会同社共捐」资财补葺修理。庙貌焕然一新，亦以神罔时怨，神罔时恫也。无」如工程浩大，鸠材渐就，鹅眼已空，頖宫纵成，岣嵝未树，迄今上」下十余年矣。亦骏奔在庙者之憾事耳。僧人名清玉者，有志守」先。曰上方，曰梵刹，兴是选佛之场；曰绀宇，曰珠宫，悉是游仙之」境。履苇渡江，咒莲生钵，佛氏之元机至今犹存也。念初效之可」成何至□功之□□□之筑室父□堂而子肯□也。譬之为山」始□□□□□□□鸠工庀材不数月而□□□□□□清僧」□□□□□□□□□□□□□□□□□□□□□□□向之□」□□□□□□□□□□矣□□山光都生万□□□之□空」□□□□□□□□□□之思□乎。人道近而神道远，士君子读」《祭统》一书，未尝不肃然起敬也。余才陋学浅，蠡管窥天，必见笑」于方家。是为记。

郡庠生明轩胡曰璐撰文」。

后学濂泉朱传溪书丹」。

【题名略】

住持衲僧清玉，□□祖兴、祖□」。

大清光绪二十四年阳月穀旦立」。

【碑阴题名略】

清光绪二十四年重修东幽寺残碑拓片

“妙宣”题名残碑

“妙宣”题名残碑拓片

残碑在吕仙村村委大院东，仅存左上部一角。

【题名略】

“贾际经”题名残碑

“贾际经”题名残碑拓片

残碑在吕仙村村委大院东，仅存左侧。

北申社九甲人氏，贾家庄」信士贾际经、司氏献」。

二郎庙

清嘉庆二十五年重修二郎庙记残碑

碑在吕仙村村委大院东，仅存数块残碑。据碑刻形制拼凑，知其刻立时间为清嘉庆年间，因有“岁次庚辰”，可推知为嘉庆二十五年(1820年)。

重修二郎庙记」

陶山之东有团瓢，团瓢之名，因吕祖阁而(下残)」二郎庙而起。昔有住持斯庙曰曲全善□□醮三(下残)」以曲公而配吕祖也。而世人□□□□□公(下残)□(下残)」既有吕祖阁也，或不知有二郎□□□□□神之不(下残)□□土(下残)」此素所云二郎庙者然也。及余读书于洞灵观也，□□其山川而□□(下残)」□也就之，而□(下残)□□□者已变而为瓦也。登其堂一□(下残)□□也(下残)□□□二郎(下残)」□曰(下残)风雨，故从而易之也。而此二□者□山神土地也。盖(下残)相对于东西而(下残)」左右也□(下残)梁公者等也。住持者谁？即洞灵观中端然张公者是也。□(下残)然是诚山中之(下残)」勒石以志□(下残)□哉。二郎吕祖兴，而斯庙衰哉，沉沦于荒烟蔓草之中也。幸(下残)二郎吕祖兴而(下残)」得辉映于清(下残)哉诸公二郎兴而山神土地亦与之□兴，斯为不忘报本之(下残)也。其亦可与曲公(下残)」矣。余因悉其(下残)诸公之慕义无穷也。故不辞而为之记也」。

西村铭旗李功懋(下残)文」。

蔡村德阳尹龙文(下残)」。

大清嘉庆(下残)五年岁次庚辰孟秋穀旦(下残)立」。

【碑阴题名略】

清嘉庆二十五年重修二郎庙记残碑拓片

清光绪二十一年重修二郎庙残碑拓片

清光绪二十一年重修二郎庙残碑

残碑在吕仙村西南角小广场二郎庙旧址处，清光绪二十一年（1895 年）立。碑仅存左半部，高 148 厘米，残宽 54 厘米，厚 16 厘米，字径 3 厘米。

（上残）今日也。是为序以志之」。

乡饮大宾邑庠生于蓝田撰文」。

儒生旭亭梁凤阳书丹」。

乡饮介宾张重三书丹」。

【题名略】

大清光绪二十一季岁次乙未梅月孟夏穀旦上浣」。

【碑阴题名略】

民国十一年重修二郎庙记碑

碑在吕仙村西南角小广场二郎庙旧址处，民国十一年(1922年)立。碑高43厘米，宽77厘米，厚18厘米，字径2厘米。

民国十一年又五月十四日榖旦上浣。」
重修二郎庙碑记」
【题名略】

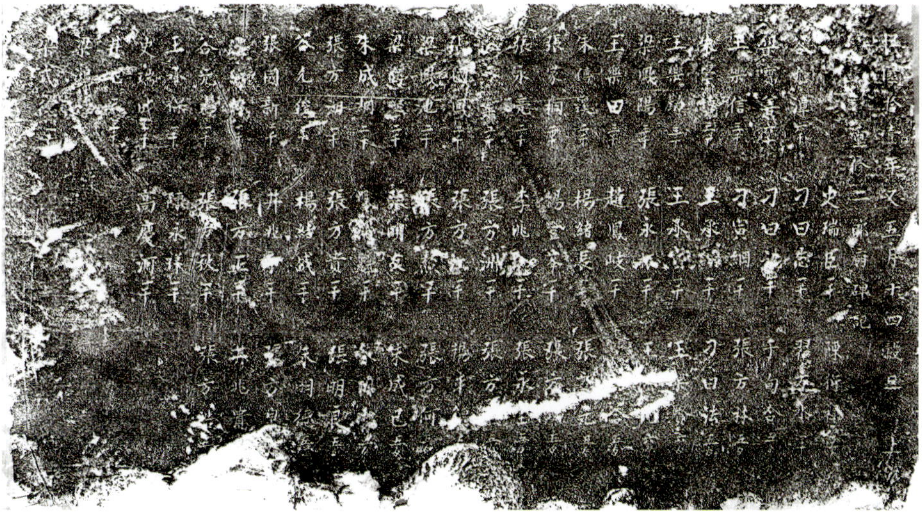

民国十一年重修二郎庙记碑拓片

纯阳宝殿

明崇祯五年修盖团瓢题刻

题刻位于纯阳宝殿内北壁，明崇祯五年(1632年)刻。

大明国直隶河间府」景州东光县道人曲全善」，前来济南府肥城县」西北二郎宫拄持，今」有徒弟高真玄，徒孙」赵冲飘，仝发心修盖」团瓢完乞。管修」吕祖善人：景州东光」县仁德乡五甲人杨」可大、室人潘氏」。

崇祯五年十一月廿六日安座」。

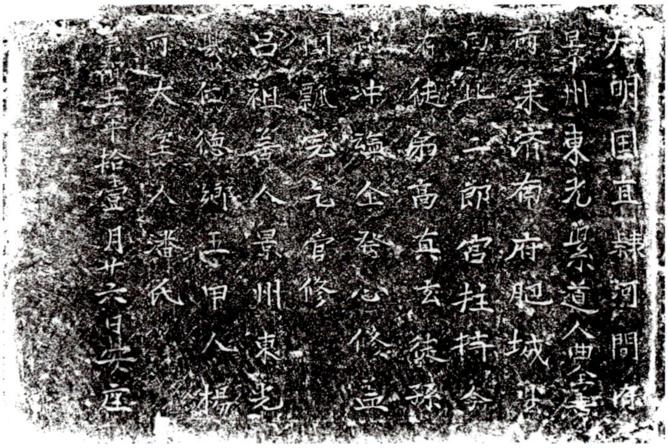

明崇祯五年修盖团瓢题刻拓片

明崇祯五年修造曲老师真容题刻

题刻位于纯阳宝殿内西壁，明崇祯五年(1632 年)刻。

大明国直隶河间」府景州东光县各」社不同人氏，前来」济南府肥城县西」北陶山二郎宫，众」家发心，修造曲老师」真容。管尊善人」：刘门金氏、刘世祯司氏」、陈门李氏、杨门王氏」、柴门王氏、张门杨氏」、高孔德孙氏」。

崇祯五年十一月廿六日安坐」。

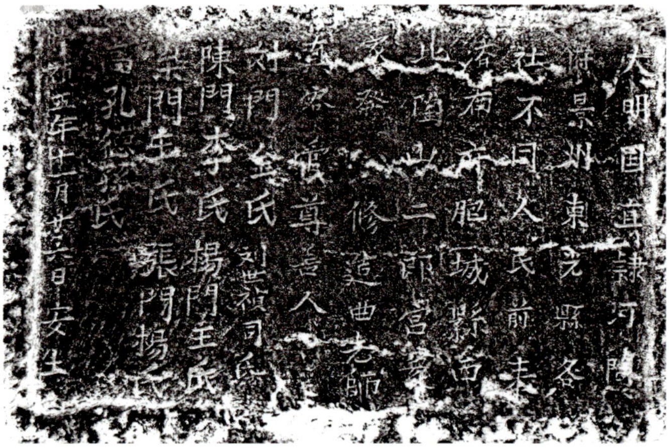

明崇祯五年修造曲老师真容题刻拓片

明崇祯五年和宽造字题刻

题刻位于纯阳宝殿内东壁，未镌刻完整，明崇祯五年(1632 年)刻。

和宽造字」，崇祯五年十一月」，十八……」

明崇祯五年和宽造字题刻

明崇祯七年创建吕祖团瓢记碑

碑在吕仙村西南纯阳宝殿前左侧，明崇祯七年(1634 年)立。碑高 171 厘米，宽 71 厘米，厚 22 厘米，字径 3.5 厘米。

碑阳：

创建吕祖团瓢碑记」

余尝登临览胜，由响水河而上，碟砢沱坂，循溪入谷，古刹幽东之后有」二郎庙焉。东有小泰山，嵬峨凌霄，西有陶山，层峦耸秀，古洞环列，渊泉长流，诚一」方之胜概，碻磝之仙境也。山明水秀，虎踞龙蟠，有道之士每每爱之。兹有道人」曲全善者，东光永寿乡人也，自天启年间携徒云游至此，见得山灵地胜，堪可」藏修。足绝市迹，身远尘踪，木石与居，鹿豕与游，茹草饮水，自食其力，葆养真性」，苦修数载，然而清苦之极，性真灵通。一日夜梦」

仙祖吕公俨然降临，香气袭人，三日不散，人人闻之，斯非有得于道而能神晤若」此乎？因而处心竭力，募化钱粮，鸠工起石，创建团瓢一座，旧为」吕祖栖止之境。无何，工修未几，飘然仙升，是」玉帝坛上座而人间鲜真修矣。幸门人高真玄、赵冲飖等能继先师之志，一意修行」，能述先师之事。工期完成，正塑仙容，旁列师像，焚香诵经，奉祀无间。是在全善」，固开立山场，能建立百世不拔之基，而门人缵承师绪，亦能成千秋不毁之业」，岂止为当今之盛事，一时之奇观也哉。今工已告竣，固宜勒碑以垂后云」。

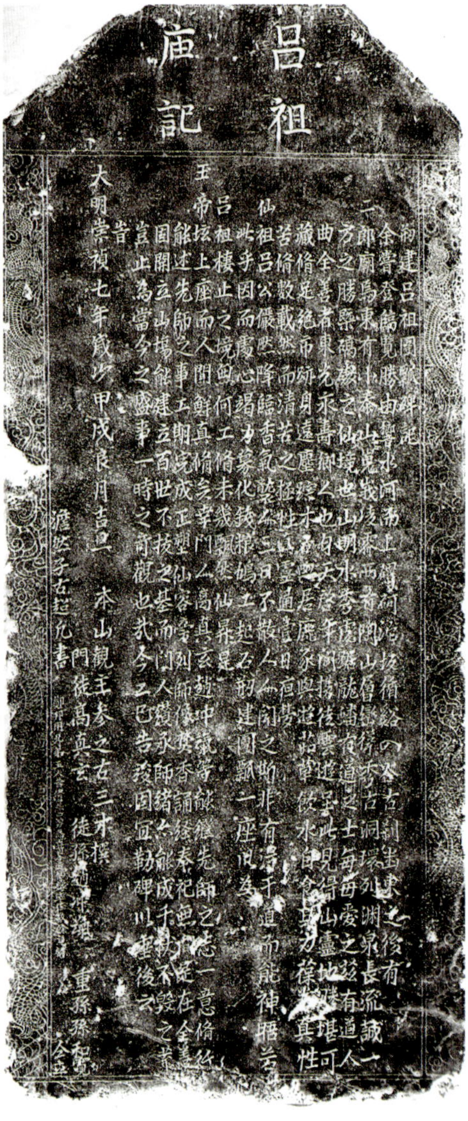

明崇祯七年创建吕祖团瓢记碑拓片

时」大明崇祯七年岁次甲戌良月吉旦。

本山观主参之古三才撰」。

门徒高真玄、徒孙赵冲飖、重孙孙和宽」

澹然子古超凡书。

郑邦用兄弟五人，昔修皇宫，曾为百首，今造仙像，率侄数余兼镌。仝立」。

碑阴：

【题名略】

赡庙地九段，共地五十亩，所征粮地九亩。天启年□□□地两契，使银八两，又崇祯年买地四契，使银□两□钱」。

以孙□□宅舍树木，不许偷□盗卖，有人协降到官。如有毁坏碑文，依律问罪，碑记为证」。

混元郝祖门下宗派：

至一无尚道」，重教衍全真」。冲和德正本」，仁义礼智信」。

全善、真玄、冲飖、和宽」。

明崇祯五年门楣题刻

题刻为纯阳宝殿门楣，明崇祯五年(1632年)刻。

大明崇祯五年吉日立」。
纯阳宝殿」
大明甲戌年完工」。

明崇祯五年门楣题刻拓片

长清路口

明嘉靖十三年修路摩崖石刻

摩崖石刻位于吕仙村以北长清路口东侧崖壁上，字迹漫漶，明嘉靖十三年(1534年)刻。西侧刻面高约50厘米，宽约60厘米，字径4.5厘米。中间刻面高约180厘米，宽约120厘米，字径8厘米。东侧刻面高约70厘米，宽约50厘米，字径6厘米。

(上残)大明嘉靖十三年正月吉日(下残)」
同(下残)」
张梁」，助工□□□□」张□」张□、□□」、助工人□□□□□」张□」

明嘉靖十三年修路摩崖石刻及局部拓片

清光绪十二年修路碑拓片

清光绪十二年修路碑

碑在吕仙村以北北山口东侧路边，清光绪十二年（1886 年）立。碑高约 115 厘米，宽约 58 厘米，厚 17 厘米。

陶山西岭口有古路两条，至今崎岖难」行。兹因此地有干槐树一株，共议伐去」，作价京钱五千，因以修千万人往来之」路，以为方便，又栽柏树三十株，以充胜」境。愿勒诸碑以垂永远云」。

冯家庄、吕仙村、黄鹂泉、李家庄、张家庄、五眼井公议」。

大清光绪十二年孟春吉旦立」。

增修陶山西岭口记残碑

碑在吕仙村以北北山口东侧路边，已断为两截，左上部立碑年代缺失。因碑中镌刻石匠“赵河滨”与洞灵观残碑石匠“赵合宾”疑为同一人，又洞灵观残碑推测为明万历末期刻立，而此碑落款有“癸丑”字，结合洞灵观残碑题名及干支信息等，推测此碑立于明万历四十一年(1613年)。碑通高186厘米，宽约68厘米，厚约17厘米。

增修陶山西岭口碑记」

陶山嵁岩，距肥之西、平阴之东相去若三十里，而」有古迹一径，名曰西岭口者，盖自历唐虞以迄于今，其」前为登岱之孔道，其后为孝里感化等处之要径是」也。凡往来输纳必不能越此而逾之焉。则西岭一口」险阻大甚，历见由是过者莫不畏其崎岖而兴叹焉。」乃有乡耆王进守目视不忍，自欲修整，其功浩荡，遂」请乡众义输资财，其功遂举。黄鹿泉住持刘广成募」缘鸠工，乞化诸方高贤，同发赤诚，大为增修，上下砌」以石盘，沿边助以女墙。功始于正月初旬，成于四月」□旬，时序未久。昔之险者，今且平矣。昔之难者，今且」□□。往来攸利，讵不大可造于斯人也哉。而此路之」□□□□之余也。名自不可□□□，故为之记而系」□□□□□曰：惟彼陶山，气象岩岩，西岭一口，道路」□□，□□□斯，建此石盘，万世永赖，功业绵绵」。

【题名略】

(上残)癸丑孟夏吉旦，榆山庠生张□□撰文，竺陵观(下残)」。

增修陶山西岭口碑记残碑拓片

三尖洞

明正德十年三尖洞摩崖石刻

摩崖石刻位于三尖洞洞口内西北壁，明正德十年（1515 年）刻，额题“三尖洞”。

肥城县西去三十里陶山古三尖洞，伏名山大刹，罕有人居，惟僧可」住。今有比丘僧江允、洞主普崇，乃俱系本县，自幼出家，努力求释，□」长峥嵘，光杨祖道。居此数年，道行坚，故以修持为心，诵经为事，四□」乡老靡不重厚。近岁有善人王奉将卖女财礼造石」佛三尊，上祝我」朝皇图永固，万寿无疆。启后人作福者有所托焉，是为记」。

正德十年八月十日吉日完」。

【题名略】

造佛石匠赵原，男赵成、赵昇」。

明正德十年三尖洞摩崖石刻

洞灵观

隋王通洞灵观摩崖石刻

摩崖石刻位于洞灵观遗址西北山坡下，镌刻年代不详。刻面高约50厘米，宽约90厘米，字径25厘米。

洞灵观」
隋王通书」

隋王通洞灵观摩崖石刻拓片

岩岩摩崖石刻

摩崖石刻位于洞灵观遗址西北山坡下，无镌刻年代。竖题，刻面高约70厘米，宽约35厘米，字径30厘米。关于此题刻，光绪《肥城县志》载："岩岩二字，陶山东峪摩崖，无年月，澹然子书。"① 另据《肥城县古氏族谱》记载："璋，字超凡，号澹然子。创修吕祖团瓢碑书，陶山东崦书岩岩二字。在县志。"② 吕仙村有明崇祯七年(1634年)创建吕祖团瓢记碑，为澹然子古超凡书。

岩岩摩崖石刻拓片

① 光绪《肥城县志》卷二，清光绪十七年刻本。
② 《肥城县古氏族谱》，1962年抄本。

因此“岩岩”摩崖石刻为古超凡所刻，刻立年代应在明崇祯前后。

岩岩」
澹然子」

民国十一年洞灵观摩崖石刻

摩崖石刻位于洞灵观遗址西北山坡下，民国十一年(1922 年)立。横题，刻面高约 80 厘米，长约 164 厘米，大字字径 46 厘米。

民国壬戌清明节」
洞灵观」
霞村曹宗翰题」

民国十一年洞灵观摩崖石刻拓片

洞灵观残碑

碑在洞灵观遗址大门台阶处，残存下半部，刻立时间缺失。据碑中道士传承字辈，结合全真道宗派传承资料，推测此碑刻立于明万历末期或之后不久。碑残高 52 厘米，宽 55 厘米，厚 15 厘米，字径 3 厘米。

(上残)疾，祷之应验。今庙宇不蔽风雨，恐其」(上残)好善。住持潘全真潜心炼性，二人每」(上残)砖瓦木料等物，全□弟子常才募缘」(上残)落成本年四月中至于施财修造善」(上残)无穷。古云福善祸淫诚神握其柄」(下残)

(上残)徒弟：唐常玄、刘常才、张常存、杜常忠、杨常京，徒孙：周守静、小宝童」。

镌字石匠：赵合宾」。

【碑阴题名略】

洞灵观残碑拓片

八仙洞

清宣统三年重修八仙洞记碑

碑在八仙洞前部东侧，由两通碑组成，清宣统三年（1911 年）立，额题“万古流芳”。碑高 140 厘米，宽 151 厘米，厚 18 厘米。碑文字径 3 厘米，题名字径 2 厘米。

重修八仙洞碑记」

自混沌开辟，三皇五帝治国，以仁民爱物为主；圣贤化世，以五常八」德为先；佛仙渡人，以感应慈悲为念。三教渡世，著经垂卷，传流后世」，普渡万古，欲人遵行，修身同返本，而归原始者也。乃人心不古，伦理」背谬，片善不作，诸恶奉行，如此世风颓败，上动天怒，于是众劫下降」，水火淹旱，刀兵四起，瘟疫流行，等等不一，欲削平世界，扫荡坤乾，而」另立治也。乃无生不忍，民遭涂炭，命三天共议，三教皈一，佛仙圣神」，万法道祖，借乩笔飞栾开化，删邪说，黜异端，判真伪，明正道，传丹经」，著传真，讲九转，天机尽泄于米盘内也。愿天下善男信女，笃行善道」，修养身心，炼己三宝，九转丹成，同朝无极光天也。所以众祖不惮劳」烦，临坛垂训，普渡尘寰。因此化出众善，俱有清幽潇洒，散淡优游之」意。时至清明佳节，欲入山赏景，见陶花诸山，峦峰巍巍，直冲霄汉，峻」岭峨峨，齐射斗牛。壁陡悬崖，有岩堂七二，山青水秀，真海阔天空。盘」石高歌，山鸣谷应，松柏苍翠，百鸟喧鸣，奇花异草，满山芬芳，韶光飘」渺，遍地氤氲。虽不是胜景福地，蓬莱、瀛洲亦不过如是者也。不但范」蠡、邱真隐此了道，即佛仙慕此清幽，亦欲避静者也。于是东大封设」坛扶銮，我吕仙借乩分派杨丰俊与丰明等，修整山洞殿宇，塑」王母、南极天官、八仙、九天仙女并灵官、玉皇圣像也。功已告竣，又与清」和坛、理门共议，重修女娲、太上、观音、天仙、文昌、山神、土地神像，焕然」一新。神之幸甚，人之幸甚也。吾纯阳奉」上帝之命，临坛借乩敬撰，永垂不朽云尔」。

徐崇丰、马永璋书丹」。

【题名略】

宣统三年岁次辛亥桃月上浣榖旦立石」。

清宣统三年重修八仙洞记碑拓片

民国十四年重修王母□残碑

碑在八仙洞前部东侧，民国十四年(1925年)立，额题“重修王母□”。左上角及左下部残缺，残碑高约103厘米，宽72厘米，厚19厘米，字径2厘米。

民国十四年岁次乙丑暑月上浣穀旦立石」。

【题名略】

民国十四年重修王母□残碑拓片

明天启六年小兜率摩崖石刻

摩崖石刻位于八仙洞洞外东侧崖壁，明天启六年(1626 年)立。刻面高 42 厘米，宽 86 厘米，大字字径 24 厘米。

天启六年四月初五日到此一览」。

小兜率」

朱延禛题」。

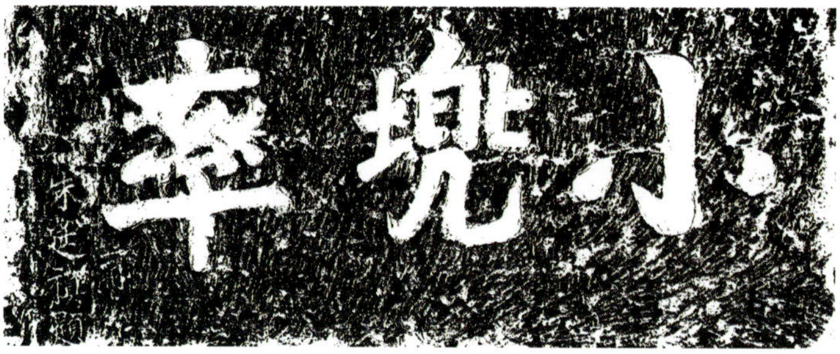

明天启六年小兜率摩崖石刻拓片

玉皇洞

唐景福三年摩崖石刻

摩崖石刻位于玉皇洞前部西壁，唐景福三年(894 年)[①]刻。摩崖石刻左侧有观音像一尊，无镌刻年代，根据题刻内容“遂发愿……菩萨像一躯”推测，观音像应与题刻同时镌刻。

陶山前申村清信弟子贾詈，于」景福三年正月十三日被汴」军奔趁，将家到此仙洞中避」难，骨肉得存，伏缘从前累经」草寝，非不一年。遂发愿于仙」洞中镌石壁，成造救苦观音」菩萨像一躯，并镌石壁一百一」十字以记于后代，普愿来避」难者虔心供养，并得离苦解」脱。功德主贾詈以记于后代」。乡贡进士武知洪书」。

香花供养观音(下残)」

① 景福三年正月初十，唐昭宗改元乾宁，以景福三年为乾宁元年。

唐景福三年摩崖石刻拓片

观音造像拓片

宋建炎元年题刻

题刻位于玉皇洞前部西壁观音像像龛北沿，宋建炎元年（1127 年）刻。

建炎元年李遇□」

明万历三年佛洞记摩崖石刻

摩崖石刻位于玉皇洞前部西壁，明万历三年（1575 年）刻。

佛洞记」

玄元圣祖，广开众妙之门，接引修习之径路。万方设教，会四海」之云朋；处处兴缘，聚三山之霞友。上古圣人，垂世立教，无非」引人入于善也。有山东济南府肥城县西三十里，名曰北申」社，陶山以东，幽东寺北边，有上水庵古迹」，玄帝庙威灵之宫。迤东

宋建炎元年题刻拓片

北有佛洞一处，正南王祥寨，西有三间」洞，神李琦鸾王之处，春秋时范蠡归湖所居，隐藏之机，乐此」为妙，修道者也。艺文志论天下名山洞府，得道神仙公馆，□」道近矣。修道之士，□世隐者，往往据之。三教圣贤，千经万典」，忠孝为先。有一贫道，姓张名自玉，跣足鬅头垢面，身边挂缕」，云游到洞，见山景清趣，人烟绕远，路径崎岖，恋此修命养性」。夜诵经文，日间抱地，栽种杂果，树株遍山，食吃野菜、黄精，清」虚冷淡，寂寞苦行。三年化愚成贤，托愿十方，洞中创建殿宇」一所，众家发心，造」玉帝、三官，一堂完满，共成善事，千古流名，万代不朽，开列于后」。

【题名略】

薛道光宗派」：

道德真演礼，清希守自然。广通明复信，庆贺永安居。

住持张自玉，徒弟：王然堂、王然登」、高然云、尚然霄」、赵然柏」。

大明万历三年七月吉日立。誊写人：王朝用，木匠：葛大用，石匠：翟天洪」。

明万历三年佛洞记摩崖石刻拓片

明万历二十九年张自玉摩崖石刻

摩崖石刻位于玉皇洞外南侧东崖壁上，明万历二十九年（1601 年）刻。摩崖呈碑状，螭首龟趺，部分碑文已漫漶不清。通高约 332 厘米，通宽约 146 厘米；底座高约 45 厘米，碑首高约 90 厘米；刻面高约 197 厘米，宽约 108 厘米，字径 3 厘米。

□钟离□□误将洞宾抛却仙□（下残）人张子阳□□真篇炼金丹□□□药□□□□□」□道大开□□书广开众妙之门（下残）山之霞友处处兴缘上代古□□世无非□□□□」前人为□，三教圣贤，忠孝为先。今据（下残）」山东济南府肥城县治西张家店迪北（下残）贫道姓张名自玉，鬅头跣足，身边□缕，□游到洞，睹（下残）」此山景人缘遥远，路迳崎岖，可隐修道（下残）地□□□□树株□吃野菜□□□虚冷淡，苦」□三年，化愚成贤，众善发心，欣舍资财□（下残）□先修三清宫玉皇殿，次修□□行宫救苦十王殿，圣像皆全」，俱各完备，绘饰鲜明，视昔尤加灿然新

明万历二十九年张自玉摩崖石刻拓片

□(下残)□□善哉尚其(下残)曹应科」

【题名略】

薛道光宗派:

道德真演礼,清希守自然。广通明复信,庆贺永安居。

张自玉、李□□,徒弟:张然古,王然堂,高然云,王然利」。

大明万历二十九年岁次辛丑季秋月吉旦。撰字人:张懿典。张翫头开山,号苦行子」。

鬼斧神工摩崖石刻

摩崖石刻位于玉皇洞洞口上方,镌刻时间不详。

鬼斧神工」

□□□□」

馆陶耿周光」

鬼斧神工摩崖石刻

娲皇庙

清同治十一年娲皇庙门楣题刻

题刻为娲皇庙三间大殿门楣，清同治十一年(1872 年)刻。中间为“娲皇殿”，东侧为“文昌”，西侧为“山神”。

大清同治十一年」
娲皇殿」
壬申暑月立」
文昌」
山神」

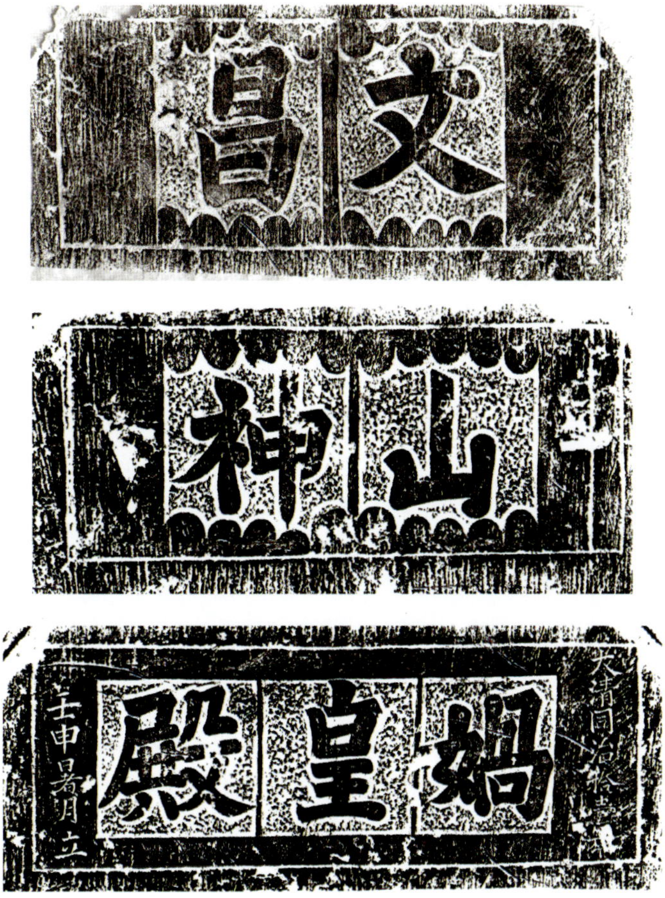

清同治十一年娲皇庙门楣题刻拓片

阴阳井

民国十一年疏浚古井摩崖石刻

摩崖石刻位于娲皇殿东侧、阴阳井南侧岩石上，民国十一年(1922年)刻。刻面长约220厘米，高约130厘米，字径8厘米。

小太山百果树下女娲祠」侧，旧有古井一座，岁久失」修，为石所掩，每登临到此」，辄周慨然。壬戌，时在该山」创兴林业，需水孔殷。爰商」同邑侯曹公霞村，酌提公」款鸠工移石，重行浚斫，籍」资灌溉于山中，风景亦不」无点缀，高谷韵幽，瀹茗歌」吟，游览尤便。兹特略述颠」末，涂鸦壁崖，异日森林葱」郁，同仁等摩挲井畔，无忘」饮水思源。是则余之所厚」望也已。

瑞亭于培祥勒石，监修：于培祯、张继祥」。

中华民国十一年九月」。

民国十一年疏浚古井摩崖石刻拓片

吕祖训语摩崖石刻

摩崖石刻位于娲皇殿东侧、阴阳井南侧岩石上，镌刻时间不详。

吕祖训语」

东离洞门四丈长」，乱石以下藏古方」。

百年青春三代远」，而今可在泰谷嶂」。

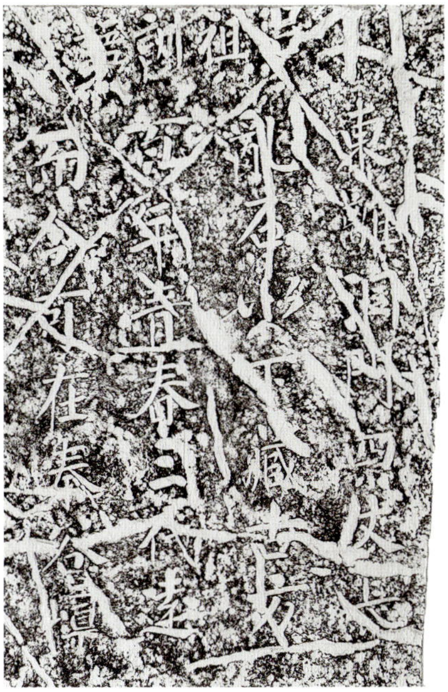

吕祖训语摩崖石刻拓片

碧霞宫

明万历十八年修整神像碑

碑在小泰山碧霞宫西侧墙壁上，明万历十八年（1590 年）立。由两通碑组成，北侧一通长约 55 厘米，高约 44 厘米。南侧一通长约 86 厘米，高约 43 厘米。字径均为 2.5 厘米。

肥城古郡鸾台迺西三十里」，地名北申社，迤北小泰山」，起盖娘娘行宫于万历元年」。因为灾疾不安，发心修整神」像，得佑平安，不负前頋。弟子」张自玉发心修盖完满，缴还」愿心。盖闻永寿二年三月」初三日，□王屋洞天，集诸」仙众，大会说法。忽东祥云瑞」霭，异味馨香，仙音嘹亮，采珣」层旛，鹤驾羽骆，执扇晶帘，将」临法所。驻驾习云，帘卷扇膍」，现一女仙。云肩羽衣，绣霞裙」，登云珠履，百宝翠冠。从容迓」步，径诣道前，禀珪长跪，上白」曰天尊曰："臣者，西天方教斗母」，精运元气，发现金连，化生吾」身。归隐岱岳，修炼年久，意」如初与。幸逢正果功成，道会」感蒙保奏。"受敕天仙玉女」碧霞元君护世弘济真人。永镇泰」山，助国裕民，济厄救苦，赏功伐」罪。重若天仙，敕封玉女，护世威」严。神兵时卫，鬼官俟宣。诛锄奸盗」，扶厄济险。平治水火，天地齐年。何灾不」减，何福不迁？遵承帝命，永结绵绵。包」含岱岳，玄之又玄」。

【题名略】

薛道光宗派：

道德真演礼，清希守自然，广通名复信，庆贺永安居。

【题名略】

万历十八年修，起工完满」。

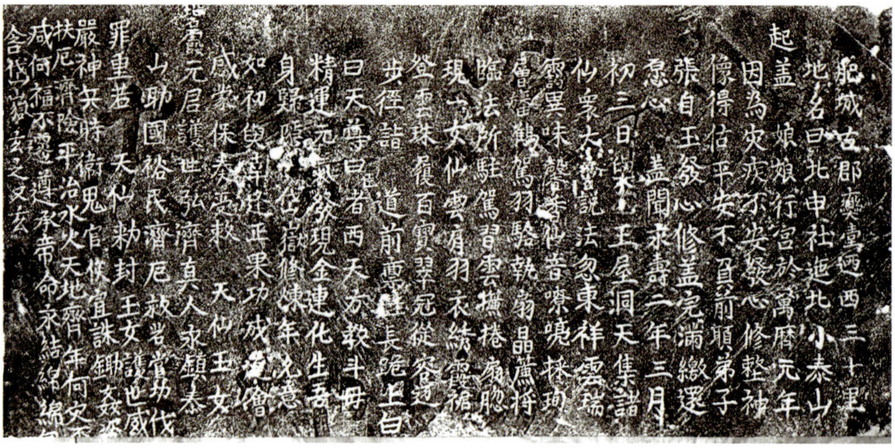

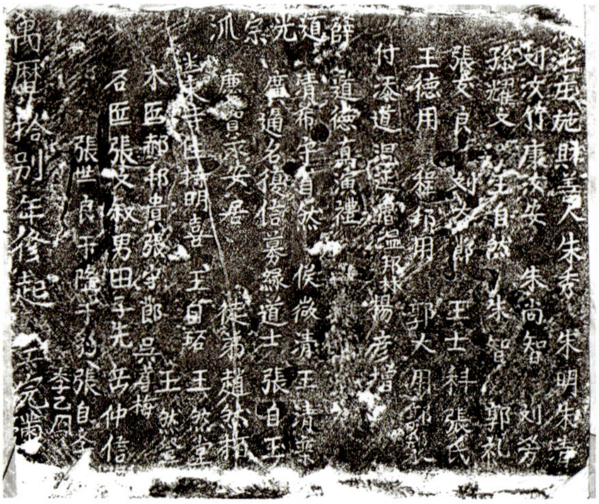

明万历十八年修整神像碑拓片

碧霞宫题名碑

碑在碧霞宫西侧殿门两边，左右各两通，共四通。门西侧两通长约65厘米，高约44厘米，字径3厘米，其中外侧一通部分被石柱遮挡。门东侧两块长约60厘米，高约30厘米，字径2～2.5厘米。根据碑的形制与碑文字体，应与明万历十八年(1590年)修整神像碑刻立时间相近。

【题名略】

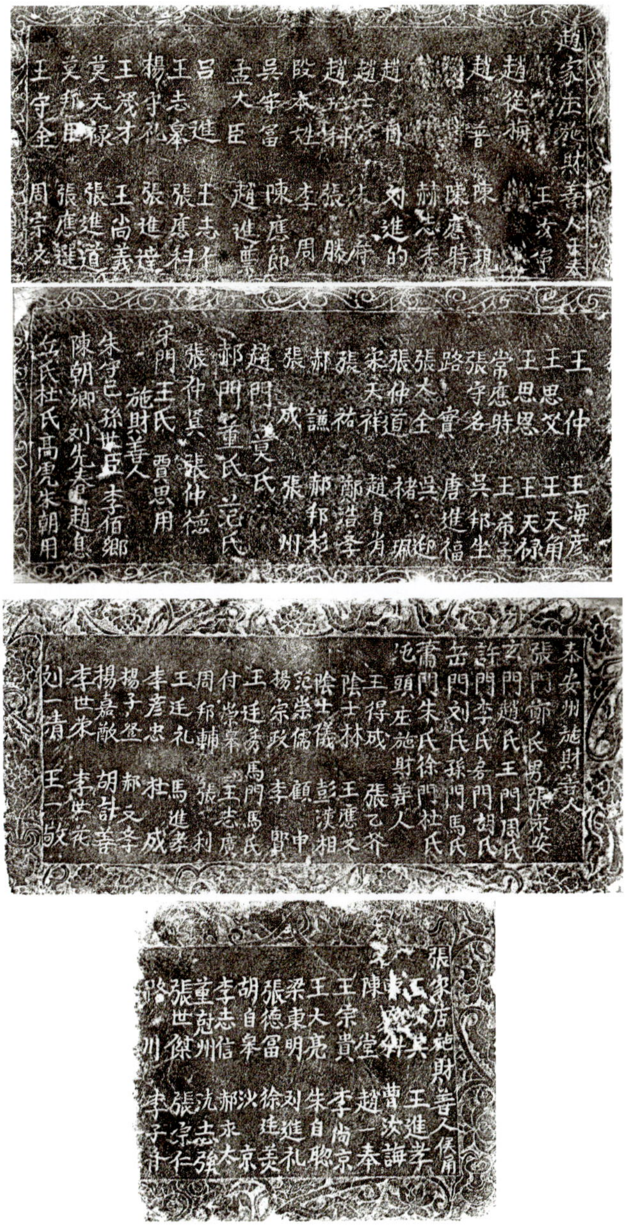

碧霞宫题名碑拓片

民国二十九年修补行宫记碑

碑在小泰山碧霞宫大门台阶下南侧，民国二十九年（1940 年）立。碑高 123 厘米，宽 61 厘米，厚 14 厘米，字径 3 厘米。

民国二十九年修补行宫记碑拓片

修补行宫碑记」

小岱山，泰山之枝脉也。古人爱其俊秀，遂修」（上残）圣母行宫于此焉。惜其殿宇狭小，未免风雨摧残；墙宇矮」甚，未免凭眺危险；庙院无门，未免不壮观瞻。而曹君秉山」等有鉴于此，乃邀同诸位善士，竭力劝募，竭力监督，遂修」抱厦、长院墙，建山门，以致诸敝悉泯。今已告竣，特将乐捐」善男信女姓名勒石，以资永垂不朽云」。

【题名略】

中华民国二十九年花月上浣榖旦」。

【碑阴题名略】

莘桐张云岫撰文。」

□□马金声沐手敬书」。

民国二十九年信众施石柱

石柱在碧霞宫殿前，共八根，为抱厦立柱，民国二十九年（1940 年）刻。对联题刻在石柱南侧面，共四副；题名题刻在石柱其余三个侧面。

碧落千层元气半照肥邑」，霞光万道君民共仰泰山」。

五老同心造出婆娑世界」，三清一体静修自在之天」。
仙佛频来可云洞天福地」，人神共羡堪拟蓬岛瀛洲」。
泉美林秀何处再觅佳境」，水抱山环此地即是蓬莱」。
【题名略】

民国二十九年信众施石柱拓片

民国二十九年碧霞宫门楣题刻

题刻位于碧霞宫抱厦上方，无镌刻时间。根据门楣所处位置，应与碧霞宫抱厦石柱同时刻立，即民国二十九年(1940 年)刻。中间题“小洞天”，东侧题“五行一气”，西侧题“三元同心”。

五行一气」
小洞天」
三元同心」

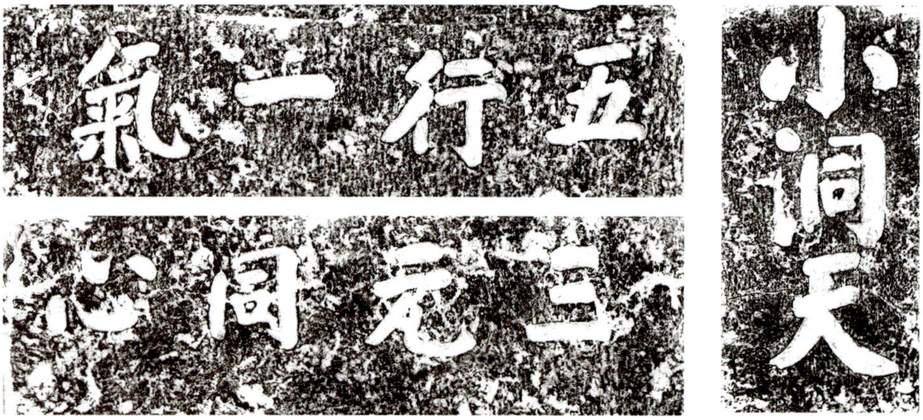

民国二十九年碧霞宫门楣题刻拓片

题名碑

碑在碧霞宫山门外路边，两侧均已漫漶，无法辨识。

题名碑拓片

灵官殿

清同治八年创修小泰山灵官庙记碑

碑在小泰山碧霞宫西南约200米处灵官殿前，清同治八年(1869年)立，额题“万古流芳”。碑已断为两截，左侧中间有缺失部分。碑高186厘米，宽71厘米。拓片缺字根据肥城市博物馆馆长王新华留存照片补录。

创修小泰山灵官庙碑记」

府学庠生路同信撰文」。

平邑监生张衍刚书丹」。

小泰山，东岳之支山也，其神为」玉皇上帝、天仙圣母。云起肤寸，雨降崇朝，一方蒙庥久矣。咸丰辛酉，南逆北犯，方」民避难于此，贼欲搜山，突出云雾，雷石飞空，南逆退避，屡次皆然。又于白果」树下得井泉，可活数万人。方民得以无恙，皆神灵保护之力也。方民感灵，纠」众出资，创修灵官圣殿，聊报神庥于万一。功竣立石，以志其事」。

【题名略】

大清同治八年岁次己巳□月初六日立」。

【碑阴题名略】

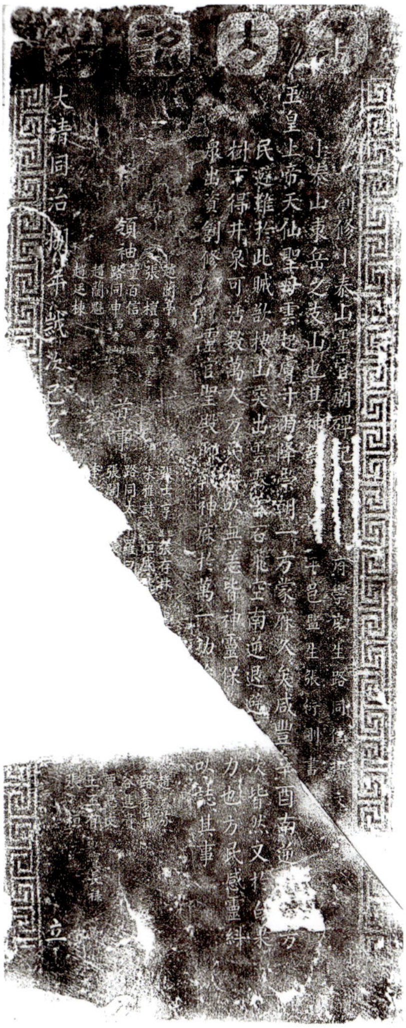

清同治八年创修小泰山灵官庙记碑拓片

五福观

清嘉庆十三年重修五福观记碑

碑在关王殿村村南水库西侧居民院内，清嘉庆十三年(1808年)立。额题“流芳奕世”。碑高182厘米，宽65厘米，厚14厘米。

重修五福观碑记」

余未读《搜神记》，不知干宝所著亦有五福之神否耶。但据《尚书·洪范》篇云，一曰寿，二曰富，三曰康宁，四曰攸好德，五曰」考终命。其中可自主者，惟攸好德耳，其余则均赖神之锡予焉。此」五福之神所由来乎？陶山之东有五福观，群峰环抱，清流萦绕，固肥邑胜地也。创自有明，万历钦工，阅二百余年香火不绝」。但岁久为风雨剥蚀，而正殿、前殿与山门俱已倾圮，见者伤之。幸有本乡善士贾培诚、赵铎等，率住持道人姜教文」广募四方，积蒉土以成山，集狐腋而为裘，不两月而三庙告成，若有神助焉。第见翚飞鸟革，殿宇辉煌，镫铉鞺鞳，钟」鼓铿锵，士女报赛，俎豆馨香，而五福来临，宁不降福无疆也哉？既乃以序嘱余，余本固陋不文，但忝在事中，义不容」辞也。因将总理与施财者悉刻于石，以垂不朽云。

撰文庠生赵大昱，书丹王福临」。

赐进士出身任山东肥城县正堂黄洙」。

江西吉安府泰和县正堂□毓瑭」。

候选布政使司理问厅朱士吉」。

【题名略】

大清嘉庆十三年岁次戊辰梅月吉旦立。铁笔匠人：陈万林、马良嗣。主持道人：王本柱、陈永明」。

【碑阴题名略】

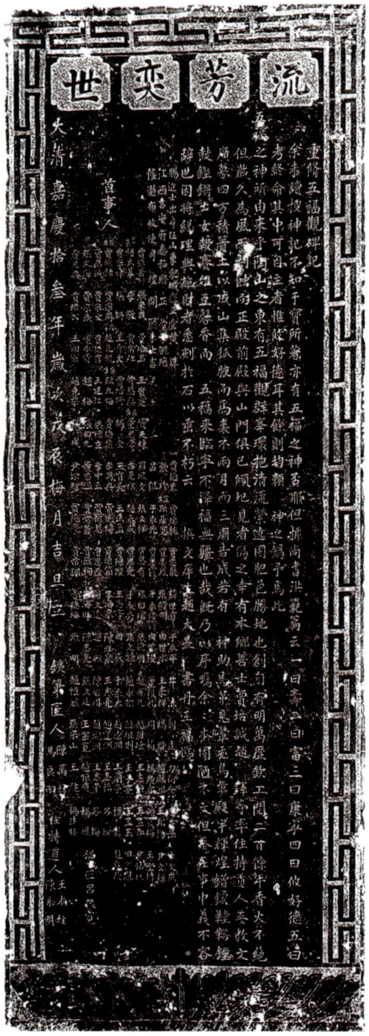

清嘉庆十三年重修五福观记碑拓片

陶阳泉

清乾隆四十四年听泉残碑

碑原立于纯阳宝殿西南侧河西岸，后移存吕仙村村委大院东，刻立时间缺失。据光绪《肥城县志》记载，此碑为清乾隆年间(1736～1795年)朱其镜篆刻，现仅存下半部。据碑落款“岁次己亥”，应为乾隆四十四年(1779年)刻。

(上残)岁次乙亥孟冬□日」

听泉」

清乾隆四十四年听泉残碑拓片

清嘉庆十三年泉响云飞碑

碑原立于纯阳宝殿西南侧河西岸，后移存吕仙村村委大院东。清嘉庆十三年(1808年)立。

嘉庆十三年岁次戊辰八月中秋」。

泉响云飞」

竹园朱泰基题并书」。

清嘉庆十三年泉响云飞碑拓片

陶山植树

民国十年植树产权残碑

碑在幽栖寺后院，上下部各有残缺，民国十年（1921 年）立。

（上残）树艺公司于宣统二年开始栽植，共计成活柏树：虎头崖暨（下残）」（上残）三百四十九株；自头号峪至二号峪二百一十二株；自簪子（下残）」（上残）□峪顶一千零八十八株；阎王鼻六十九株。共计一千柒百（下残）」（上残）□惟是段落纷歧，与民间私有树株毗连交互，恐代远年湮（下残）」（上残）除当时业经呈请备案外，兹特注明区域，指定数目，勒石（下残）」（上残）久远而昭来兹。

经理人：吕登岩、荣岱峰、吕昌戊、孙兆文。

【题名略】

（上残）国拾年花月□旬谷（下残）」。

【碑阴题名略】

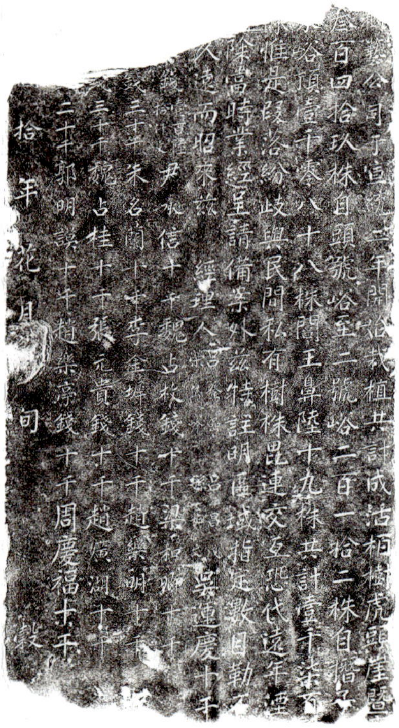

民国十年植树产权残碑拓片

民国十一年实业育森摩崖石刻

摩崖石刻位于八仙洞以东崖壁上，民国十一年（1922 年）刻。摩崖石刻分为两部分，东侧刻“实业育森”四字，刻面高 90 厘米，宽 90 厘米，字径 38 厘米。西侧刻“实业教育森林”及题名，刻面高 260 厘米，宽 150 厘米，大字字径 42 厘米，题名字径 7 厘米。

实业」育森」

肥城县知事曹宗翰，率同士绅：王仲五、吕登岩、阴炳焕、孙毓麒、李金犀、于培祥、耿梦龄、张凤翙」。

实业教育森林」

民国十一季清明植树节镌。经理人于培祥、王仲五，种植人于培祯、张继祥，铁笔潘庆元」。

民国十一年实业育森摩崖石刻

民国十三年植树碑

碑在陶山景区陶山居大院内，民国十三年(1924年)立。

民国十三年植树碑拓片

荒岗一区，昔李安居先生所置茔地也。后卜之不吉，卖于杨君思孝筑」室避难。十余载后，其孙宝元又卖于五人社。遂栽柏树三百二十株，其」间旧有柏树七八株，卖钱二百余千，社友又攒钱二百吊，筑平房四间」，为子孙读书之所，起名“积金堂”，取一寸光阴一寸金之意。此余昔年读」书于祠，纠合五人之所为也。界址清楚，南至凤凰嘴，北至石头坟，西至」水甕，东至沟底。东南角旧为李君昌庆所有，后卖于吕君品山。迄今众」木成林，蔚乎苍苍。迁客游人多休息于此，诚胜地也。遂援笔以记其巅」末，以志一时之浮踪云尔。

张启昂撰文」。

张温恭书丹」。

社友：张启昂一分半、张启沃一分半、于序荣一分、柏树给其侄秉富、秉□十分之二、张洪骧一分、张中清半分」。

民国十三年三月上浣穀旦」。

其他

范蠡归湖处碑

碑在范蠡祠院内，原立于西湖村，后移至此处，刻立时间不详。碑阳额题“永垂不朽”，碑阴额题“万代阴功”。碑阳下方及碑阴字迹漫漶。

范蠡归湖处」

归湖遗迹在陶山西幽栖」寺北，有遗墓碑记是也」。

【题名略】

【碑阴题名略】

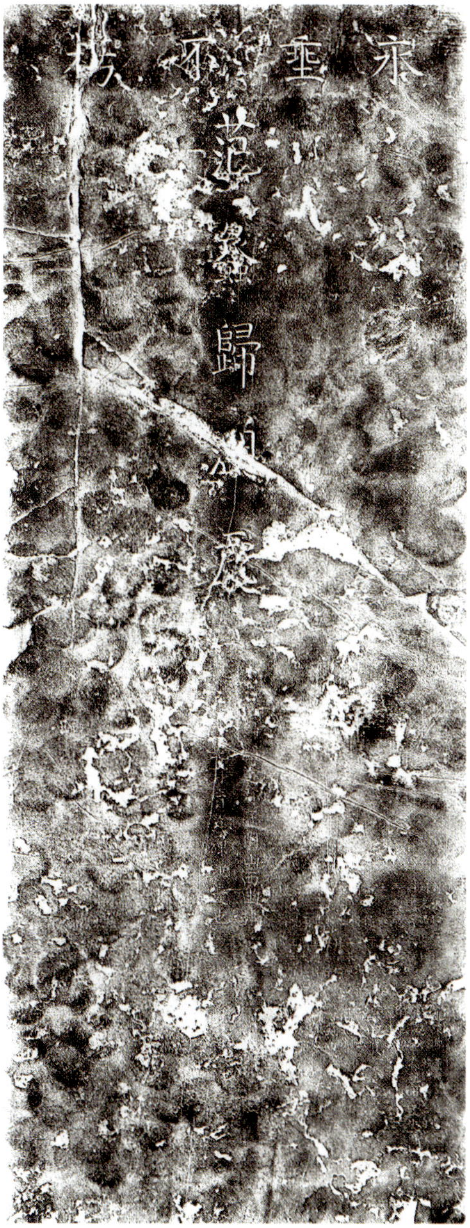

范蠡归湖处碑拓片

清康熙五十一年玉帝行宫重修大殿并钟楼记碑

碑在范蠡祠院内，清康熙五十一年（1712 年）立，额题“永垂奕世”。碑原在张家店村天齐庙，后移至此处。

清康熙五十一年玉帝行宫重修大殿并钟楼记碑拓片

重修大殿并钟楼记」

肥邑乃磝碻郡也，治之西三十里许，有陶山，春秋时越少伯范蠡所隐之地，公之坟墓在焉。陶之阳有张家店，西通山陕，东连海」岱，巨镇也。店之东里有」昊天金阙玉皇上帝行宫，创始无考。于明永乐有李公讳科本，系明朝太守，捐俸重修。历至嘉靖五百余年，复有本里善人邹宗儒」纠众重修。迨至明末兵荒频仍，庙貌不无风雨□雀之患敝。于本朝丙寅，有本地善人吴光裕发心重修。奈工费浩烦，一木难支」，复纠同志共襄厥工。神像重金，较前大为改观矣。连年少丰，每至正月初九日，恭逢」玉帝圣诞，建醮、设戏、献供，聊报神功之万一。庙祝焚修，晨夜讽诵，所缺者，虽有钟簴，无楼以悬之。有本庙住持僧人普泰，捧疏募化，附」居善信各输己财，鸠工启建，不愈月而告成，遂勒石以志之，永垂不朽云」。

【题名略】

时」康熙五十一年正月初九日吉旦」。

住持僧人普泰」，石匠李世长、李弘杰同立」。

第二节　已佚碑石

幽栖寺

优婆夷阿刘造石浮图铭碑

碑今已佚。关于此碑，光绪《肥城县志》将之附于唐末，云："优婆夷阿刘造石浮图铭，在陶山幽栖寺后，无年月，疑是宋以前制。姑附于此。"①《唐文续拾》根据文义，推断刻于唐末，其载："此铭见《肥城县志》，无年月，谓是宋以前物。玩其文义，当为唐末人作。"②据北京大学图书馆藏优婆夷阿刘造石浮图铭碑侧题记拓片，上刻"维大唐开元八年岁次庚申二月甲申朔八日辛卯"，又因"浮图主张令臣"等十余人题名以及末行"令臣母王合家供养"等内容全文未提及阿刘之名及造浮图事，推测碑阳《阿刘造浮图记》与碑侧《张令臣供养记》并非一事，即《张令臣供养记》是附刻于阿刘造石浮图之上。《张令臣供养记》的镌刻年代为唐开元八年(720年)，因而阿刘立浮图时间应早于此时。③ 今据北大图书馆藏拓片录文。

窃以法流湛寂，窥之者莫知；妙道疑玄，仰之者无尽。启津梁之大路」，火宅消炎；静尘界之袄氛，烦河息毒。有清信优婆夷阿刘，为亡过」夫、亡过男，在禅院内敬造七级浮图一所。前瞻古堞，梁妻大哭之城；却背」孝堂，郭巨埋金之地。西临驲驿，共飞云而竞远；东望天孙，耸崇岩而切」汉。罄喉中之玉粒，市石荆山；尽箧里之琼□，遴工郢邑。雕□已毕，镂刻方」成，涓日差时，树之胜地。晃晃朗明，浮空直上，□丹霞而暵仙掌；岧岧峣」峣，独出干霄，入紫□而拂星桥。其颂曰：

巍巍宝刹，高余海碣。嶷嶷攒空，独秀」园中。金轮照日，玉铎吟风。云衢翳鸟，天路留虹。丹青克妙，态巧无穷。其一

嗟乎亡」者，福田斯擅。托生上品，超然西国。法起四缘，尘消六贼。长

① 光绪《肥城县志》卷二，清光绪十七年刻本。

② (清)陆心源辑：《唐文续拾》卷十三，清光绪十四年陆心源刻《潜园总集》本。

③ 参见周郢：《陶山历史文化系年》，《左丘明文化》2016年第2期。

辞欲海，永归弥勒。其二」

武周石浮图记碑

碑今已佚。关于此碑，光绪《肥城县志》言："陶山幽栖寺石浮图记，漫灭已甚，年月适缺，惟文内天作𠀑、地作埊、日作𡆠、年作𠡦，知是武后时物。"①刻立时间应在690～705年。

唐开元六年幽栖寺尼正觉浮图铭

碑今已佚。中国国家图书馆藏拓片，今据拓片录文。

幽栖寺尼正觉浮图铭」

夫登涅槃山者，要冯戒足；入佛法」海者，必藉慈航。幽栖寺尼正觉，□」香叆馥，定水澄清。润三草而布慈」云，警四生而雷法鼓。不谓三龙从」毒，荫宅将危；二鼠挻灾，忧残意树」。遂即倾天秘宝，构此蜂台；竭地藏」珍，将营雁塔。其塔乃岧峣入汉，与」玉兔而争晖；嵬嶪侵云，共金乌而」合曜。即愿危藤永茂，朽树长春，睹」遣情尘，闻销意垢。其词曰」：

晈见顾高，葺此台塔。妍岩疑语，凝」源拟业」。

开元六年岁次戊午七月癸□」朔十五日丁未建」。

唐开元八年张令臣浮图供养记碑

碑今已佚。关于此碑，光绪《肥城县志》言："开元八年张令臣造浮图记，在陶山幽栖寺。"②据题刻内容，此题记为供养记，非造像记，唐开元八年（720年）刻。北京大学图书馆藏拓片，今据拓片录文。

维大唐开元八年岁次庚申二月甲申朔八日辛卯，浮图主张令臣」。

【题名略】

令臣母王合家供养。【题名略】

造像题名碑

碑今已佚。关于此碑，光绪《肥城县志》云："造像题名，无年月，与贞观

---

① 光绪《肥城县志》卷二，清光绪十七年刻本。

② 光绪《肥城县志》卷二，清光绪十七年刻本。

碑、石浮图俱在幽栖寺韦陀殿南墙下。故连记之。”[①]今据袁明英《泰山石刻》照片录文。

□主□略」
□□□□」
寺主万晕宗」
寺主戴黑」

宋元符二年武帝祠石柱

石柱今已佚。关于此石柱，光绪《肥城县志》云：“元符二年武帝祠石柱，在幽栖寺。”[②]宋元符二年(1099年)刻。

宋政和五年李正等建经幢

经幢今已佚。关于此经幢，《金石汇目分编》记载：“宋幽栖寺李正等十八人建幢题字，正书，政和五年七月十二日。”[③]宋政和五年(1115年)刻。

宋宣和三年程宣等施石柱

石柱今已佚。关于此石柱，《金石汇目分编》言：“宋幽栖寺程宣等施石柱题名，正书，宣和三年八月十五日。”[④]宋宣和三年(1121年)刻。

宋宣和四年众善友施石柱

石柱今已佚。关于此石柱，《金石汇目分编》言：“宋幽栖寺众善友施石柱题名，正书，宣和四年六月。”[⑤]宋宣和四年(1122年)刻。

宋宣和四年戴政施石柱

石柱今已佚。根据袁明英《泰山石刻》的记载，石柱在幽栖寺，宋宣和四年(1122年)立。今据《泰山石刻》录文。

---

① 光绪《肥城县志》卷二，清光绪十七年刻本。
② 光绪《肥城县志》卷二，清光绪十七年刻本。
③ (清)吴式芬：《金石汇目分编》卷十之一，稿本。
④ (清)吴式芬：《金石汇目分编》卷十之一，稿本。
⑤ (清)吴式芬：《金石汇目分编》卷十之一，稿本。

平阴县郭内居住戴政(下残)」锦柱一条,戴政、妻赵氏,(下残)」氏,次男狗儿,并男五□(下残)」大娘、二娘、三娘。□(下残)」希、妻孙氏,孙男□时、□(下残)」留儿。

宣和四年十二月□(下残)」

金正隆二年张汝为题名碑

碑今已佚。关于此碑,《岱览》记载:"右碑在殿前阶台西侧,南向,高二尺五寸,广三尺六寸,行书。"[①]碑刻立于金正隆二年(1157年)。北京大学图书馆藏拓片,今据其和《岱览》录文。

同知东平府尹辽阳张汝为仲」宣,缘相验规措场务,道经陶山」,暨平阴令汶上郭好问辩道,阳」谷丞厌次张禋子诚,宿于幽栖」寺。闻山主福超,不惮辛勤,用心」化办,兴修一新,深可嘉尚,因以」书之,庶激后来住持者。正隆改」元岁次丙子闰十月廿有六日」。

正隆二岁仲春二十五日,住持僧惠演立石」。

金大定五年辩道碑

碑今已佚。关于此碑,《金石汇目分编》载:"金幽栖寺辩道题字,行书,大定五年十月初八日。"[②]又光绪《肥城县志》载:"正隆二年辨道亨叔宿幽栖寺记,在幽栖寺,大定五年僧惠沂立石。"[③]碑刻立于金大定五年(1165年)。北京大学图书馆藏拓片,今据拓片录文。

辩道亨叔伏谒」岱宗毕,由方山」、葱郁投幽栖假」宿焉。时正隆丁」丑孟夏上休日」。

大定五年十月初八日,本县都管句当寺住持沙门惠沂立石」。

邑人张彦模刊」。

金大定六年王端卿诗碑

碑今已佚。关于此碑,光绪《肥城县志》载:"大定六年平阴亚令王端卿

① (清)唐仲冕:《岱览》卷三十二,清嘉庆十二年果克山房刻本。

② (清)吴式芬:《金石汇目分编》卷十之一,稿本。

③ 光绪《肥城县志》卷二,清光绪十七年刻本。

幽栖寺诗石刻，在幽栖寺后。"[1]是书于"幽栖寺"条之后附录诗文内容。碑刻立于金大定六年(1166年)。北京大学图书馆藏完整拓片，今据拓片录文。

仅沿公(下残)」山之幽□(下残)」得以历瞰(下残)」虑顿释不□(下残)」谩作芜语□(下残)」山主沂上人(下残)」采瞩。平阴亚令王端卿」。

簿书拘役久低徊，暂届」清凉福地来。水秀山明宽」眼界，尘心茅塞顿然开」。

大定六年十月十九日(下残)管句当寺住持沙门惠沂立石。邑人訾深模刊」。

金大定六年初公塔铭

碑今已佚。关于此碑，光绪《肥城县志》载："大定六年故律师初公山主塔铭：在幽栖寺后。朝奉大夫、骑都尉、汾阳县开国男、食邑三百户、赐紫金鱼袋致仕郭好问撰并书丹篆额，沙门惠沂立石。书法直逼鲁公，又出入徐季海，可宝贵也。"又清陆增祥撰《八琼室金石补正》记载，"幽栖寺广初塔铭：高六尺五寸，广二尺七寸，廿行，行四十七字，字径六分，正书。篆额题'故律师初公山主塔铭'九字。在平阴"，落款为"大定六年岁次丙戌九月初六日，本县都管勾当、寺住持小师沙门惠沂等立石"[2]，并全文录文。今结合《八琼室金石补正》、光绪《肥城县志》录文。

大金东平府平阴县陶山幽栖寺故律师初公山主塔铭

朝奉大夫、骑都尉、[汾阳县]开国男、食邑三百户、赐紫金鱼袋致仕郭好问撰并书丹篆额。

昔东坡居士尝谓：为佛者，斋戒持律、讲诵其书、崇饰塔庙，此佛之所以日夜教人者也。而其徒，或者以为斋戒持律不如无」心，讲诵其书不如无言，崇饰塔院不如无为。此则禅律相攻如矛盾者。曾不知竺乾古先生出法，法要有三，曰：戒、定、惠。戒生」定，定生惠，惠生八万四千法门。故佛以一切种智摄三界，必先用戒，菩萨以六波罗密化四生，不能舍律。如来弟子中称优」波离，善持律，律之用大矣哉。如来灭度后，距今二千五十余年。其间，自汉明已来，像教炽于天下，大都小邑暨名山胜境鲜」不建梵刹而聚缁流，有以见大法之光扬、末俗所归仰也。东平府平阴县之东，有山曰陶山，陶朱公所隐之地，有寺曰幽栖」，唐懿宗重建之刹。历古迄今，主持持律者世不乏

---

① 光绪《肥城县志》卷二，清光绪十七年刻本。

② (清)陆增祥：《八琼室金石补正》卷一百二十四，《石刻史料新编》第1辑第8册，(台北)新文丰出版公司1979年版，第6017～6018页。

人。大师讳广初，姓张氏，濮州范县人也。体识深静，风度端敏，十三岁出家」。至寺遂依谅公，宋政和中剃度，寻受具戒。天资辩慧，讲诵《上生经瑞应疏》，发挥幽赜，使疑者信、堕者勤、增上慢者退。僧风骤」变，佛事勃兴，人皆闻风而悦服。前住持彦公，付以山门事，破屋坏垣，无以庇风雨。师既位处当仁，传授宗主，依山大木，大厦」崇成，僧至如归，受学之众恒不破百数，皆大士也。师之于律义，未尝少懈，后以年迈退□，尚能远念五台、崇敬文殊，谓不可」不行观道焉。于是不远千里，翻然而往，日读华严经累千余部。每遇檀越设供，所获衬施，未尝破用，常积于佛前，偶值阙」斋，乃散于众。卓锡之余，囊无十金。正隆四年十月十日寝疾于床，有大弟子叩以留诫，乃举首宣扬曰："汝等应思，世间万物」无常，有存必亡，慎护佛戒，进善为良。"众方赞叹，奄然示灭，莫不悲啼。感念我大师终始持戒，以此律身，以此告人，孰敢忘其」规范，遂具涅槃威仪，归全于寺之北岗。报年八十，僧腊四十三，弟子二十八人，曰：惠渐、惠清、惠能、惠端、惠演、惠深、惠宽、惠润」、惠温、惠源、惠洪、惠浴、惠霈、惠海、惠林、惠满、惠潺、惠渊、惠沂、惠沐、惠涓、惠连、惠政、惠净、惠泽、惠滨、惠灦、惠浮。好问先茔实在山」下，尝依寺众荐拔幽冥。忽有比丘惠沂，剥啄衡门，请至再三，愿勒贞珉。好问游山之多，识师之久，不敢以辞，乃为铭曰：

高山巍峨，深林荟蔚，人天归依，果异人出，宣扬妙法，大明之律，烈炬破昏」，膏泽润物，法宇方开，魔军皆屈，欻然示灭，悲辛彻骨，刻铭琬琰，来者善述」。

大定六年岁次丙戌九月初六日，本县都管勾当、寺住持小师沙门惠沂等立石」。

从仕郎、东平府平阴县主簿权县事王端卿施石」。

本县訾深并弟訾润刊」。

金大定九年靳公送沂上人诗碑

碑今已佚。关于此碑，《金石汇目分编》言："金幽栖寺靳公送沂上人诗，行书，大定九年小春中休日。"①又光绪《肥城县志》载："大定九年靳子昭宿幽栖寺诗石刻，在幽栖寺，旧志误作宋。"②是书于"幽栖寺"条之后附录诗文内容。碑刻立于金大定九年(1169年)。北京大学图书馆藏完整拓片，今据拓片录文。

① (清)吴式芬:《金石汇目分编》卷十之一，稿本。

② 光绪《肥城县志》卷二，清光绪十七年刻本。

宿陶山幽栖寺得二」绝句呈」沂上人。子昭」

世间八万四千法，物物头」头总不同。想得吾师坐」方丈，一时都在默然中」。

游山端自费吟鞋，暂涤尘」烦亦快哉。归路逢人如借」问，为言新自道场来。

主簿靳公从仕，因公届此，见」惠“不二堂”并游山，佳什二绝以光弊寺。谨命工砻石，用传」永久。大定己丑小春中休日，住持僧惠沂立石」。

金大定十七年石柱

石柱今已佚。关于此石柱，《岱览》载：“右八柱，柱皆六方，题名皆真书，各在一方。佛龛前四柱，题名皆东西向；后四柱，皆南向。后四柱虽无年月，自是一时并立者。”[①]是书附录题刻内容。由此可知，石柱共八根，金大定十七年(1177 年)立。北京大学图书馆藏标有金大定十七年时间落款的拓片四幅，今据拓片录文。其余四幅据《岱览》录文。

本县安乐乡黑涡村进义校尉张定、妻焦氏，男张平、张」明、张和，新妇杜氏、李氏、王氏、李氏，孙张琛，张进、张福」、张勍、张彬、张全、润儿、喜儿，新妇孙氏、韩氏、刘氏、邓氏」、许氏、翟氏，重孙张成、拾得狗儿、韩儿、黑儿、马儿，合家」四十口施石柱一条，愿家门清吉。大定十七年二月日」。

榆城乡胡家屯李顺，并妻赵氏，女」二姐、次女六姐，合家施花锦石柱」一条，愿合家随心如意吉祥者」。大定十七年二月日记，里人张彦刊」。

本县安乐乡赵家寨进义校尉朱」平，同男朱免、次男朱义，新妇孟」氏、周氏，孙男六儿、八儿、三儿、十儿」，孙女三十七姑，郝奴，合家共施」花锦石柱一条，愿保合家清吉」。大定十七年二月日记」。

本县安乐乡故县村石用，并姐姐石氏」、姊夫焦端，洎妻孙氏，男九儿、女田女、宜」女，共施石柱一条，愿保家门清吉者」。大定十七年二月日记」。

本县大留村刘政，并妻张氏，女大姐姐刘氏，合家共施花锦石柱一条，保合家清吉。

大留村霍友，并妻周氏，同当村庞家门下靖氏，共施石柱一条，各家门清吉。

大留村进义校尉赵义，并妻刘氏，男赵珪、次男赵和，新妇吴氏、苗氏，孙

① (清)唐仲冕：《岱览》卷三十二，清嘉庆十二年果克山房刻本。

男僧儿，六十二□□马儿、□□、六儿、七儿，重孙宜春、□□，新妇徐氏，共管柱一条，合家清吉。

北申村黄靓，并妻董氏，男定僧，洎男大犍、小犍，女喜娘、婿柴宁，外生董娘、萧儿、冀儿、刘僧，合家共施花锦石柱一条，保家门清吉。

金大定十九年刘仲杰诗碑

碑今已佚。关于此碑，光绪《肥城县志》言："大定十九年刘仲杰诗石刻，在幽栖寺。"①碑刻立于金大定十九年(1179 年)。北京大学图书馆藏拓片，今据拓片录文。

遗迹千年事恐」诬，幽栖谁信谓」陶朱。不知古寺」东山洞，曾与西」施共隐无？东滨刘仲杰时彦题」。

朝请大夫前恩州清河县令，大定己亥中春初五日」，因届山蓝，有诗书壁。患恐久而圮毁，命工勒石，庶」传永远。陶山幽栖寺住持比丘惠沂立石，张彦刊」。

金大定二十二年陶山幽栖寺重修大殿记碑

碑今已佚。据《岱览》："右碑在佛殿前西墀，东向。额篆'幽栖寺重修大殿之记'，碑文行书。碑高六尺二寸，广三尺八寸，螭首龟趺。碑阴载施人姓名、钱数。"②又据《金石汇目分编》："金重修幽栖寺大殿记，赵沨撰，郭大舆行书并篆额，大定二十二年十月。幽栖寺殿前。碑阴重修圣像记，正书，大定二十四年五月十五日。"③可知碑阳为金大定二十二年(1182 年)《幽栖寺重修大殿记》，碑阴为大定二十四年(1184 年)《重修圣像记》。清陆增祥撰《八琼室金石补正》录碑阳、碑阴文字。④《岱览》仅录碑阳文字，北京大学图书馆藏此碑两面拓片，今据拓片并结合《岱览》及《八琼室金石补正》录文。

碑阳：

陶山幽栖寺重修大殿记」

---

① 光绪《肥城县志》卷二，清光绪十七年刻本。

② (清)唐仲冕：《岱览》卷三十二，清嘉庆十二年果克山房刻本。

③ (清)吴式芬：《金石汇目分编》卷十之一，稿本。

④ 参见(清)陆增祥：《八琼室金石补正》卷一百二十五，《石刻史料新编》第 1 辑第 8 册，(台北)新文丰出版公司 1979 年版，第 6026～6027 页。

将仕郎新授涿州军事判官赵沨撰」。

保义校尉前守徐州醋务同监郭大舆书并篆额」。

自佛法入中国，天下名山大川，梵刹所居者十八九，至于千百载相传不绝。尝观自古贵为王侯，富可埒国，第宅过制者，往」往气焰自取颠仆，或一传，或再传，荡析无余，其理安在？盖因为梵宇者以道得之，富贵者以力取之，固不可同日语也。昔世」尊舍净饭国王之贵，逃于空山无人之境，备诸苦行，累年而后道成。唯以慈悲为本，于众生若有利益，虽头目髓脑亦皆舍」弃，视其身为何物，安肯自奉耶。及其道著，故天下之人，唯恐奉之不至。此乃心悦诚服，匪由力取。非以其道得之者，安能如」是哉！吾乡陶山幽栖寺，其来远矣。因陶朱公昔尝隐其中，由是得名。其寺废兴载于前记，其山号为洞天一福地。奇踪异迹」，遍满岩谷，是宜灵仙神龙之所居。故台洞池泉，皆有仙圣之号。岁时水旱，乡人祈祷辄应。而文殊大士，似经过去劫于此山」，有大因缘，时现种种元相，惊人耳目。由是人益信向，奔走灵承之不暇。而寺宇制度甚古，往往土木朽腐，前人久欲更新而」未果也。大定四年，惠沂上人嗣住持事，睹其室宇卑陋，辄欲更创。而复念工费浩博，未易轻议，姑累小成大，补弊增新。爰自」三门廊庑、夹室讲位、祖师真堂，洎大法厦，积岁累月，无不完缉。唯大殿尚仍旧贯，乃集其侣，别议更始。上下闻之，翕然乐从」，四方檀越，亦皆愿施。方议择木于原隰，采石于涧壑，涓刚辰，庀工徒，斤筑雷动，响振崖谷，不日告成。旧基才三尺，今则增而」倍之。向来卑陋，今则崇大矣；向来黝暗，今则显敞矣；向来鄙朴，今则无遗巧矣。回视旧制，如椎轮之于五辂也。于是中设圣」象，金碧焕耀，恍若天成。所费无虑巨万，人皆乐施。自非沂上人行业信于乡闾，智略妙于经画，未易办此。寺之始终，洎更创」之故，虽已叙述，复有一转语敢告诸众：如来远离世间一切诸有，而于无所住生心，岂以一室美恶易其道哉！虽然弗藉于」此，无以开一切信向之门。为其徒者，宜观田夫田妇，攻苦食坚，茅屋不庇风雨，而我以佛力故，居则崇基峻宇，食则香积妙」馔，夏处清凉，冬居温密，受人天妙供，何以报佛恩德，答檀越信施哉！然彼以财施，而我以法施，财施者既尽心，则法施者，若」非戒律坚持，通悟法眼，未易副彼所希利益之心耳。敢以此告，仍系以铭辞曰」：

炜炜煌煌，法中之王；兴慈运悲，荫覆十方。深愍有情，苦海茫茫；谁为拯济」，赖我法航。炎炎□宅，群子痴狂；方便诱掖，俾就清凉。三车取喻，牛鹿洎羊」;为其徒者,心宜自量。蒙被慈荫,得大吉祥;愿报佛恩,乌可暂忘。戒律精持」,勇猛坚刚;因戒生定,发智慧光。财施法施,利益交相;刻辞贞石,千载流芳」。

大定二十二年岁次壬寅十月戊戌朔十五日壬子,东平府管内僧录判官知教门事崇业大德定德立石」。

劝缘住持沙门惠沂,讲律沙门祖严,同修殿权寺定道、定先,监寺定贤、法庆、定太」,知库道悟,典座定鉴,知庄定存、法显,尊宿惠清、惠洪,宣秘大德惠润,刊字张彦」。

碑阴:

重修大殿并圣像碑阴记」

盖闻聚沙为塔,童之戏也。尤作入圣之因捧沙奉佛,物之微也。尚感轮王之报。况乎兴建大殿,崇饰」圣容,广起胜心,大兴檀施,其□□果未易敷究。兹者本寺释迦佛殿,年深积弊,仅至堕坏,惠沂遂与法眷等议重为建」新。各先以衣盂之资为施,外化到本县坊洎但欢、杨□、翔鸾、宁乡、安宁等镇,永宁、安乐、翔鸾、肥河、居贤、榆城等乡,及长」清、齐河等县,远近檀那或有施大梁、重梁、扎梁、槫□、□□、椽柱、科栱、飞木、牌额、阶砌、鹘兽、砖瓦等。又于殿内创改妆塑」佛、菩萨等像共四十余尊,其余工费、金箔、彩色等物,尽系檀那所施。本寺欲画一开具姓名,勒石以纪。然恐中间或有」脱漏,以此遂已,而况吾门无相布施最为第一,今但标记某处及所化某物以纪碑阴,总比功德。伏冀结缘檀信,身严」福惠,业散冰霜,长幼存工,俱需胜利,未来总遇」龙华,人人俱蒙授记者。大定二十四年岁次甲辰夏五月二十有五日谨记」。

陶山幽栖寺住持沙门惠沂」。

法眷僧:定愍、法浩、法善、法悦、法全、定和」、定悟、定钦、定安、定兴、定喜、惠津」。

尊宿僧:惠源、惠端」。

故临檀崇业大德惠霔」。

故临檀演秘大德惠能」。

华县聂中议宅八官人」。

金大定二十八年沂公陁罗尼塔幢

塔幢今已佚。关于该塔幢,《金石汇目分编》言:"金沂公陁罗尼塔幢,正书,大定二十八年。幽栖寺。"[①]金大定二十八年(1188年)立。

明弘治十三年幽栖寺增塑十王朝地藏记碑

碑今已佚。据《岱览》记载:"额篆'幽栖寺增塑十王朝地藏碑记'。在东墀下,记文未录。"[②]明弘治十三年(1500年)立。今据《岱览》录撰书人及刻立时间等。

登甲午乡进士前知山西寿阳县承事郎古肥赵缙撰文。

儒学廪膳生员周旋书丹,生员周忠题额。

大明弘治龙飞十三年岁在庚申小春下浣六日吉时立石。

本县知县庆云张希达、县丞钱安、主簿郝文、典史李信、儒学教谕林贤、训导张玺、王德威。

明嘉靖六年肥城县幽栖寺重新装塑佛象之记碑

碑今已佚。据《岱览》记载:"额篆'肥城县幽栖寺重新装塑佛象之记'。在东墀下,记文未录。"[③]明嘉靖六年(1527年)立。今据《岱览》录撰书人及刻立时间等。

前邑庠生唫斋张良辅撰。

听选官刘岱书丹。

大明嘉靖六年岁次丁亥仲冬吉立。

肥城县知县进士王侑、县丞李应旸、主簿(缺)、典史(缺)、千户所掌印千户胡卫。

明嘉靖十三年幽栖寺重修山门之记碑

碑今已佚。据《岱览》记载:"额篆'幽栖寺重修山门之记'。在东墀下,记文未录。"[④]明嘉靖十三年(1534年)立。今据《岱览》录撰书人及刻立时间等。

---

① (清)吴式芬:《金石汇目分编》卷十之一,稿本。

② (清)唐仲冕:《岱览》卷三十二,清嘉庆十二年果克山房刻本。

③ (清)唐仲冕:《岱览》卷三十二,清嘉庆十二年果克山房刻本。

④ (清)唐仲冕:《岱览》卷三十二,清嘉庆十二年果克山房刻本。

邑人省庵居士黄顺卿撰文。

听选官刘岱书并篆。

大明嘉靖十三年岁次甲午孟冬望日立。

肥城县知县田助、县丞李遇时、主簿杨滋、典史江鲸、千御千户所胡卫，助缘施主胡思贵，助德施主刘景。

明李荫春日同王春元游幽栖寺诗碑

碑今已佚，刻立时间不详。今据《岱览》录文。

春日同王春元游幽栖寺

连朝城郭染纷华，觉路追寻岂厌赊。拟向夜深还对月，独怜春早未逢花。倘来轩冕原无意，到处溪山浪作家。更喜吹笙偕子晋，不妨历览入烟霞。

范蠡墓

范公忠智碑

碑今已佚，唐贞观元年(627 年)立。关于此碑，《岱览》称："高三尺五寸，广二尺。碑阳刻佛象，下刻'观世音经'。佛象上横刻篆书：'忠以事君，智以保身，千载而下，谁可比伦。'唐贞观元年四月二十日，补刻佛象。右侧刻秦李斯留题及青松子笑赞，并刘宋时盗墓事。阴刻'霸业朽，忠名在。此堆土，黄金块。传万古，人人爱。纲常维，宇宙赖'二十四字。"[①]《山左金石志》称："无年月，书体详后。碑高四尺六寸，广二尺，在肥城县。右碑首刻《鸱夷歌》，八行，草书；次刻像一躯，内题'忠以事君，智以保身，千载而下，谁可比伦'四句。右边题'范公忠智碑'一行，左边署'贞观元年四月二十刻碑，为千载吊古者凭□'一行，俱正书。下截前刻陁罗尼咒十四行，正书，大小不等；后刻范公灵迹六条，十二行，正书，径三分。碑阴刻'汉赞越范蠡墓'等字，又赞语八句，俱正书，径三寸。"[②]北京大学图书馆藏碑阳拓片，但字迹漫漶。今据《山左金石志》及北大图书馆藏拓片录文。

① (清)唐仲冕：《岱览》卷三十二，清嘉庆十二年果克山房刻本。

② (清)毕沅、阮元：《山左金石志》卷二十，清嘉庆二年小琅环仙馆自刻本。

范公忠智碑」
忠以事君」
智以保身」
千载而下」
谁可比伦」
大唐贞观元年四月二十刻碑，为千载吊古者凭□」。
【经文略】

清康熙五十四年重建陶朱墓赞碑

碑今已佚。关于此碑，《岱览》载："右碑，行书，在少伯墓南。案碑云'爰命匠石，创为再勒。'盖墓前碑所称'贞观补刻'者，此时又重刊也。"[①]清康熙五十四年(1715年)立。今据《岱览》录文。

陶山之阳，幽栖之侧。一冢屹然，千秋独立。传为越臣，于焉遗迹。缅想当年，为越良弼。败于会稽，困于石室。虽在颠沛，臣节不失。知足忠完，脱君险阨。念载图复，寝不安席。终能沼吴，霸业显赫。功成者退，日中则昃。长颈鸟喙，早焉心恻。扁舟五湖，飘然遐逝。鸱夷子皮，变名自匿。更号陶朱，致富敌国。忠以事主，知以自庇。千载而下，谁可与匹。霸业虽朽，忠名不斁。□□黄金，此土是惜。纲常既维，宇宙扶掖。乃至于今，沧桑几易。秦篆既杳，汉赞谁识。颓然荆榛，一片孤石。藓食文字，久莫可索。第见樵夫牧竖，踯躅而叹于其侧曰："此非越大夫之墓欤？何碑字之模糊，觉今之非昔！"时维乙未，春日熙熙。招侣携朋，于兹一适。凭今吊古，晨游竟夕。谒公之祠，寻公之迹。睹兹湮没，心焉恻恻。千秋芳躅，可听泯灭！兴废补弊，何惜千百。爰命匠石，创为再勒。非谓公之霸业于兹益著，庶几青松子三笑三点额，指冢口诵之八言，不致于遂熄。

肥城县生员王琯撰文。

平阴县监生张嗣宗书丹。

平阴县岁贡张岳龄重建。

大清康熙五十四年岁次乙未四月吉旦。

---

① (清)唐仲冕:《岱览》卷三十二，清嘉庆十二年果克山房刻本。

唐仲冕家墓

诰授通奉大夫护理陕西巡抚陕西布政使司布政使唐公神道碑

碑今已佚。原在唐仲冕墓前，后被毁。英和撰文，今据清缪荃孙编《续碑传集》录文。

诰授通奉大夫护理陕西巡抚陕西布政使司布政使唐公神道碑铭

今天子即位，不次用人，元年，湖南长沙府善化县陶山唐公以候补道擢福建按察使司按察使，晋陕西布政使司布政使，护理陕西巡抚，疏累上，皆报可。余喜公得大用。有自陕来者，言公老且病，余惊愕。三年正月致仕，寓金陵。七年三月二十二日卒，年七十五，金陵之人走相吊。今年春，余承命勘南河，公长子鉴，余已巳主试礼部所得士也，将卜葬公于山东肥城之陶山，捧墓志乞余铭公之碑。余曰：嗟呼！公余旧学也，当乾隆己酉，公曾馆余家，甫一月，闻讣归；癸丑二月重来，榜发同成进士。余与公盖友而兼师。今公卒，屈指弱年师友，零落几无存者，何忍不铭公？公讳仲冕，字六枳，父令山东平阴，母太夫人卒于官舍，相地得陶山，故公号陶山。公与余以学问相长，初以即用令分发江苏，余以公宿儒，或惮于作吏，而公循声大起，所知县曰荆溪，曰吴江，曰吴县；所知州曰海，曰通；所署府曰松江，曰苏州。嘉庆癸酉，擢升福州府，督抚谓公不可去江南，奏请以道员留，一署河库道，两署按察使司按察使，终陕西布政使司布政使。公之卒，海州之民尤哀悼，具事状请祀于名宦祠。余按其状曰：州疲邑也，邻山东郯、沂境，曳刀手倚羽山为巢。公歼其魁，余惊溃，惟公能除暴。再曰：州滨海陬区，高公岛、鹰游门，奸宄多出没，公巡洋遇飓风无惧色，惟公能靖氛。再曰：州之试附淮安府，往来维艰。公创石室书院，亲授读，言于学使，岁按临，即石室为试院，士竞奋，惟公能振文风。再曰：州之城不通舟楫，米薪无市。公凿渠自新浦口达东门，长千余丈，民呼为唐公河。惟公能尽水利。敢具状以请。松江之士大夫亦有谓余者曰：往者张公百龄檄公浚吴淞江，公议曰：江之淤由海潮挟沙，疏来源、除内壅、修闸坝，不大举者，不永逸，时以费绌，不能尽用。自前年冬今中丞陶公重浚，费巨万。使当时尽用公议，今虽无浚可也。公自进士起家，至大吏，中间遇升擢，送部引见，必至余家，言民之戚，若疾痛之在身。惜居陕仅一年，三护巡抚，未竟公之志。然江南之思公深矣。公生平不废书，著作宏富，海内学者未谋面，必尊曰陶山先生。苏之人士至绘公像，刻石沧浪亭，以继欧、苏。余与公诗札往来如山，余曾为公撰《岱览》序，遗编犹在手，回忆三十年间，忽忽若往日事，盖不胜羊昙华屋之痛。余既重鉴请书公之碑，公三代诰赠讳氏、取某氏、子几人、孙几人，凡志于墓者，鉴之外不复著。重知公写余思也。鉴，翰林院检讨，浙江道监察御史、广西平乐府知府，有学行。呜呼！公未竟之志，将有待于鉴。铭曰：

巍巍衡岳，实产唐公。自南徂北，惟余之从。公宦吴邦，雨膏风仁。历有多年，父母我民。天子曰吁！闻汝材美。承宣秦雍，公则老矣。连珠缀玉，惠我以诗。人之云亡，悠悠我思。卜吉于陶，以从厥母。勒词贞珉，永示公后。

通奉大夫护理陕西巡抚陕西布政使司布政使陶山唐公墓志铭碑

碑今已佚。原在唐仲冕墓前，后被毁。陶澍为之撰文，今据清陶澍撰《陶文毅公全集》录文。

通奉大夫护理陕西巡抚陕西布政使司布政使陶山唐公墓志铭

道光七年三月念二日，致仕陕西布政使陶山唐公，卒于金陵寓邸。公有德于吴，闻者辍舂相。海州之民尤悼，具事状请祀于名宦祠。苏州亦绘像刻石沧浪亭。适长君鉴卜葬有期，以澍知公尤深，来请铭。澍不敢辞。谨按状：公讳仲冕，字六枳，世为湖南长沙府善化县人。曾祖启科，祖学文，国子生。父焕，乾隆辛酉举人，山东平阴知县，有惠政，祀其地。曾祖妣刘氏，祖妣彭氏，母李氏、谭氏。三代皆以公贵，诰赠如例。谭太夫人生子三，公其次也。年十二，应童试，学使卢学士文弨大奇之，举乾隆甲午乡试。癸丑成进士，以知县分发江苏，补荆溪。初莅任，即决陈狱数十，老吏惊服。调吴江，地滨太湖，多盗棚。至则审户籍，界垣墉，别良楛，一革其旧。寻调吴县，办清漕，擢知海州。州邻山东郯、沂境，枭匪出没，倚羽山为巢穴，白昼攫人财物，名曳刀手。计擒其渠，余党遁迹。先是，州试附淮安府，道远罕赴，又无书院肄习，士益侧陋。乃创石室书院，甄拔俊异，亲授读书之法。言于学使者，奏请岁按临，即石室为考棚，试竣，仍以栖学者，由是文教大起，为河北冠。州城不通舟，米薪无市，为凿渠，自新浦口达东门，濠长千余丈，时嘉庆九年也，因名之曰甲子河。州人便之，更呼为唐公河。岁歉，请宽肩负私盐之禁，以恤灾黎，官为给筹，谓之筹盐。公余，则驾杉船渡海，至高公岛、鹰游门人迹罕至之区，以搜奸宄，并谕父老子弟大义焉。在州四载，民大诚和，量移通州，攀辕留者几万。比至通，值淮大涝，急买米设粥，且请弛关禁以便流民，革喊禀之俗以惩吏胥。时大吏皆贤公。连署松江、苏州府。癸酉，推升福建建宁知府，总督张公百龄奏请以道员留江南，檄查海州、安东、阜宁诸淤地，按亩升科。公谓此举近牟利而实无利可谋，不如其已。既知事难中止，则请照旧赋之，下则三等，分别定则。讫事无扰已，复檄浚吴淞江。公以江之淤，由海潮挟沙，宜疏来源，除内壅，修闸坝，大举一劳乃可久。时以费绌，不能尽用其议，至今惜之。公年四十始释褐为县令，积劳至二千石，勤恳练于事。先后督抚，如岳公起、黎公世序、及张公皆深加倚重。顾清羸善病，常志退闲，诸公辄勉留之。一署河库道，两署按察使。今上即位，拔用人材，多不次。公以候补道员，特旨擢福建按察使。元年五月，抵闽。九月，擢陕西布政使。在陕仅一年，三护巡抚印，查勘南山收成及议覆钱粮加耗诸疏，皆顺舆情。四方想望风采，庶几大竟其用，而公则已老矣！三年正月，遂致仕。公为政务，大体不喜操切，而察吏惩奸无稍姑息。在闽时，有陈某者，以海盗投诚，积官至副将，性婪虐。索贿于骑都尉某，不遂，则诬以事。公廉得其实，治陈罪，闽人大快。权苏臬时，富宦仆茅某，滥膺五品，公立按之如例，人尤服其廉明。学本庭训，以通经为致用。服官三十年，未尝一日废书。布衣幅巾，萧然儒素，海内识与不识，皆称为陶山先生。所著《五礼六联表》《仪礼蒙求》《家塾蒙求》《陶山文录》《诗录》《词录》《岱览》若干卷，行于世。晚岁撰《退闲录》《经学录》《泰阶六符》，又拟撰《衡疏》，未竟而卒。距生乾隆十八年九月初八日，年七十有五。配宁夫人，先卒。子三：长鉴，己巳进士，翰林院检讨，浙江道监察御史，广西平乐府知府。娶宁乡王氏，宗人府主事文清孙女；继鄠县杨氏，温州府知府兆鹤女。次镆，浙江盐运司副使，娶本邑宁氏，继江宁杨氏，山东长清县知县宣女。次镂，甘肃泾州直隶州知州，娶宁乡黄氏，文学灿女。女二：长适邑增广生黄栻，次适江西上清司巡检陈玉衡。孙男三：尔羡，聘京畿道御史贺熙龄女。尔鸿，聘同邑举人俞超孙女。皆镂出。尔涧，鉴出。孙女八：鉴出者七，长适工部侍郎宛平顾德庆之子荫生兰征，三许字翰林侍读钱塘戚人镜之子；其一镂出。初谭太夫人卒于山东官舍，遂葬肥城之陶山，故公以自号，并改鉴、镆籍其地。遗命衬葬，山向以甲庚。铭曰：

生衡宗，藏岱宗。考焉宦，妣焉宫。生焉侍，没焉从。郁松柏，马鬣封。繄唐氏，系陶同。宅于兹，荫无穷。黄鹤返，白云滃。魂来往，故乡通。

唐母宁夫人墓表碑

碑今已佚。原在唐仲冕妻宁氏墓前，后被毁。陶澍撰文，今据清陶澍撰《陶文毅公全集》录文。

唐母宁夫人墓表

夫人姓宁氏，湖南善化人，配同里唐方伯仲冕，世所称陶山先生也。夫人卒于道光四年秋，寿七十有三，与先生偕伉俪者五十六年。子三人：长鉴，翰林院检讨，浙江道监察御史；次镆，浙江盐运司副使；三鑀，甘肃泾州知州。方今上即位之初，迪简贤才，海内欣欣望风采。而陶山先生由道员不一载洊擢至陕西布政使，护理巡抚。长君鉴，擢广西平乐府知府。父子承恩，皆以候补人员膺特达之知，为向来所未有，人以谓夫人之夫、之子之贤，由夫人之德，实有以致之也。夫人性慈和，克勤克俭，自少至老，无稍替。家人一切生产，米盐绢布，以及奴婢衣履，下而至于鸡犬饮啄之务，皆躬之，忘其劳。或劝以老且贵，宜自适。曰：我自乐此不疲也。居恒惜物力，甘淡泊，衣粗茹苦，至闻人有困乏，则不足其愿不止。其佐陶山先生也，处相勖以敬，出相勖以廉，入矩出绳，子姓黾黾，然率循不敢逾，而长君尤负时望，有闻于道德，盖其教固然。幼侍舅姑，以孝养著。舅官山东之肥城，夫人侍姑往，未几姑没，遂葬肥城之陶山。陶山者，岱岳之支裔，即先生以之自号者也。先生致仕，侨寓金陵，夫人病中犹约以归湘，而竟祔于肥城者，所以终夫人侍姑之志也，虽先生意犹夫人意也。其葬以道光五年二月十八日，山向以癸丁，其生卒年月日及子孙婚嫁并宦族，别具铭状中，不具述，述其大者表之，以敦彤史氏之教焉。

诰封夫人元配宁夫人墓志铭碑

碑今已佚。原在唐仲冕妻宁氏墓前，后被毁。唐仲冕撰文，今据《陶山文录》录文。

诰封夫人元配宁夫人墓志铭碑并叙

夫人姓宁氏，湖南善化人，乾隆壬申科举人、江西九江卫千总讳廷选之长女，先大夫为诸生时，与其伯父肄业岳麓书院，以文章相友善，因订姻，年十八于归，奉先太夫人，赴先大夫平阴官舍。舟由长江运河，数月风涛，随行妇妪多呕卧，独夫人侍太夫人怡怡如平常。明年，太夫人见背时，屡顾夫人，为之点额。及太夫人葬陶山，先太夫解组挈家归里，独就夫人养饮馔必手治，虽山居所嗜食物，必预储偫。余既登贤书，教授岱下，近墓展扫，闲岁一归省，薄田不足供饘粥，束修不足备甘脆。夫人拮据，奉养非惟无缺，且若有余，恐老人见其竭蹶也。时籛尚未生，先大夫笃爱鉴、锳两孙，闻啼则不悦。夫人曲体而善抚之，以遂饴弄之欢。先大夫八十弃养，已绵惙矣。夫人手捧羹汤以进，犹开目视之，曰：当为汝啜一匙。指案头书籍，曰：好点捡佐汝夫勤学。言讫而终。呜呼！痛哉！夫人哀毁倍至，族党至今称之。余依母墓之日，多凡谋菽水、奉色笑、敦友睦、训义方者，紧夫人焉是赖。及余通籍，宦江南、至关中，夫人食不重味，衣不文绮，相勖澹以明志、俭以养廉者，三十年如一日。教子妇慈而有法，御婢妾庄而有恩，秩秩如也。余素患嗽，上气疾，辄夜半呼姜饮子，侍者未应，而夫人先起矣。屡劝引退还山，尝作《鹿车春驾图》以志偕隐。去年蒙恩致仕，方冀同返故园，岂意侨居金陵，夫人婴口齿之疾，经岁竟不起。悲夫！夫人生于乾隆壬申年九月十六日，卒于道光甲申年七月十二日，享年七十有三，以余官二品封夫人。生丈夫子三，长鉴，嘉庆丁卯科举人，己巳科进士，翰林院检讨、浙江道监察御史、广西平乐府知府，娶宁乡王氏，继娶鄜县杨氏；次锳，浙江盐运司副使，娶宁氏，继娶上元杨氏，殁；三籛，甘肃泾川直隶州知州，娶宁乡黄氏。女子子二，长适同邑增广生员黄栻，次适长沙江西上清司巡检陈玉衡。孙男三，尔灏，聘湘潭张氏，锳元配宁氏出；尔羡，聘同邑贺氏；尔鸿，幼籛出。孙女五，长适宛平荫生顾兰征，三许字钱唐戚氏子，余俱幼鉴出。先是次媳宁氏及其子尔益窆于太夫人墓右平田，余于今岁清明上冢，自置生圹于墓之左麓，而夫人先逝，爰令儿辈扶榇涧北，卜吉安葬。余当就近别作寿藏，且命鉴、锳改籍肥城，长奉祠墓。湘西为祖宗丘垄之乡，先大夫兆域存焉，虽同怀兄弟子孙众多，仍命籛从旧贯，以奉先祀于夫人之葬也，并志于墓而铭之曰：

夫人之德，克媲先姑，事姑日迫，事舅日舒。舒者悲生前，迫者期身后，先姑此窀穸，敻邈谁与守？维余与夫人，誓傍泉台为子妇。我欲葬焉，夫人请前，况媳与孙，幽宅相联，夫人之志，长伸依侍，克孝且慈，以昌其后嗣。

祥孙墓志碑

碑今已佚。祥孙，即唐尔益，为唐仲冕次子唐锳之长子，年十七而亡，葬于唐仲冕母亲墓西南。今墓已无迹可寻。唐仲冕撰文，今据《陶山文录》录文。

祥孙墓志

祥孙者，余次子锳之长儿，名尔益，小字祥冠。母宁氏，其大母之侄也，九岁失母，与其弟桂冠育于大母。祥孙生而秀，弱不胜衣，或终日无言笑，而喜读书。初上塾，授《易》能成诵，近则《诗》《书》《礼记》《左传》俱卒业矣。属文务求意义，质非超异，专笃自憙，遇文学士叩请无已，于外间世事一豪弗解，独孝友夙成。余家居，每日向晚，必偕弟自塾来倍书及所著文，或属对以为娱乐，弟或遗忘，则代答巧饰之。平时抚其弟，尤有人所难能者。病危笃时，其父曰："得嚏可活，得汗可解。"孙闻之，即以辫发自刺其鼻而嚏，又于被中搓手略润，以示曰："汗矣。"属纩之前日，向其大母流涕不能拭，竟以己卯年正月二十有三日殁，年十有七岁。余为大父，乃因疏江于役海上，未及省视，沉痛何言。于礼义合勿殇，将以成人礼祔葬于其曾大母岱西之茔，先为之《志》。孙生于嘉庆癸亥年六月八日，是日岱西茔前树表以为祥也，故曰"祥冠"。孰知其夭而殡于斯乎？人或谓其生为祥，而卒不祥也。其大父泫然曰："吾孙祥也，有祥德者四焉：至性过人，仁也；笑言内阈，敬也；诵说弗懈，勤也；耆欲未兴，笃也。仁敬勤笃，以全其天而归其真，祥孰大焉！彼无此四德者，为罔之生。祥哉！祥哉！"

唐石岭公祠

唐石岭公祠堂记碑

碑今已佚。原在涧北村唐石岭公祠堂，后被毁。秦瀛撰文，今据清秦瀛撰《小岘山人集》录文。

唐石岭公祠堂记

善化唐君仲冕，号陶山，于余为同年生，相善也。陶山曷以号？以其先大夫石岭先生尝官山东平阴令，会陶山先太宜人殁，先生寻调昌邑，罢职，贫不能归榇，即葬太宜人于平阴邻境肥城之陶山。陶山不忘其母，因以自号，志哀也。太宜人殁后，阅十九年，先生没于家，葬善化白田铺之柳树塘。既而陶山成进士，由吴县知县擢海州牧，调通州。先生之孙鉴，以今年入翰林，为庶吉士。孙曾林立，其后嗣亦既繁且炽矣。方先生之宰平阴也，县有云门山，上官檄采山石，助泰山工役，先生虑扰民力，争之，事遂寝。善治狱，听断若神，政宽厚，而于盗贼独严。贼为隐语云："莫赶唐家庄。"逾年堂无讼牒，野无逋赋，邑大治。比移昌邑，修王可堤，以遏潍水之冲，民利赖焉。先生虽没，而平阴人至今思之不忘，陶山以其母太宜人之葬于是也，岁时遣子姓墓祭无缺。今以嘉庆某年某月，建祠于其地，曰“唐石岭公祠堂”，而以太宜人配。固不独陶山仁孝之思，抑亦先生魂魄是依。庄子所谓：“畏垒之民，社而稷之，尸而祝之者与。”先生讳某，字尧章，石岭其号。乾隆辛酉科举人，为学有根抵，著书甚具，务能发明圣贤教人之旨。太宜人姓谭氏，性节俭而笃于周恤、勤妇事，浣濯缝袵皆躬亲之。从任平阴，犹日计筐绩麻，不少休。先生以子贵，赠奉政大夫，太宜人赠宜人。余尝闻太宜人之葬山岭，高峻不可上，其民数百人，举棺而登，盖先生德政之入人深矣。祠既成，陶山以治最将入都，便道展拜祠墓，而先寓书于余，属为祠堂记。余仰先生之治行与太宜人之贤，而又重以陶山思亲之诚，与夫平阴人旧德之感，皆宜见之于文，其亦可垂示于无穷也夫。

天和观

元至元二十三年真大道天和观记碑

碑今已佚。关于此碑，《岱览》载：“右碑，真书，额篆‘真大道天和观’六字。碑高六尺，广三尺二寸，螭首龟趺。在观前阶左。”①元至元二十三年（1286 年）立。今据《岱览》录文。

真大道天和观记

赐紫清真大师教门知书赵清琳撰。

崇教冲和大师前知书吴清顺篆额。

浙右儒生教门徒弟周正谊书丹。

汲肥城之北申，有观曰“天和”，乃大道五祖太元②真人门弟悟真大师薛德悟之所成厥功也。是观群峰环立，四野平畴，东牛山而西孝福，北陶山而南乳罗。可以息羽流之栖隐，可以味道腴于耕桑。园圃丰秀以供盘飧，仓库足食以资口给。殿堂厨舍，小有可观者矣。夫大道元③门之始祖无忧子刘公，乃沧州乐陵人也，志气不凡，幼而博学。诵道德至于虚心实腹之句，颖然

① （清）唐仲冕：《岱览》卷三十二，清嘉庆十二年果克山房刻本。

② 清时因避康熙帝之讳，改玄为元。

③ 清时因避康熙帝之讳，改玄为元。

大悟，舍绝万缘，深造幽元[①]之理。大德既备，感得太上亲降，授以正法于燕齐之间，闻者莫不敬仰。教门徒以清净为本，以耕桑为务，断其五辛，去其六欲。救人疾苦，则不施针艾，不赖符药，祷于虚空，无不痊愈。梁子荣有大风癞求治，三日获安。赵大郎为妖狐所缠，诛之千数。然则神异多方，盖亦不可胜数也。大抵大道之教，无为清净，济生度死，本分农桑而供口体，使之可免饥寒。然后习圣人之大道，以乐天真，将拯斯民，皆不堕于沦溺矣。惜乎！师有其身乃有大患，于大定庚子岁三月有七日，以法传于大通子陈君为二代，初祖于是月十五日坐脱登真。二祖阐行大教一十五年，立观度人，允同初祖。复有三祖纯阳张君继之，于四祖元阳毛君、五祖太元广慧真人郦君，代代杰出，无非天推见，一授一传，源源不已。六祖通元真人孙君，大阐教风，誉振朝野。七祖颐真体道真人，继承宗教，终始不违。前师后师，其揆一也。已上七业俱已弃世，即今崇元广化真人岳君掌教，有东平路举师冲和大师杜德顺敬诣茔下，告以立石，以纪其事，用显教风。乃奉命于元师，嘱予为文，不获拒辞，因为次第之。盖天和者，必有所自来矣。纯阳体乾，乾者天也，天乃道也，人之率性，授于天也，率性谓道。道者气也，气乃和也，人之养气，出于和也，出类拔萃是也。《语》云："君子和而不同，小人同而不和。礼之用和为贵，先王之道斯为美，小大由之，知和而和。"《大学》云："中也者，天下之本也；和也者，天下之达道也。致中和，天地位焉，万物育焉。"至于修身、齐家、治国、平天下，则左右逢其原，何莫由斯道也。故孟子有地利人和之旨，元师有人和神睦之戒。造是道者，可不以恬淡而乐天真，纯素而养天和也哉！

至元二十三年腊月吉日，立石人薛德悟。

赐紫元真大师济宁路曹州真大道都道判袁清志。

赐紫元寂大师济宁曹州等处真大道都道录孙德足。

忠翊校尉肥城县达鲁花赤兼管诸军奥鲁（名缺）、承事郎肥城县尹兼管本县诸军奥鲁孟显祖、将仕佐郎肥城县主簿张（缺）、肥城县尉李（缺）。[②]

本县匠人张信同、本村匠人吴德兴镌。

---

① 清时因避康熙帝之讳，改玄为元。

② 据肥城市博物馆馆长王新华查证，主簿张、县尉李应为当时的主簿张立、县尉李维中。

明弘治七年重修天和观碑

碑今已佚。关于此碑,《岱览》云:"右碑云:'本郡教读崔珪撰并书,明弘治岁次甲寅孟夏立石并真书。'记文未录。立观前阶右。"①明弘治七年(1494年)立。今据《岱览》录撰书人及刻立时间。

本郡教读崔珪撰并书。

明宏治岁次甲寅孟夏立石。

明嘉靖六年重修天和观记碑

碑今已佚。关于此碑,《岱览》云:"右碑云:'本郡庠生王龙撰并书,肥城县知县缺、县丞李应旸、主簿缺、典史张排,嘉靖岁次丁亥仲秋立并真书。'记文未录。立观前阶右。"②明嘉靖六年(1527年)立。今据《岱览》录撰书人及刻立时间。

本郡庠生王龙撰并书。

肥城县知县(缺)、县丞李应旸、主簿(缺)、典史张排。

嘉靖岁次丁亥仲秋立。

明嘉靖三十一年创修诸品佛记碑

碑今已佚。关于此碑,《岱览》云:"右碑云:'本郡耆儒王龙书撰,明嘉靖岁次壬子仲春立并真书。'记文未录。"③明嘉靖三十一年(1552年)立。今据《岱览》录撰书人及刻立时间。

本郡耆儒王龙书撰。

明嘉靖岁次壬子仲春立。

明崇祯七年天和观重修记碑

碑今已佚。关于此碑,《岱览》云:"右碑云:'济南历下七十三岁处士许应元题,明崇祯七年岁次甲戌孟夏立并真书。'记文未录。立观前阶右。"④明

① (清)唐仲冕:《岱览》卷三十二,清嘉庆十二年果克山房刻本。
② (清)唐仲冕:《岱览》卷三十二,清嘉庆十二年果克山房刻本。
③ (清)唐仲冕:《岱览》卷三十二,清嘉庆十二年果克山房刻本。
④ (清)唐仲冕:《岱览》卷三十二,清嘉庆十二年果克山房刻本。

崇祯七年(1634 年)立。今据《岱览》录撰书人及刻立时间。

济南历下七十三岁处士许应元题。
明崇祯七年岁次甲戌孟夏立。

清道光八年重修天和观记碑

碑今已佚。唐鉴《唐确慎公集》收录有清道光八年(1828 年)所撰《重修天和观碑记》碑文。[①] 今据光绪《肥城县志》录文。

重修天和观碑记

道光八年冬十有一月,重修天和观成,乡人请记于余,余惟观奉祖师而名曰:“天和”得非庄子所谓“和之以天倪”者乎?观重建于元至元二十三年,其后复屡修,皆有碑纪其事,所以为涧北之灵祐者,由来旧矣。涧北庄当鸱夷山南,水从山之两崦奔流而下,曲折绕出庄前,聚居二三百户,茅舍枣篱炊烟相接,盖一大村落也。余窃喜其人安耕牧,淳朴风成,无浇漓浮薄之气。倘所谓各全其天,无滑其和者。非耶?祖师知道德者也。鉴吾乡人之诚,眷吾乡人之勤且俭也。其必使物不疵疠,而年谷熟熙熙然,皆登于康乐和亲也。因谨记之于石。

天王万岁寺

明正德元年重修天王万岁寺记残碑

碑今已佚。据袁明英《泰山石刻》残碑照片,碑为明正德元年(1506 年)立。今据《泰山石刻》录残碑碑文。

(上残)奉共(下残)」(上残)矣。□周(下残)」(上残)□彼俗之□(下残)」(上残)□绅之士往往(下残)」(上残)□□陶山以陶朱(下残)」(上残)魁其重修幽东寺(下残)」(上残)马□山□兴之□(下残)」

(上残)明正德元年岁次(下残)」(上残)□□知县林(下残)」

① 光绪《肥城县志》卷二,清光绪十七年刻本。

娲皇庙

明崇祯元年闵文衡诗碑

碑今已佚。根据光绪《肥城县志》的记载，娲皇庙“有明崇祯元年楚北闵文衡真、草、隶、篆四诗石刻，款题‘玉皇香案散吏’”①。可知碑立于明崇祯元年(1628年)。今据光绪《肥城县志》录文。

娲皇炼石补天处，石破山空名洞天。我欲劈开三十六，不知何地隐真仙。

东山有石祖龙鞭，八骏奔山自远天。山石无心亦荣辱，白云封处祀金仙。

独乘款段策长鞭，来弄陶朱洞里天。一树梅魂招不得，欲将此地访神仙。

马式铜声已罢鞭，岩岩一石独攒天。神芝夜烛幽岩上，谁识龙津调剑仙。

护国永宁宫

清康熙三十五年刘文质撰碑

碑今已佚。关于此碑，光绪《肥城县志》记载：“护国永宁宫，陶山东麓，有康熙三十五年刘文质撰碑，云：前明万历年间，有羽士周姓者，为后宫宗人，赐真人之封，敕建此宫，额曰‘护国永宁’。前殿三楹，以奉关帝圣像，后殿如前，乃万历皇帝金容。左为五福观，右有报恩宫、十二重楼，同时鼎新。岁六月六日建醮设会，士女云集。”②碑立于清康熙三十五年(1696年)，无碑文留存。

---

① 光绪《肥城县志》卷二，清光绪十七年刻本。

② 光绪《肥城县志》卷二，清光绪十七年刻本。

岱南书院

清道光十四年创建岱南书院碑

碑今已佚。据光绪《肥城县志》记载："岱南书院，在陶山之东、小泰山之南，道光十四年芜湖道唐鉴、庠生罗维钟等捐资创建，以为附近士人读书所。有碑记，唐鉴撰。"[①]碑立于清道光十四年(1834年)，今无碑文留存。

第三节 诗歌艺文

林廷庸

林廷庸，生卒年不详，明广东兴宁(今广东省兴宁市)人。成化二年(1466年)进士，成化三年(1467年)任肥城县知县。

山寺晨钟

杂摩宫殿隐层峦，浏亮鲸音动远山。非是阇黎初饭后，却随紫禁五更残。惊回旅邸还家梦，催起岩城出客关。鸳岭云深闵不住，晓风吹送到人间。

(选自康熙《肥城县志》卷下，清康熙十一年刻本)

陈尚仁

陈尚仁，生平不详，明肥城(今山东省肥城市)人。

山寺晨钟

月隐高城漏已更，上方寂寂晓钟鸣。觉来频洗胸襟累，听罢都忘宠辱惊。双涧微微和叶落，一林隐隐带霜清。行人莫问迟和早，明日同来听此声。

(选自康熙《肥城县志》卷下，清康熙十一年刻本)

---

① 光绪《肥城县志》卷五，清光绪十七年刻本。

于慎行

于慎行(1545～1607年),字可远,又字无垢,明东阿(今山东省平阴县西南)人。隆庆二年(1568年)进士,官至太子少保兼东阁大学士。有《谷山笔麈》《谷城山馆文集》《谷城山馆诗集》等。

陪朱可大丈游陶山幽栖寺绝顶同张士师李鸿胪黄文学赋

幽栖真此地,绝壁到人稀。石角斜钩杖,藤稍曲桂衣。壶飧高洞险,钟磬下方微。共有登临兴,谁能不醉归。

陶山怀古

越相何年隐,齐山旧有名。地连肥子国,路出铸乡城。洞杳秋云白,岩深古木平。临池怀往迹,颇识种鱼情。

陶山赠张东山士师

陶朱今不见,君是鲁朱家。侠骨千金剑,仙炉五色霞。生涯随畜牧,乡语话桑麻。早结东山隐,惊看鬓有华。

[选自(明)于慎行:《谷城山馆集》卷九,清《四库全书》本]

陆可教

陆可教(1547～1598年),字敬承,号葵日,明兰溪(今浙江省兰溪市)人。万历五年(1577年)进士,官至南京礼部右侍郎。有《陆学士先生遗稿》。

陶山幽栖寺

万山回合隐招提,闻说鸱夷旧此栖。三策早知能霸越,千金何意复游齐。人寻古洞穿云入,木落层岩听鸟啼。欲向山僧论往事,五湖烟棹至今迷。

[选自(明)陆可教:《陆学士先生遗稿》卷六,明万历间刻本]

朝阳洞

洞门深锁一峰孤,晴旭回光乍有无。拄杖到来云自破,山灵应识旧陶朱。

西施洞

绿萝如屋草如茵,千载吴宫迹已陈。一棹五湖无远近,可能重忆若耶春。

白云洞

霸业千秋不可寻，白云舒卷是知心。可怜一片随烟艇，不作商家四海霖。

［选自（明）陆可教：《陆学士先生遗稿》卷七，明万历间刻本］

南旋与馆中诸年丈（节选）

弟仗庇已于十月之朔至茶城，阻风小驻，望徐州咫尺矣。屈指别来已余月，梦寐笑语，犹时时左右，想诸丈于弟亦如此耳。弟此行自苦忆知，已外无所不适意，今略叙梗概，以代一夕之谈。向者往来济上，侧身以望泰山，而不能一往，谓在步履之次，可俟异日也。今且渐次作家居计，且为家君有所祈祷，遂决策一行。自清源登陆而东，二日至陶山。见峭壁匝山而旋，意其有奇，因询舆人，云其上有七十二洞，精魅所窟宅，东西有二阑，若可游也。遂回舆而西，莫宿幽栖寺，陶朱公所尝隐也。次早杖策悬岩间，觅得数洞，有名者三，余皆榛塞。然其奇处乃不在洞，徜徉有倾，觅朱公故迹，无所得。山僧指引有西施洞在焉，四顾渺然，兴吊古之感。已历绝顶而东，古刹荒凉，与西寺前过刘孝廉水亭，高柳千株，水汩汩从地起，泛而为池，因忆用韫兄所称家园景物，略相似而更胜，不知何可得一观，怅然久之。

［选自（明）陆可教：《陆学士先生遗稿》卷十六，明万历间刻本］

张继业

张继业，约明隆庆、万历年间（1567～1620 年）在世，号东山，又号嵬先生，平阴大留（今山东省肥城市大留村）人。官至四川六番招讨使司经历。有《陶牛诗集》等。

登西岭牛角峪题石二律

何处寨泉水，冷冷涧底流。黄花欺老鬓，红叶醉高秋。路险尘嚣绝，云深洞府幽。平生耽胜概，策杖一闲游。

山行常不厌，信步好怀开。绿水泠泠去，清风飒飒来。寒花频自赏，拙句与谁裁。兴洽林泉晚，留连未肯回。

（选自嘉庆《肥城县志》卷十八，清嘉庆二十年刻本）

张　梧

张梧（1581～1649 年），字宇碧，号掖垣，明平阴大留（今山东省肥城市大留村）人。崇祯四年（1631 年）进士，官至户部员外郎。

赠朝阳洞道士

开卷习清静，谁能避尘嚣。山中闲日月，洞里任逍遥。养气如斗鸡，凝神似承蜩。不知春秋改，宁同时物凋。鹿豕竞儦逐，木石自寂寥。三年如一日，飞鸟羡王乔。

（选自嘉庆《肥城县志》卷十八，清嘉庆二十年刻本）

冯　溥

冯溥（1609～1691年），字孔博，号易斋，清益都（今山东省青州市）人。顺治四年（1647年）进士，官至文华殿大学士。有《佳山堂集》等。

题陶朱公

其一

一叶扁舟信所之，江湖安用许多资。辱妻丧子能无恨，正是心机未了时。

其二

谋国谋家智有余，盈虚小试计然书。苎罗载去奸人入，千古黄金霸术疏。

［选自（清）冯溥：《佳山堂诗集》卷十，清康熙刻本］

史廷桂

史廷桂（1623～1667年），字书岩，清萧山（今浙江省杭州市）人。顺治四年（1647年）贡生，官至禹州知州。

山寺晨钟

寒龛佛火夜何长，渐听疏钟出上方。已度翠微红海日，若依青嶂白岩霜。灵通万壑松涛寂，响入孤窗竹籁凉。平旦气分须致省，莫令萌蘖牧牛羊。

陶洞清幽

其一

霸越平吴贵缙绅，如何甘卜野人邻。谋猷辅主功成就，明哲全身孰匹伦。灵窟潜藏千载密，扁舟冷落五湖春。居官莫道归休早，知足谁能步后尘。

其二

偶寻幽迹问禅关，堙洞荆榛未可攀。鉴取鸱夷齐地客，智辞乌喙越臣班。

当年花雨因风远，此日松云度水还。欲把麋踪吊西子，薜烟萝月满空山。

（选自康熙《肥城县志》卷下，清康熙十一年刻本）

张子琮

张子琮，恩贡。生平不详，明末清初人。

陶洞清幽

□□解救□□簪，此地□□□□□□。岩际碧桃千岁久，洞前绿水一湾深。烟霞宿超凡俗，日月闲中自古今。□□泊生如可讥，便从仙岛□□寻。

（选自康熙《肥城县志》卷下，清康熙十一年刻本）

颜伯珣

颜伯珣（1637～1710年），字石珍，清曲阜（今山东省曲阜市）人。康熙二十二年（1683年）恩荫，官至寿州州同。有《秖芳园遗诗》等。

陶山见海棠

小吏何为者，濠梁跨蹇还。空山逢独树，客鬓已三年。老送飘零日，春伤云雨前。清霄擎碧酒，有泪暗涓涓。

［选自（清）颜伯珣：《秖芳园集》，清嘉庆三年钞本］

张开东

张开东（1702～1781年），字宾阳，号青梅居士，清蒲圻（今湖北省赤壁市）人。乾隆三十年（1765年）举人，官至蕲水县教谕。有《白莼诗集》。

鱼　池

为陶朱公种鱼陂，在泰安县西。

城西六十里，落日宿鱼池。无复陶公迹，空传古泽陂。居民争汲绠，过客想沦漪。太息斯人去，烹鲜不可期。

［选自（清）张开东：《白莼诗集》卷十二，清乾隆五十四年张兆骞枣存园刻本］

李廷桂

李廷桂，生卒年不详，字开圃，清肥城（今山东省肥城市）人。乾隆三十年（1765年）拔贡。有《莎园存稿》。

初春望日游幽栖寺访雷道人

平生山水情，梦想幽楼寺。中多幽栖人，通灵窥三昧。每拟谢羁鞅，忽忽已卒岁。今朝风日美，景物复艳丽。暂着灵运屐，一豁柱笏意。泉石解迎客，缘壑一径细。褰衣过前溪，行行人苍翠。勃窣登七盘，入门无平地。古木饱风霜，残碑卧赑屃。拂苔读遗文，略辨唐宋字。却上少伯祠，凭栏瞩向背。四围翠屏开，万木环其内。道人耽禅寂，形癯风神异。敲冰煮新泉，趺坐谈四谛。妙旨得未曾，天花纷已坠。我本失意人，歧路多侘傺。一闻达人言，三日余回味。落日下牛羊，西风起凉吹。清境难久留，秣马戒仆隶。他日倘重来，细与参奥义。

陶朱公墓

君子贵见几，圣人重远虑。倚伏本易明，胡为迷不悟。我来陶山游，落日沈烟雾。中有千年坟，荆棘穴狐兔。何人卜牛眠，云是陶朱墓。缅昔夫椒役，越已成孤注。甲楯空五千，几无托足处。维公出奇谋，通国有馈赂。女谒既入宫，珍奇复盈路。二十有二年，豢吴势已固。欲济乃生忧，扫境及诸御。再战涉笠泽，浮淮更北渡。上与齐晋争，遂受天王胙。功成不自居，一朝拂衣去。身逐五湖舟，三徙名逾著。呜呼古今来，谁与继风素。峨峨金粟堆，萧萧白杨树。死避伍胥潮，生逃弋人慕。千秋明哲踪，仿佛此中遇。嗟尔长颈人，空为千金铸。

（选自嘉庆《肥城县志》卷十八，清嘉庆二十年刻本）

董　芸

董芸（？～1801年），字香草，号书农，清平原（今山东省平原县）人。嘉庆三年（1798年）举人。有《半隐园诗集》等。

三月初二日始移居陶山之东峪偶成

久慕山居畏市城，鷦鷯新借一枝轻。卷帘云向窗中宿，率犊人从屋上行。偶以无心闲得句，非关闭户爱逃名。田园消受他乡乐，且听春郊布谷声。

沿溪过石桥，坐石刹小憩，遂游东山

陂陀下岩板，傍崖架林屋。石湍溅芒屩，病起扶筇竹。萧然白足僧，安禅栖空谷。花雨丈室飘，松云精舍绿。峰回一径通，涧狭四山束。暮色闭村坞，夕阳下西麓。东溪多白云，时共岩间宿。

环翠山房即事

轩窗开面面，三面对青山。崖溜松根露，苔纹石子斑。烟云双屐冷，瓢笠一身闲。野外经过少，应门不上关。

四十青衫客，今来两鬓华。遂初负孙绰，好事有侯芭。百舌花间酒，三春梦里家。终当挈妻子，此地买烟霞。

春日山居杂兴

性本爱山水，栖栖胡至今。十年落尘网，一夕住云岑。萝径朝行药，松窗夜鼓琴。他乡客倦卧，分付短长吟。

几曲门前水，峰回略彴横。偶于下山路，闲听读书声。断岭停云补，阴崖积铁成。忽逢裴居士谓张□三，曳杖笑相迎。

昨夜山中雨，晴沙啮旧痕。溪云凉入户，石壁峭当门。几上纤尘净，床头浊酒温。春寒衣未寄，独坐又黄昏。

夜寒春涧寂，幽鸟忽频惊。起视东山上，始知新月生。疏帘透花影，短榻纳松声。客散容攲枕，空堂梦不成。

晓窗分曙色，布谷向人鸣。涧水连云汲，山田带石耕。林峦忽明灭，洞壑变阴晴。牛背前村路，临风短笛横。

山静日亭午，遥峰积翠加。雨晴啼涧鸟，风定落岩花。仄径扶藤杖，春盘荐蕨芽。云中闻犬吠，岭外有人家。

青天落钟磬，梵宇出林梢。阶下群峰拱，门前众壑交。栈危人挂树，石劈鸟栖巢。却羡山僧稳，岩屏断客敲。

谷口忘朝暮，云山缓步登。人闲淡如菊，诗思瘦于僧。林屋烧茶灶，村墟闪夜灯。狂来呼斗酒，题遍剡溪藤。

涉溪遂越崇岭，穷东北一带诸山之盛

连岗如卧虹，滮滮溪流永。返照射其间，众山皆倒影。开轩日相对，卧游思一逞。裹粮或未能，不借聊自整。石路阅奔峭，已造前峰顶。陟险累危棋，入谷坠深阱。丹嶂列四围，白云滃千顷。何处午钟声，随风下西岭。

登第一峰，为东北群山最高处

虎牙刺空青，杰立何岩峣。巨灵立一指，终古如建标。侧行蚁旋磨，遇坎鸟投巢。青冥直上干，连臂学猿猱。侧径不受趾，趾滑足不牢。车轮曳后踵，首下反上尻。出险凌绝巅，百里穷纤毫。群山争木末，戢戢如牛毛。日观与天门,举手疑可招。始叹身世间,见远由居高。咄哉北溟鹍,莺鸠方见嘲。

循山路北行,石壁峭立,折而西,有洞出其间,大可半弓。西北隅陷入地,望之熏黑。以无烛不果游

倾崖势倒垂,巉岩石骨瘦。欻如渴骥奔,怒作怪蛇斗。崄岈吐龃腭,架空嵌岩窦。风云涌一门,白日蔽清昼。一折陷西北,地肺疑穿漏。旅进鱼游釜,却行穴窥鼬。未敢测浅深,何知量广袤。中有古笈书,灵威不轻授。

洞灵观

石壁字如斗,点画瘦劲通神,隋文仲子题。

灵岩古洞幽,扪萝践危磴。劈空巨雷悬,当腰怪石横。仰视千仞梯,一发引樵径。夕阳云木外,泠然数声磬。古瓦飘松花,天风吹不定。缅怀河汾叟,上书志未竟。终违济世心,讵乏名山兴。劈窠字如斗,腕底蟠余劲。临崖忽长啸,划然四山应。

陶　山

兹山实维镇,远近殊等伦。我意未谓然,胡以空其群。今晨造峰顶,始悟气象尊。群山竞罗列,下视犹儿孙。如鸟或舒翼,如黛或含颦。或偻如迎揖,或怒如欲奔。锐者攒矛戟,凹者覆盂盆。万象供俯仰,一气相吐吞。请看天下士,遇事方一伸。当其未遇时,何异寻常人。作歌告山灵,大书苍崖垠。

錾子崖

崖为陶山后麓,东接第一峰,直西截然中断,上多石窟,可践之而下。东西两峪以此为界云。

东西阻穹谷,中岭何巃嵸。拿空方上蟠,屈注忽倒耸。划然两界分,双峰遥对拱。崭岩列星迸,散作百千孔。直下绝攀援,前戴后人踵。良愧伯昏分,到此悄然恐。□身退无所,立使懦夫勇。须臾踏平地,莎草软丰茸。回看向来路,归云天半拥。

陶朱公墓

我闻古陶丘,西有范蠡湖。千金散东海,移家止其孥。鸱夷变姓名,举世称陶朱。云胡百年后,葬此空山隅。弹丸肥子国,石田乏膏腴。地非天下中，奚足通有无。况乃逃齐相，在齐焉得逋。谓余不相信，请检太史书。誓将证其妄，众论纷揶揄。置之无复道，万事今方诬。

朝阳洞

洞在石坞上，盘屈而升，莫测几里。好事者燃烛照之，石壁间皆自然成仙佛之形，不假人功。

磴道破峣峭，石坞开林坰。四周乏缭垣，远山为列屏。石䃜界其左，喷沫蛟涎腥僧云：有巨蛇时来浴于水中，人不敢饮。风中数竿竹，未秋寒有声。洞口垂一线，仰视不敢登。地脉螺旋壳，终古无枝撑。太阴白昼骄，日月当倒行。攫身御风立，蹑足浮云生。惶惑来万怪，呼吸朝百灵。人言石壁间，仙佛时幻形。燃犀照牛渚，此理非不经。归来诧奇绝，岭月前溪横。

幽栖寺

峰回初得路，迢递到云岑。流水一松古，乱山孤磬深。久希清净旨，未具妙明心。拂拭前朝碣寺有金大定间碑，苍苍碧藓侵。

秋夕坐环翠山房

群山如玦环，吾庐当其缺。风微闻暗泉，沙净明霁雪。林霏夕来敛，已吐岩际月。时见暮樵归，腰斧门前歇。

［选自（清）董芸：《半隐园诗集》，清嘉庆红蕉馆刻本］

胡　恒

胡恒，生卒年不详，清东海（今江苏省东海县）人。乾隆年间岁贡，乾隆十二年（1747 年）曾任肥城县训导。

雨后重过陶山

云开喜见旧山川，却怪峰峦不似前。非是雨余变色相，只因客去已经年。

（选自嘉庆《肥城县志》卷十八，清嘉庆二十年刻本）

武廷选

武廷选（1749～1822 年），字晋侯，号兰圃居士，清文水（今山西省文水县）人。乾隆三十六年（1771 年）举人，官至苏州府分府。有《兰圃诗草》等。

为唐陶山题《齐楚丙舍图》

陶山示我丙舍册，一字一泪读难卒。十年前已见此图，名作如林因阁笔。近经妙手写新卷，杏花竹影传凄恻。齐楚相距五千里，南山之南北山北。孝子一心悬两地，恨乏愚公移山术。我闻此语殊不然，底事望云心抑郁。浩浩坤舆总一丘，生寄死归又何别。况乎合葬本非古，慎勿轻听青鸟说。在天灵爽无不通，春露秋霜常恍惚。君不见岱麓松楸已作围，一片慈云接柳术。

次韵陶山二石图

岱麓孕灵秀，陶山矗云表。中有贤母阡，暗淡山容老。令子官江南，焚黄亲祭扫。惟其恋春晖，所以怜寸草。一拳得岩际，片影郁深窕。能生肤寸云，灵气俪蓬岛。携归供几案，奇巧实天造。读君誓墓文，恻恻触怀抱。吾母昔弥留，贱子方襁褓。杯棬口泽存，音容渺难讨。悲思马鬣封，西望梦魂绕。右慈云片影。

洞天福地何珑珑，烟磴壁立如摩空。卅年始树泷冈表，孝思真与山灵通。东来展墓得奇石，袖归不减米南宫。传闻此洞最缭曲，如往而复真难穷。得母女娲炼石偶遗此，胚胎元气开鸿蒙。天怜孝子示神物，浑然光润谁磨砻。写图恰遇懒瓒手，作供复置华堂中。慈云石影两相映，散为甘雨霏冥蒙。愿公常守介石操，郁林千古追清风。右洞天小石。

题陶山《岱览》后

归从万里罗施外，饱看西南丘壑奇。旧雨乍欣听鼓共，层云忽觉荡胸披小住海州官舍，得读《岱览》。释山才大开文境，誓墓情哀本孝思。若向千秋论著述，郦中尉后得公迟。

［选自（清）武廷选：《兰圃诗钞》卷五，清道光刻本］

周锡渭

周锡渭（1751～？年），字默耕，号箬渔，清湘阴（今湖南省湘阴县）人。乾隆三十九年（1774年）举人，官至紫阳县知县。有《志古斋诗钞》。

题唐陶山《齐楚丙舍图》

昔闻汉赵宣，葬不闭埏隧。余波及后世，茔域竞扬厉。亭标永慕名，堂署思成字。吁嗟一抔土，形魄非魂气。绍庭俨陟降，执玉凛失坠。墟墓始生哀，何以明不匮。陶山古孝子，情识互通蔽。图成两丙舍，满幅岵屺泪。若云齐楚远，何解幽明意？徒思麦饭浇，讵似鸡豚逮。古人不合葬，亦不重墓祭。资父以事君，道在笃德类。君今宰吴江，经术饰吏事。县谱父书贻，酒限慈闱制。泉台定含笑，清白家声嗣。香逾黍稷馨，欢甚斑斓戏。犹复松楸域，图画至再四君先有《陶山望杏园》及《岱览图》，皆为太夫人墓而作。哀哉孝子心，孺慕无弗至。以兹风末俗，比户乐融泄。绝胜少保图，持向身门示。我幼志显扬，谬算百不遂。分当守坟墓，不待羲之誓。马鬣况新营，宰木怅未植。匆匆走天涯，此身为谁致。无尊罪莫逭，掩泣促归骑。

［（清）邓显鹤辑：《沅湘耆旧集》卷一百一十一，清道光二十三年邓氏南村草堂刻本］

唐仲冕

唐仲冕（1753～1827年），字六枳，号陶山，清善化（今湖南省善化县）人。乾隆五十八年（1793年）进士，官至陕西布政使。有《岱览》《陶山诗录》《陶山文录》等。

遣仆赴陶山扫墓

岱云西护鸱夷洞，飞入江南游子梦。幽宫黯惨闭慈容，麦饭凄凉缺亲供。昔时作客尚来往，今日居官徒倥偬。荷锸谁能置祀田，把茅那得加祠栋。只缘插柳近清明，走遣长须语珍重。陇头土石旧崎岖，隧外松楸新补种。寄言樵牧与乡邻，莫放牛羊踏其空。誓墓有文滋忸怩，表阡无碣待磨砻。纵令奠墓隔重泉，况乃云山阻归鞚。马医夏畦曾不如，底事乘危恋微俸。

［选自（清）唐仲冕：《陶山诗录》卷二，清嘉庆十六年刻本］

陶山展墓四绝句

岭上孤云客子魂，十年才一扫荒原。北堂倘许谖长在，岁岁何堪日倚门。

机杼声声晓复昏，而今彩服拜君恩。巾箱检点褴衫破，难觅当时旧线痕。

入梦慈容尚练裳，牵衣回首话偏长。分明指点归来路，至竟泉台恋故乡。

经营几日住山斋，恰与衔泥燕子偕。多愧结庐留不得，邻翁遮饮杜茅柴。

［选自（清）唐仲冕：《陶山诗录》卷七，清嘉庆十六年刻本］

慈云片影石

陶山母氏兆，卅年始树表。未为守冢人，欲作移山老。山远不可移，云深不可扫。趼足感秋霜，回头恋春草。片石方且严，隆窳含窈窕。得之菩萨岩，携来仙人岛。山形具体微，云气随心造。鸱夷隔绵邈，马鬣见环抱。岂惟具袍笏，直令怀襁褓。供养琴书间，对影忆幽讨。疏窗入晴晖，时有白云绕。

七十二洞小石

大钧传物皆玲珑，七十二洞空复空。偶然缩作一拳石，亦令窍穴纷旁通。我经葬母得虚椁，颇疑峻岭攒幽宫。今年寻蹑列仙洞，岩扃窟室何能穷。欲写一图识奇幻，愧无妙笔追鸿蒙。山头石类巨桃核，天成滑腻无磨砻。视其孔如指与箸，满山洞壑藏其中。袖归恰伴慈云影，云气如缕蒸冥蒙。须臾吹万入从窍，调调麋籥宣八风。

［选自（清）唐仲冕：《陶山诗录》卷八，清嘉庆十六年刻本］

清明感怀时方扃试仍用小寒食韵

柳枝插户酒盈盎，裙屐风流正清傥。如何下键轩窗幽，况复带雨铃索响。鞅掌何堪玉尺量，尘眼难为冰镜朗。三友兀坐窥孤罴，千牍纷披求罔象。都将花事付冥搜，纵有诗牌成独赏。鵾鸠枝边感自今，鸱夷山头记从曩陶山为鸱夷山。垂白多违丙舍云，焚黄仅植墓门榜。夏畦犹得飞纸钱，春晖枉自梦鸠杖。昨朝儿子寄书来，报道松楸傍岩长。公车拜扫岂可常，少游有志谁相强。卷帘草色碧连天，得归便放五湖桨。

［选自（清）唐仲冕：《陶山诗录》卷十一，清嘉庆十六年刻本］

陶山谒祠展墓二首

四十年来榱桷新，异丘同几为依神。青山争指眠牛地，黄发当初骑竹人。合葬难迁非反古，奉尝无懈不如民。少游守墓平生志，底事风尘老此身。

手捧恩纶到翠微，非烟深护旧岩扉。霜林晓日乌先起，华表秋风鹤未归。重茧孤云依丙舍，寸心衰草恋春晖。此来松柏才垂荫，周道还催四牡騑。

［选自（清）唐仲冕：《陶山诗录》卷十二，清嘉庆十六年刻本］

遣镆儿由肥城省墓还金陵

吾母见背逾一纪，汝初堕地汝祖喜。汝祖爱汝如汝兄，亲为抱哺及溺菌。汝生五岁始能言，汝祖闻之病且起。旋惊风木归山丘，柳术塘先大父葬地犹在桑梓。汝之祖母葬肥城，齐楚相违数千里。葬经四十有一年，汝亦行年三十矣。生晚未接祖母欢，兆域如何弗省视。汝今随侍来京华，焚黄我当亲拜跪。命汝先行到丙舍，墓田宰树细料理。汝有亡妻合祔殡，预谋窀穸相山趾。况汝母年长于吾，侨寓无人奉甘旨。汝宜遄归慰倚闾，守身读书课汝子。我憾终天隔音容，祠墓春秋阙享祀。一在湘西一岱西，追怀少游泪如水。

陶山展墓五首

泰岱群峰母，儿孙倚碧霄。烟能分九点，云亦遍祟朝。壁立堂房古，秋添紫翠韶。隔岩人语响，石径指山樵。

渴葬当时事，清贫无奈何。自诒君子谷，不犯邑人禾。华表千年鹤，苍崖百尺萝。特营高敞地，洞口晓霞多。

昔侍登山屐，高年日再周。今余舍腰笥，百步且三休。筋力思黄犊，林泉薄绛驺。况兼风木感，摇落故园秋。

少植数行柏，今裁一两围。思亲如此树，投老几时归。人与石同瘦，草无霜自肥。何须买山隐，是处足忘机。

远游人子戒，况复抚幽岑。纵有焚黄礼，终非戏彩心。墓田输鹤俸，阡表倩龙吟。来往何匆遽，时闻返哺禽。

祭祠二首

仁粟频叨惠泽推，少牢粗具馈南陔。庚桑自昔尸而祝，丙舍如今榎可材。春社枌榆三径在，秋原瓜瓞百畦开。迁官始获申追养，未审何时得再来。

恰遇年丰备苾芬，圭田尚可任耕耘。钜公为撰修祠记，小子休忘誓墓文。盼肉庹车分晓树，衔杯耆耋话秋云。如何岳麓庭边路，燕翼长违数尺坟。

［选自（清）唐仲冕：《陶山诗录》卷十五，清嘉庆十六年刻本］

奉命之官自都至金陵口占四十首(选)

纡途上冢度盐河，柳絮榆钱逐路多。行过榆山棠荫地，云端遥认郁嵯峨。由茌平取道赴陶山。

下马祠前带晚霞，逢迎族子并邻家。墙垣榱桷皆完整，春色盈门四照花。祠内牡丹盛开。

覆脚登山老更颓，兜舆扶掖上崔嵬。墓门松柏如人老，风木何堪偶一来。

少牢馈食敬铺筵，亲缺烝尝又七年。游子何时依宰木，山林空自置圭田。

耿老传经一宿儒，李公高尚乐桑榆。南邻北里通来往，自笑风尘面目臞。祠邻老诸生耿居敬，致仕州牧李杰龙相过从。

欲以松楸托令君，蛇丘往谒话春云。书生少年风猷美，三月人称长吏勤。肥城令刘宇昌颇有贤声。

拜离丙舍似牵裾，寸草春晖日益疏。取道出山歌四牡，驱车人已近悬车。

陶山展墓有感四首

父葬衡东母岱西，三千路隔楚与齐。楚原族葬齐孤冢，仲子宜傍墓门栖。可怜薄宦违丘垄，每以迁除事攀跻。此来弹指七寒暑，赴官期近催轮蹄。幸蒙给假效展奠，清晨上岭闻鸟啼。亲捧杯卷酌云石，纸钱飞上山棠梨。

楚人葬山齐葬野，旧俗相沿不相假。如何艳彼青鸟言，便欲侵陵异里社。岂知积善有余庆，匪由晓习形家者。甚至用巫为厌胜，宅心奇邪况愈下。昔吾先子政宜民，民颂神明天锡嘏。容尔觊觎听之天，长睦乡邻护松槚。

十葬垂今五十年，吉祥善事何能全。吾弟吾兄先后逝，犹子三人早弃捐。吾家既丧三少妇，诸孙殇者亦堪怜。祔于祖姑自古礼，一妇一孙附新阡。九原有知伴孤寂，百世以享推始迁。古人曾不讳歌哭，土俗莫但夸牛眠。

温公鸣条亲祭扫，生儒辨驳庶人孝。欧公自表泷冈阡，神物幽潜赞其妙。我无文章感性情，那能口舌肆争校。八闽迢迢隔三吴，岁时祠祀尤难到。但愿人家胜吾家，一视墟墓同矜悼。小子德薄不足言，尚念先人垂政教。

[选自（清）唐仲冕：《陶山诗录》卷二十一，清嘉庆十六年刻本]

题吴荷屋《松盘揽胜图》

泰山之高高极天，天门诶宕生云烟。中有万松盘万古，羲轩不数秦封年。少小瞢腾上巇嵲，弱冠一览征前缘。胸中无此大丘壑，笔下空自穷雕镌曾著《岱览》三十二卷。斗南一人如飞仙，偶持使节凌其巅。曳裾紫陌红尘表，吮豪玉检金泥篇。独立不画人重累，来游但与松盘旋。松花松子落满袖，日观月观垂双肩。笠檐黛色染岩绿，衣袂丹霞分树妍。顶上峰峦入襟袍，脚下雷雨遍桑田。如此登临世有几，观君图绘心茫然。投书涧曾通屐齿，磨崖碑屡携椠铅。只今风雨忆讲社，况复松柏怀冈阡先太淑人葬岱西麓陶山。读画终朝题不出，振触旧梦行当圆。便须释绂耕岱畎，长楫苍髯同一廛。

[选自(清)唐仲冕：《陶山诗录》卷二十二，清嘉庆十六年刻本]

命钱往肥城修饰先太夫人祠墓二首

覃恩三世受荣封，辅国将军品秩同。诰赠夫人神道肃，特标华表墓门崇。五花天宠光泉壤，寸草臣心感化工。待汝事竣归报日，焚黄亲往趁春融。

四尺成坟五十年，松楸被岭表新阡。清芬涧北留祠宇，薄俸山南备祭田。季雅买邻原不易，少游守冢岂徒然。为余恭敬同桑梓，樵牧相随受一廛。

赴涧北祠墓行焚黄告祭礼四首

老矣悬车不出门，欣逢庆典远推恩。桐封三世先人泽，华表孤坟客子魂。欲向湘西传玉绋，先从涧北拜金萱。可怜展奠多疏阔，天语曾加九壤温。辛巳陛见，奏陈母墓在山东，上有宜申祭奠之谕。

岩扃亲捧到恩纶，绿柳红桃满院春。祠建庚桑尸祝久，制宣丙舍宠光新。望乡家在三千里，上冢儿为七十人。馈食少牢遵令甲，鸡豚弗逮感沾巾。

垄在岩峦最上层，年来腰脚苦难升。缚兜好倩田夫举，攀柏还随牧竖登。石列像生春草茁，碑题神道晓云蒸。何当竟作守祠户，长向山村下泽乘。

孝养多亏祭又稀，空余寸草恋春晖。安排子舍生成圹，遮莫泉台夜侍闱。马踏佳城疑有兆，客移坐榻莫相讥。行营高敞当年事，余地堪容骨魄归。

山祠喜雨

山地最硗埆，常以雨为天。去岁麦未种，春望皆荒田。秋稼土未入，夏泽期犹愆。我有田二顷，久附宅一廛。方冀祭罔缺，翻苦室如悬。兹来修祀事，佃客同忧煎。恰逢月几望，祁祁午夜前。镇日无停雷，经宵若涌泉。深濡及沙砾，细润盈陌阡。东作幸可补，西成当有年。主伯心独喜，粢盛备吉蠲。

辞墓东归

三十年前誓墓来，三十年后奉身回。博得五花岁已老，感深九原心独哀。圭田年俭缺饘粥，茅屋山高披草莱。道合入林猿鹤引，计成埋骨松楸栽。浮家泛宅岂长策，问舍求田亦须才。妇病孙孱且归去，暂辞白云下崖隈。

山鸡篇

鸱夷山上山鸡啼，山客畜之如家鸡。知我爱及山中鸟，疏笼见赠亲提携。携归千里江南路，路上随行滑滑泥。草长莺飞春已过，照影自舞临青溪。绉翎朱嘴颜色好，到家儿童乐环绕。时学钩辀叫黄昏，也从膈膊报清晓。我置窗间忆山闲，不须引镜玩文藻。恍惚慈乌返哺声，千年白鹤唳华表。

［选自（清）唐仲冕：《陶山诗录》卷二十五，清嘉庆十六年刻本］

还金陵寓庐三首

忽作吴趋行，往返殊太速。本无官程期，何苦事奔逐。乃知去住缘，若有前定局。僮仆拥肩舆，儿子立门塾。婉恋两稚孙，跳跃如山鹿。此行虽浃辰，景物亦新缛。池荷欲开莲，园笋尽成竹。进修当及时，毋令空录录。

弃疾籛儿小字昨新归，言克葬其母。柩船八阅月，始得低山阜。卜定先茔次，在左不在右。卜期芒种前，四月十有九。风日正清和，圹土无缁黝。坎深不及泉，封崇称其厚。乃兄且倚庐，表树善厥后。尔归先报命，慰我企望久。虽使老夫鳏，长为从姑妇。魂魄得所安，何殊正丘首。

他年问佳城，定合傍陶山。卅载阙祭埽，能弗念乡关。欲买潇湘棹，颇觉形影单。儿回好携往，稍待暑风阑。计期当七月，挂席出三山。岂因慕远游，亦非夸锦还。维桑礼必敬，过墟涕已潸。望云权度夏，旋里正迎寒。久静辄复动，虽老何能闲。来春当更返，于此息尘寰。

［选自（清）唐仲冕：《陶山诗录》卷二十六，清嘉庆十六年刻本］

寒食道中口号二首

抚景惊心处，孤坟岱岳西。春晖何日报，客梦昨宵啼。百五日空过，苍黄云自迷。愁看走士女，拜扫到鸡栖。

春事徂强半，衰颜违又年。高堂人七十，客子路三千。山势幽燕亘，风光苕霅偏。少陵当此日，示子尚诗篇。闻家大人客游杭州。

陶山展墓往返得诗八首

纳稼前村语渐哗，板桥流水见人家。荳花小圃经秋雨，柿叶深林带晚霞。为护障泥迟渡马，无多髡柳乱栖鸦。养鱼池沼依稀在，欲倚朱公学富夸。

牛山峛崺接陶山，峰崿参差十里间。岭半缺来云欲补，峡当断处树为关。轻霜满笠鞭羊早，细雨笼烟去鸟间。自愧东西南北客，祟封四尺望孱颜。

梦里瞢腾色笑微，九原长恨隔春晖。羊肠细路樵通径，马鬣新阡石作围。雾满藤萝侵屐湿，草枯蚱蜢傍衣飞。可怜身上拈残线，游子而今尚未归。

登高节近奈愁何，此际西风枨触多。卅载生涯常作客，十年荒陇几回过。凭教日者推磨蝎，几使门人废蓼莪。更忆乡关插萸遍，扶鸠东望数驾鹅。

几年归燕赋难成，席帽青衫客绪萦。雁入南天霜有迹，虫鸣秋草雨无情。松楸空洒梁公涕，桑梓偏输莱子耕。荒碣摩挲乡思剧，远山一抹暮烟横。

曙袍飙馆促归装，回首凄清百尺冈。一带茅茨烟绕碧，半溪沙路草铺黄。浓云入树埋山脚，疏柳侵池淡晓光。长忆昔年邠老句，可堪风雨近重阳。

虚牝长拚岁月新，讵从潦倒怨儒巾。追怀斗面逢生日，颇怪桑弧误客身。憔悴至今留藻镜，颓唐空自浣缁尘。百年底事频搔首，欲向瞿昙问宿因。

身世低佪辄累欷，山椒一径入崎岖。僮奴骇汗扶轮走，将伯惊心上阪呼 昨来山路凡两覆车，回过其处有戒心焉。已是劳薪还自惜，不教岐路更多虞。秋风猎猎垂杨影，好趁孤吟满眼酤。

斋中杂诗二首

兀坐拼长日，闲行过短桥。仆言漫刺字，吏苦递诗瓢。入寺寻僧熟，登山借马骄。为穷幽胜处，谷口话归樵。

近山云入室，骤雨水平堂。菜甲开新雾，垣衣惯夕阳。问奇依树久，待月引壶长。花事终年了，闲斋伴晚香。

发长沙舟中别弟乙巳

为衔亲命白云东，买棹湘干祖席同。姜被难分将晓月，顾帆已饱乍晴风。莫从子舍伤离索，应忆孤树望郁葱陶山旁有郁葱山。昨夜归期曾共数，此心不负小山丛。

清明日登陶山展墓四首

梦绕三千里，来经廿四风。凄然冈陇上，酾酒酹空蒙。孤塚存封鬣，浮生叹转蓬。艰难伸拜扫，来去辄匆匆。

细草生山色，轻阴落杏花。少游无大志，子厚倍思家。巢室惭归燕，衔枝慕乳鸦。纸钱飞未尽，惆怅夕阳斜。

何人剪草莱，樵径墓门开。暮雨棠梨发，崖风蝙蝠回。石残棋剩局，云密树生苔。绝忆重泉路，空余旧荻灰。

涧北山南路，村篱带晚烟。欲为联社客，恨乏买山钱。同姓能收族，相资为置田。从兹树松柏，何日表新阡。

［选自（清）唐仲冕：《陶山诗前录》卷上，清嘉庆十六年刻本］

南归纪行杂诗十八首（其一）

独洒春晖泪，存亡十八年余生十八龄，吾母见背，今又十八年矣。一抔寒绝岭，双足茧荒烟。但免侵樵牧，何期表垄阡。几时躬秉耒，此地足林泉。

［选自（清）唐仲冕：《陶山诗前录》卷下，清嘉庆十六年刻本］

与某先生求为母氏墓碣文书

承示序辨训辞深切，得直道之遗，益信古文之作，不惟其辞惟其义，义有概于人心，而辞且入古，虽欲不传，得乎？《易》曰："初筮告，再三渎，渎则不告。"何敢更有所请。然而资人之财，患其无厌，资人之教，不患其无厌，非教之轻于财也，以为教者无穷之思，固若是耳。且今更有所请者，非寻常之教也。仲冕不幸，未冠失母，甲午岁，殡于岱西肥城之陶山。又五年，垒石植碣。又七年，始以授徒得金，售祭田数亩，架屋树柏，置守冢焉。屡欲丐名硕为文以表阡而无阶，尝效张凭自为母诔，砻石将刻，辄复中止，惧文之浅劣，贻吾母戚也。今幸遇其人，不以渎请见拒，而犹不泣求焉。于心安乎，谨述母氏生平懿行，别为卷，惟先生财择焉。

表扬先德之文，不得不如此郑重。持谦记。

［选自（清）唐仲冕：《陶山文录》卷六，清道光二年刻本］

蛇丘唐氏谱碑记

敬宗收族之道，莫善于谱，亦莫难于谱。奠世系，辨昭穆，萃数千百年已涣之精神，联数千百里未属之支派，俾子孙毋忘其源，毋坠其绪，故曰善也。然大有难焉者，求已往则无籍可考，收已散则无献可征，甚且近舍戚情，远通疏属，此务合并，彼乐乖离，既筑室而道谋，又治丝而棼之，故以数世数人成之而不足，以一人一事坏之而有余。此蛇丘唐氏谱碑之所由建也，唐氏郡系晋阳晋昌，皆出唐莒公后，枝分派别。蛇丘则自洪洞来迁者，始迁为光辉公，四传而为英、奇二公，英公后无闻。今之蕃衍昌炽者，皆奇公子孙也。世有孝秀，科名屡登仕籍，前此亦尝详著族谱矣。近因附投讼牒，遂致失传，增广生员际虞年且七十，悯其散佚，旁采博询，名字必录，妻女并详，子姓蝉联，本支棋布，疑者阙之，断者续之，使前谱失而复存，其用心可谓勤矣。又惧其遗佚也，于是刻石以垂永久。适余以上计展谒祠墓于陶山，因属余为记。余家亦宗莒国，分支既远，谱难强通。先大夫与其先学博友善，以年相若，为弟昆。及先太恭人葬陶山，为同县，两家遂不啻同姓矣，乃不辞而记其颠末焉。使世世子孙皆如此用心，则虽合千百年之上如一日，千百里之外如一堂。可也，讵不善哉？

论谱之难，是有见识语，文亦疏宕有逸气。伊墨卿。

［选自（清）唐仲冕：《陶山文录》卷七，清道光二年刻本］

诰封夫人元配室人宁夫人行实

嗟乎！夫人与余为五十六年之伉俪，而忍分离耶！忆于归之年，先大夫方作令榆山，夫人以新妇奉先太夫人赴任。自长沙登舟赴东昌，夏多北风，三阅月始至。太夫人素善病，得夫人朝夕承颜侍奉，几忘其为远行也。明年，太夫人见背，时已不能言，犹顾夫人而颔之。先大夫罢官南归，家贫，兄弟三人奉养，先大夫独就夫人养。酒醴非夫人酿不饮，肴馔非夫人亲治不食。余因太夫人葬肥城之陶山，频客岱下，不常家居。夫人于菽水中勉供甘旨，亲所嗜食，辄预置以待所需。客至，则鸡豘鲑菜必丰。先大夫曰：居乡欵客随时，茶饭不求备。虽则云然，意甚惬也。甲辰，下第归省，鉴儿生七岁矣。先大夫犹抱置膝上，爱之甚于诸孙。谓余曰："慈孙也，其母善体我心，抚育有方，从未闻有啼哭声。"及先大夫年八十，病亟，闭目不能食，夫人手捧羹汤以进，乃开视曰："吾为汝呷一口。"其为先大夫怜爱如此。然家实窭乏，余岁得束脩，裁足养赡，夫人供奉无缺，且若有余，唯以节俭自持，勤苦不倦。

清明躬率妇婢于园畦摘茶，秋杪则手拾桐子以易灯油，至于绩麻、纺纱、缝裳、制履、醯酱、脯醢，一切女红中馈之事，罔弗精详。终岁食用，自盐而外，皆取之室中，故不形其竭蹶也。及从余薄宦江南，以至关中，居恒手不释针黹，食不重味，衣不华绮者，三十年如一日。余尝劝其衰老，当颐养以自适，答曰："我自安之，未为不适也。"去年，余蒙恩致仕，侨寓金陵，夫人知其囊橐无余，谓："江东米珠薪桂，居大不易，长沙煤米皆贱，尚有旧时薄田，足供饘粥，此间一日过活，可敌吾乡三日，不如速归。"余甚然其说，方欲买棹，挈家南旋，而夫人已病难支矣。夫人性和顺质朴，助余以德，大甘澹泊，不乐华胜。余未通籍以前，为余养亲教子，茹苦食淡，使余得肆力于学业。已仕，则以俭养廉，恒以清勤相勖。余权苏臬时，眷属寓省中，有馈岁者，夫人谕老仆却之，曰："尔主向不受馈，此物奚宜至哉。"余浮湛州县二十年，夫人屡劝引退，以事牵制，卒不果。壬申九秋，余年周甲，夫人长一岁，亦于是月设帨，敦进还山之策，以来春为期，因作《鹿车春驾图》，而属余题识，以毋忘偕隐之意。岂知又阅十春，始遂初衣，及携手同归。甫至寓庐，而夫人已病，病且一载，乃竟不起，未获偕返故园，共宗族亲戚，道故旧为欢笑，空回唳鹤，致叹鳏鱼，是余之过也。夫展是图，潸焉不知涕之何从出也。夫人初病时，三子俱宦游四方，夫人促召之，余以口齿病治之易愈，何必遽令遄归。夫人以为姑息之爱，遂寄信咸至，俾儿曹得生侍汤药，殁亲含殓，不致抱恨终天。其教子以义断恩类如此。夫人，湖南善化人，姓宁氏，九江卫千总讳廷选之女，适同邑乾隆癸丑科进士、护理陕西巡抚、陕西布政使唐仲冕。生丈夫子三，长鉴，嘉庆己巳科进士、翰林院检讨、浙江道监察御史、广西平乐府知府，娶宁乡江西乐平县县丞王人作之女，继娶鄞县浙江温州府知府杨兆鹤之女；次锳，浙江盐运司副使，娶舅氏宁昌耀之女，继娶上元山东长清县知县杨宣之之女，殁；三鑨，甘肃泾州直隶州知州，娶宁乡文学黄灿之女。女子子二，长适同邑乾隆己卯科举人、泰安县知县黄钤之孙、增广生员栻；次适同邑候选州判陈駿之子、江西上清司巡检玉衡。孙男三，尔灏，聘湘潭福建龙溪县知县张家干之女，锳元配宁氏出。尔羡，聘同邑嘉庆甲戌科进士、翰林院编修贺熙龄之女；尔鸿，幼；俱鑨出。孙女五，长适宛平工部侍郎顾德庆之子、荫生兰征；第三许字钱塘嘉庆己巳科进士、翰林院检讨、前翰林院侍读、尚书房行走戚人镜之子；余俱幼；鉴出。夫人生于乾隆壬申年九月十六日，卒于道光甲申年七月十二日，享年七十有三，以夫贵，晋封夫人。嗟乎！夫人属纩之前一日，余往问疾，犹谓子妇曰：“余病中语言较大不知，而翁弗见诧否？”其相敬如宾，虽至痛楚，神弗瞀乱，方希冀其痊可，岂谓竟成永诀哉。综其孝养舅姑、勤苦家政，相夫子以廉正，诲子孙以义方，足入列女贤淑之传。不欲以内行不宣，遂致湮没。谨叙次大略，传之家乘，抑以备大人先生彤管之采，则幸甚矣。

［选自（清）唐仲冕：《陶山文录》卷八，清道光二年刻本］

上计谒陶山先祠祝文

风水之说难凭，感应之理不爽。自吾母葬于斯土，子孙洊登科甲，人皆谓为地脉之灵，而不知善庆之如响。盖先世积累，及先君未仕以前，其行谊皆传于州郡，固已浸推浸广矣。至于父母，斯民邻邑皆仰。劝孝弟，则鸱化为凤，户尽读书，除宵小则莠变为禾，刑可画象，所谓人在镜中，吏行冰上也。寝云门采石之工程，蠲境内籴麦之扰攘，筑城而民不知劳，修堤而财不动帑，则百年之利，而岂一手一足之鞅掌哉！吾母孝于威姑，和于妯娌，严于义方，皆人所难能。而睦姻任恤之风，久见称于宗族乡党。若其相夫子以慈惠，率家人以绩纺，则于政教有关，足与敬姜相仿。二人之德如此，固宜昔日之葬不烦子皋买道，今日之祠无异益州遗像也。仲冕叨承遗泽，封典频邀，今遇万寿覃恩，复晋五花崇奖。鉴孙既词馆新登，仲冕亦卓异受赏。敬焚香以著衮荣，爰谒祠而申肸蠁，信积厚者流光，根深者叶长，殆非牛眠之兆，遂足致于高朗，不然太山之旁，陶山之左右，岂无相度阴阳，行营高敞，何以青乌家言，或反疑其欺廷。唯是故乡远隔云山，一官空自来往，叹子孙蒸尝兮不如民，感秋露兮凄怆。愿清白传家兮永思追养，沐君恩兮浩荡，冀亲灵兮歆享。

［选自（清）唐仲冕：《陶山文录》卷九，清道光二年刻本］

莺啼序

陶山展谒祠墓作。

新阡已成故垄，傍山开丙舍。白云起，长绕佳城，拥护岩穴无罅。年年有，庞翁皓妪，齐来拜扫春秋社，叹天涯游子，蹉跎纸钱飞乍。遍地棠阴，畏垒尸祝，记当年竹马，听青鸟传语。雍容灵旗，联影来下。正清秋，烟苍露白。掩襟奠，椒浆兰藉，冀君蒿，飘上寥空，祝文亲写。回思马鬣，始卜牛眠，杖鸠亲指画。二十载，经丘寻壑。衡宇栽，柳木萎，山颓旧林，藏椟齐州，九点熊湘七泽。关河遥隔三千里，想神游不断，云軿驾，年来雪涕泥中。小雁无踪，陌上寸草先谢。中年麦饭，前度芗萁，尚手携，不借到，此日衰。腰欲折，强据篮舆。短鬓成丝，感深杯棬。慈乌反哺，乳羊长跪。翔崖眠谷，惊客梦。纵官高，更有谁封鲊。寻拈残线，从今赋遂初衣，买山学稼。

喜迁莺

自陶山买得山翠一双，笼之以归。

山光凝翠，更崖柏染黛。养成双翅，燕子输襟。鹦哥分味，点缀烟霞成绮。学得迦陵仙韵，天外数声清脆。盼阿母，放传书青鸟，乘风先起。尚未丰羽翮，稚眼雏眉。已胜金衣侣，舞上兰苕鸣。横衣桁，不似窥鱼近水，也识苍峦闲旷，岂爱雕笼重闭。要携去，伴幽窗细话，松楸云际。

［选自（清）唐仲冕：《露蝉吟词钞》，清嘉庆十六年刻本］

陶　山

陶山，在岱西百二十里。自泰山而傲来峰而分水岭，入肥城为五道岭，分支而西南为牛山。由牛山中断而崛起者为陶山，冠石叠云，方棱四削，负阴抱阳，堂皇洞敞，左右环列如屏幛。其下涧溪沟塍，果林牧地，皆沃壤平楚，畅衍极目。《史记》称“范蠡浮海出齐，变姓名，为鸱夷子皮”。又“怀其重宝，间行以去，止于陶”。“父子耕畜，废居，候时转物”，“致资累巨万”。“范蠡三徙，成名于天下”，“卒老死于陶，故世传曰‘陶朱公’”。《正义》曰：“《括地志》云：‘陶山，在济州平阴县东三十五里。止此山之阳也，今山南五里犹有朱公冢。’”《路史·国名纪》：“陶唐氏后：陶，高辛封之。”“范蠡变姓名，间行止陶。今郓之平阴有陶山。”考《汉·地理志》：“泰山郡肥城，应劭曰肥子国。”《后汉·郡国志·济北国》：“卢，有平阴城。”《元和郡县志》：“河南道郓州平阴县，西南至州二十里，本汉肥城县地。”“陶山，在县东三十五里，范蠡葬处。”《元丰九域志》：“县平阴，在郓州东北一百二十里，有郁葱山、鸱夷山。”《方舆记要》云：“金牛山，一名郁葱山，宋真宗赐名。”《太平御览》云：“《齐地记》：‘范蠡浮海出齐，变姓名自号鸱夷子，间行止于陶山，因号陶朱公。’后改曰鸱夷山，在今平阴县东。”蒙案：肥成，汉县，属太山郡，东汉属济北国，寻省入卢县。刘宋时为济北郡治，后魏复置肥城县，孝昌三年置东济北郡治焉。后齐郡废，后周置肥城郡，隋郡废，县属济州。唐武德五年以县属东泰州，贞观元年省入博城。五代时为乾封县地，宋改入平阴。金曰辛镇寨，元至元十二年于寨置肥城县，属济宁路。明属济南府，今属泰安府。陶山，在今肥城县西三十里，今平阴县东四十里，属肥城之北申社。山高五里有奇，周围九十里，有二崦、三十六峰、七十二洞，为道书“七十二福地”之一。案：《龟山白玉上经》谓陶山在温州瑞安县，陶贞白修药处。而金赵沨碑记指此山，且范少伯因山而号陶公。山名著于周末，灵异显灼，必非因贞白而得名者所可拟也。

正中曰陶山，一曰鸱夷山。《尔雅》："再成为陶丘。"山有重累之势，故名陶。范蠡止此，故称"陶公"，蠡号鸱夷子皮，故又名山为"鸱夷"也。山顶为翔鸾台，其体方峻，其势轩翥。陶山状若鸾停，两崦如舒左右翼，此翔鸾乡之所由名也。《府志》云：汉章帝时有鸾鸟来集。考《汉章帝纪》，元和二年，"凤皇集肥城"。诏又云："乃者凤皇、黄龙、鸾鸟比集七郡，或一郡再见。"《府志》盖本此。孙柔之《瑞图》曰："鸾鸟者，赤神之精，凤皇之佐，鸡身赤尾，色亦被五彩，鸣中五音。"上有天池，一名陶山洞，见《肥城县志》。台东为春晖岩，有迎日洞，又有黄华洞，在悬崖峭壁间，樵者倒縋乃得入。洞口金花烂开，洞中深窈不可穷，有佛象刻石壁，若隐若现；有石床、石几之属。岩下望之，时有神人出入。台西为明月嶂，有夕阳洞。台北为璎珞岗，俗呼鹰落岗，有盘鹘洞。又北接引岩，有元武洞、象鼻洞。又北卧牛峡，有饭牛洞。台南为师子岩，有菩萨洞，一名菩萨岩。相传隋开皇时，文殊大士现化岩端，久之，祥云冉冉入幽栖寺，万众咸睹。《泰安府志》云："山前七十二洞，其最著者菩萨洞、蝙蝠洞、西施洞。"《肥城县志》云："菩萨洞，一名快哉洞，居山之半，高广数尺，人迹罕至。"左有飞泉洞，一名三尖洞，洞泉常涌。右有金草洞、丹砂洞。又左为丹屏峰，赭石壁立如屏，有慈云洞，每亢阳望洞中云出，即雨矣。下有钟乳洞，又右为车盖峰，有归云洞，与夕阳洞相接。突起一石，为望乡台，有纺车洞，在狮子岩西南。其南为伏虎冈，有蟋蟀洞。师子岩南为挂灯岩，慈氏之兆在焉。其下为叠石山，右有巨石，曰印峰、曰卓笔峰、丹屏峰。南下为螭首峰，圆椒戴土，下有积水洞。叠石山东南为鼓台，下圆而上平，有响鼓洞。叠石山南下为乳羊坪，坪南为青梯关，登山者必由之，有石屋洞。坪西南为展旗冈，陂陀曼延，凡山坳稍平，山民皆犁为田，有燕泥洞、淡竹叶洞、上水石洞。鼓台南为囷峰，形势圆峭，下有猫儿洞。展旗冈南为黄山，有白藏洞、金蛇洞，又有牧羊洞。青梯关南为乳罗山，有水洞四，皆挟陶阳诸壑之水，南出分流而汇于涧。《肥城县志》云："陶朱泉，在陶山下山岭间，向未开浚。"即此。

东崦，自接引岩迤东为青霞峡，有青霞洞、蝙蝠洞。《肥城县志》云："在菩萨洞之东，门西向，深邃远透东岩，无止极处。中有蝙蝠盈万，大者如鸟。"《水经注》引元中注云："蝙蝠百岁者倒悬，得而服之，使人神仙。"今洞中飞鸣，亦如丹水石穴也。又东稍北为横石嶂，又东为攒洞岭，其下有通樵洞，可通人行。舞鹤洞、木公洞，皆有石象。团圞洞、东三尖洞，皆形似。又东为柿子冈，有丹水洞。又东为凤味峰，有丹穴洞，其下有墨涛洞，洞中有水，水中有石，皆黝而柔，良砚材也。采者铲洞口粗石，就浅水剥取之，出水便刚，砻以为砚，不减端溪。洞南为团瓢谷，有柏坡。其南有天王万岁寺，佛殿有大石柱四，皆明宏治十年村民所施，刻有姓名年月，制粗而字劣，不足录也。寺宇三重，古柏数株，今称东幽寺。《岱畎图经记》："陶山有二巘，左曰东幽，右曰西幽"。由来旧矣。

凤味峰，迤南为报恩岩，岩北有白姑洞、黄姑洞，南有柏香洞。其下有关帝庙，庙南为报恩宫，奉元君。宫内古柏皆数百年物，黄冠多植花木，予于乙未年修墓寓焉。门前溪涧萦回，涧南有亭，亭左有泉，甚清冽，或曰东泉洞。宫西石甃广数丈，瀑布飞泻，东巘之水于此南下，出陶山南会诸山溪，西南流为大涧。宫东南有十二重楼，明末镇守太监所筑，为母后祈福，旋经兵燹，仅存四重，四壁屹立，至今人犹称"十二重楼"也。楼东有淅米洞。报恩岩东南为小日观，上有二洞，不知其名。又南为小泰山，岑崿绝类岱顶，上有石庙，祠元君，每年六月六日远近村民祈赛于此。其阴亦有元君洞，下有碧云洞。其东北岩有金牛洞，与牛山洞相通，可二十里。昔有樵人，自牛山洞持獾膏炬匍窣行，穿金牛洞而出。下有逐狼洞。小泰山南下有五福观，观内古柏二株，大数抱，供洪范五福象。观门外古柏四株，小桥流水，致为清邃。观东有鹿游洞、九芝洞。洞西北有精舍一区，倚山为楼。甲午之夏，予从先公营葬事，假馆鸠工，盖李氏别墅也，今亦易主矣。

西巘，自卧牛峡而北为仙人岩，有西施洞。《肥城县志》："高近绝顶，非梯攀不能至，相传西施同陶朱公隐此。"又北有牛女嶂，有织女、牵牛二石，下有罗汉洞，又下有采石洞。其上有石柱峰，其石中栋楹之用，洞中石可作碑碣。又北迤西为宝藏冈，其下有黄金洞、黑金洞，有人于洞中得矿穴，然偶尔得之，缒而求之弗得也，其上有弥勒洞。又西为五湖山，有西三尖洞，下有包山洞。又西为幽栖岩，林木苍翠。南有竹林寺，俗呼无影寺。寺有石室三楹，在悬岩数仞间，藓磴层级，萝葛延缘。旁有井泉，曰无影洞。右有瀑布崖，崖壁有宋宣和刻字，颇剥蚀，下有藏真洞。

竹林寺南里许，为幽栖寺，俗呼西幽寺，本陶公幽栖寺，为范少伯立也。唐时供佛，而祠少伯于其右。有贞观石碣、广明石幢，宋真宗尝驻跸焉。金大定时重修，殿奉如来、文殊、普贤、十八应真，栋宇崇丽，象设精严。殿有六棱石柱凡八，雕镂花纹，题刻姓名甚工整，胜东幽寺多矣。佛殿前有十王殿，后有戒坛，亦花纹石柱，但无刻字。今并颓废，仅存中殿、山门，犹岿然古刹也。《肥城县志》云："寺有钟，声闻百里。"少伯祠，在佛殿西，祠以木主，屋三楹，缭垣为门，颇有槐榆古木，国初邑令史廷桂所葺。祠北半里为少伯墓，墓前有碑，不著立人姓名，详见史廷桂诗碣。

幽栖岩西为望湖岩，下为大溪，在幽栖寺左，有流泉洞、泛舟洞，旁有神鱼洞。西崦之水迳此南流而下，汇于涧。流泉洞泉流数泓，祷雨辄应。望湖岩前有巨石为峰，曰"缆船桩"。土人言周时山坳即湖，今则深谷为陵耳。上有青松洞，虬枝横出，山色俱苍，或云即赞墓之青松子所居。又西稍南为忠智岩，有铸金洞，其下即少伯墓。又西南为曼陀岩，有朝阳洞，洞门南向，方可容车，广如堂室，为朝阳初洞。又登二十级亦如之，为朝阳中洞。又登二十级，深广倍于前洞，为朝阳上洞。三洞四壁皆刻诸佛法相，入洞阴黯，定睛视之，生动庄严，洞心骇目，夏月皆寒噤起粟，冬则温和如春煦矣。初洞之右有窍穴，上通上洞，旁入无底，疑有神物往来。元明之季，居民多避居于此。明李攀龙《肥城城碑记》云："在昔陶山之役，动勤王师，余犹及见之。"盖二崦天然石墉，外峻内奥，诸洞皆可受多人，固尝有负山为砠者矣。又西南有梳妆台，其西北又有西施洞，洞内有石楼，高峭不能上。又南为啸猢谷，有白猿洞。又南为孝福岭，二山相连，或云"孝福"即"啸猢"，音相似也。上有穿云洞。又南为莽牛山，有百泉洞，洞水常流崖石间，如匹练也。又南为小华山，东有莲花洞，石瓣攒簇如莲。西岩有西王母洞，群鸦栖洞口短树，道者以为青鸟矣。

陶山南为泌水，山下有大涧，发源于东崦，西南流，横过山前，山中及西崦之水皆会焉。入于肥水，西南汇为白银河，归东平运河。《水经注》："汶水又西南，有泌水注之，水出肥城县东北原，西南流，迳肥城县故城南。乐正子春谓其弟子曰：'子适齐过肥，肥有君子焉。'左迳句窳亭北，章帝元和二年，凤皇集肥城句窳亭，复其租而巡泰山，即是亭也。"其水又西南流，注于汶。蒙案：肥水即蛇水，《水经注》："蛇水，出蛇丘县东北大山，西南注于汶。"今肥水出五道岭下，迳肥城东而西南流者，为康王河，会黄山下水为肥河。陶山南有衡鱼河，即泌水也。汇九泉，东西流，皆入于汶以济运。

当陶阳为涧北庄，在涧之北，聚三四百户，石庐枣篱，炊烟相接。田虽硗，而人勤耕牧，岁有薄收，无千金之家，亦无冻馁之人。年七八十以上者，往往不识冠盖。庄西有三官堂，古天和观也。又南为晒书台，《府志》云："相传孔子经游处。”上有大成书院。

山南大道为翔鸾驿。《宋史》：大中祥符元年十月壬辰，车驾驻跸郓州。知制诰朱巽言奉玉册至翔鸾驿，有神光起玉册上。丙午，次翔鸾驿。驿盖因翔鸾乡而得名，“鸾”或曰“銮”。初，真宗东封，法驾改用小驾仪仗，名曰“鸾驾”。山西南有凤凰山，下有凤山社，即句窳亭遗址。汉章帝元和二年，《东观记》云“凤皇见肥城句窳亭杨树上”是也。陶山，左壁傲来，右堑防门，长城屏其北，汶泌襟其南。冉子故里，先贤冉伯牛之所居也。孝堂山，汉孝子郭巨之所葬母也。皆在山前后，相距二三十里，气脉联注而形体弗属，故不书。

长沙唐氏新阡，在陶山之阳，立于乾隆之三十有九年……[①]先公于庚寅腊月，移官昌邑，而先母氏谭卒于平阴官舍。先是，先公自邑之郡，辄经陶山，相其阴阳，指为瑕丘。后二年罢官，益贫，不克归母榇。先公曰“齐人爱我如父母”，乃命殡于此山之阳。母氏事先大母彭最孝，大母性严肃，侍养者屏息不敢出声，母氏独能得其欢心。临终，谓先公曰：“事亲如汝妇，可谓孝矣。”母氏勤俭雍睦，族党式之，教子以义方，无姑息之爱。至官舍，日率妇婢纺绩不辍。其葬也，平阴、肥城两邑士民，相率助庸，穿圹负土成坟。圹在山上，山至险峭，不可炊汲，从麓至圹，诘屈四五里。圹又石椁天成，坚整无罅，斤凿所入，仅得分寸，工徒登降传餐，日夕胼胝无怨色。椁当前和开一洞穴，绀砂中满，举锸除砂，适足容棺，推棺入穴，仍以凿石扃合如故。棺初上山，颇以攀陟为危，乃舁舆执绋者数百人，齐歌蒿里，蜂拥蚁附，登跻如云，无少轩轾。非先公惠政，先母氏懿淑所感，曷由至此！而风俗敦庞，邻里匍匐，为人子者能无雪涕稽颡于数百人之前乎！此甲午年夏四月事也。其秋，仲冕举京兆，窃自悲叹，生无毛义捧檄之荣，殁无郤诜舆柩之力，徒怀蔡顺圜冢之泣，愧乏林攒作阙之祥。昔孔僖卒，葬临晋，其子长彦、季彦皆十余岁，曰：载柩而归则违父命，舍墓而去于心何忍。遂留华阴。仲冕愿附二稚之义，因以陶山为氏。岁在辛丑，守令生儒延主泰山讲院，乃得以束修所入，当涧北天和观之东，置宅一区，祭田三十六亩，葺茅屋三间，为白云丙舍，直挂灯岩之南，启北窗则望见兆域矣。然先公年七十余，犹教授里门，乃间岁一归省，营甘旨。至岁己酉即世，遗命若曰：“汉袁贺早失母，其父伯楚病，因敕使留葬，侍卫先公。慎无迎取汝母丧柩，如亡者有知，往来不难；如其无知，祇为烦耳。昔人以为清高，儿曹识之。”因葬故乡之柳术塘。齐楚相违三千里，虽合

① 此处与陶山无关内容从略。

葬非古，而展墓有期，致多乖隔。祖宗祠墓所在，兄若弟若诸子任之，仲冕当率妻子躬耕陶山之阳，以终身焉。癸丑春，成进士，释褐除令，将之吴中，惧由是拜扫之疏旷也，假道于肥，攀条设祭。《记》曰：“父母既没，必求仁者之粟以礼之，此之谓礼终。”他日沾禄糈、买山田，便当返吾初服，栖迟岱畎，守坟墓，莳松柏，与田更野叟追话先公遗爱，岱下诸生复相从讲学，述先人之志业，于愿足矣。乃作《陶山赋》以见志，其词曰：

维济北之东郡，乃岱西之南支。越三布之崱屴，循五道之逶迤。郁葱度金牛之穴，句窳横威凤之枝。倚孝堂于郭巨，辟幽洞于鸱夷。盖县本肥而始建，山以陶为最奇也。昔范少伯佐越句践，沼吴计成，相齐名显，变姓间行，挈家重趼。谓地拥乎肥河，将物饶于岱畎。于焉治生，足资富产，养鱼有池，牧羊有栈，致资百万，能聚能散。固计研之余术，实林泽之沃衍。是山也，岿然特起，峙于平陆，学岱宗之岩岩，环群峰之矗矗，小山为宫，大山为蜀。其上平天而冠整，其下蟠地而钟伏。石削成以横巅，土埴坟而附麓。七十二洞，㡡㝗缭曲，玉几金床，可凭可宿。东崦则十二重楼，夷光之妆台筑焉；西崦则幽栖古寺，朱公之佳城卜焉。泌水发其源，涧泉绕其足。济北贯而沦涟，汶南襟而波属。山峻川平，纵横极目。嘉禾遂生，岂惟畜牧。木则白榆翠柏，果则文杏绯桃。柿垂垂而叶赤，枣纂纂而香飘。春原肥苜蓿，秋架蔓葡萄。慈乌鹳鸰，将翔将翱。仙禽时集，恶鸟无号。蝙蝠飞于岩穴，络纬鸣于堂坳。匪征异于物产，亦藉毓于土膏。左通横岭，右控榆山。长城为障，防门为关。自卢阿而达郡，恒经过而仰观。日吾先君之宰平阴也，戢贪暴，恤茕矜，锄稂莠，培芝兰。雉雊于野，犬牦于闲，寝工作于云石，靖繇役于墉垣。望兹山之旁魄，隐有合于形家之言。于后金萱乍凋，铜绶亦解，归榇无资，表阡有待。大人乃谓牛眠可卜，马鬣斯在。邑之士民闻之，咸愿率钱负土，助我贫宰，破石得椁，起坟成嵬。惟予兄弟，深抱愆罪，千里窀穸，终身泣洒，越今二十年矣。终天复痛于椿庭，合葬难返于湘水。往来齐鲁之郊，却略荆楚之里。愧夏畦之有依，伤春晖之长已。守邱垄以难期，指松楸而至止。山崴嵲而风高，洞邃邈而云起。留连绝壑，缅怀前轨。未尝不叹范子浮家徒为智士，郭君葬母乃真孝子也。重曰：陶山之脉，祖泰岱兮。名自陶朱，善举废兮。家世儒素，躬负耒兮。幽穸是营，愁褦襶兮。石窆天成，异金穴兮。继世牵丝，守冰雪兮。展墓怆怀，辞鄙拙兮。少游有志，题巀嵲兮。

［选自（清）唐仲冕：《岱览》卷三十二，清嘉庆十二年果克山房刻本］

汪梅鼎

汪梅鼎(1754～1815年),字映琴,号浣云,清休宁(今安徽省休宁县)人。乾隆五十八年(1793年)进士,官至浙江道御史。有《浣云诗钞》等。

齐楚丙舍图,为陶山赋

荒荒齐楚山,呜咽动林莽。儿也宦江南,倩余以画仿。儿身不生翼,儿愿梦中往。儿梦或易觉,得画日追想。嗟哉陇畔春,白云郁灵爽。山杏几株红,血泪欲相仿。缥缈望层楼,古香蕴帷幌。零霜作暮寒,寂历松楸响。孝子念其亲,哀哀诉畴曩。亲没迟筑庐,亲生未禄养。两地数千里,一身悲俯仰。我钦廉吏贤,清誉日宏广。愿展霖雨材,亲心慰幽壤。所职诚无惭,所生乃不枉。宦成拜墓前,为君再写像。

[选自(清)汪梅鼎:《浣云诗钞》卷三,清嘉庆二十三年邀月轩刻本]

慈云片影诗

陶山所藏石名也,即次陶山韵。

玉印叠方翠,陶山矗林表。居然关仝师,又似云林老。小石势弗殊,登山墓初扫。携作袖里珍,感深垅上草。镌石寄孺慕,濡墨图窅窕。朝夕礼一拳,虚无笑三岛。照席念所生,铸形关大造。所以酬孝思,岂谓惬幽抱。人有如拱屏,君梦入绣褓。风木触鄙怀,家山怅寻讨。摹此一片云,引我泪痕绕。

七十二洞小石诗,次唐陶山韵

化工肖物添玲珑,荔支桃核俱凿空。径寸石逗一线窍,乃与七十二洞精神通。我闻陶山之山多异态,万灵攒集霍与宫。有子远宦省垄表,山不可移心力穷。菩萨低眉赠此石,如郭熙画,如王蒙宝。兹玉润,永晨夕,岂比金钝资厉砻。吁嗟乎,人生萍寄沧溟中,墓田丙舍多迷蒙。君今拜石如拜一抔土,感君题诗留画事可风。

[选自(清)汪梅鼎:《浣云诗钞》卷六,清嘉庆二十三年邀月轩刻本]

王芑孙

王芑孙(1755～1817年),字念丰,号惕甫,清长洲(今江苏省苏州市)人。乾隆五十三年(1788年)举人,官至国子监典簿。有《楞伽山房集》《渊雅堂集》等。

《齐楚丙舍图》记

《齐楚丙舍图》者，吾友长沙唐仲冕思亲作也。君世楚人，然先公葬于乡，先夫人别葬山东。居恒游宦，东西瞻望尽然，有念于图乎寓之也，慨自蒙人墓大夫职废阴阳祸福之说，阑出不可止，虽孝子慈孙，有不能尽执先王之法，以矫世愎谏，繇是士大夫逾时而弗克葬者多矣。今兹先公、先夫人各从吉卜孔，固孔时君复何伤焉？且夫合葬非古也，周道然也。东汉碑版在今所见合葬者，十不一二，唐宋之世，其人随宦所之生，辄留家，死常不返。韩欧王氏诸家铭文可按彼，盖不敢以生者之有待久羁亡者，而勿归之土也。然则先夫人别葬，其亦犹行古之礼欤。芑孙不天，痛遭先君子奄弃，求葬地未得，方将腰绖出门，以谋窆石之资于四方，其为隐闵，视君又何如矣？乃系辞以达君之哀，而纾其思。系曰：畛松楸兮岱阳，河汤汤兮无梁。想衣冠兮湘阴，江渺渺兮愁心。身羁宦兮江之浒，霜秋零兮露春湑。路迷茫兮漫漫，梦杳杳兮关山。写予情兮豪素，指归云兮日暮。君何为兮怏怅，郁佳城兮相望。亘千秋兮一向，奚同穴兮异圹。宅既安兮飨既时，魂娭游兮无不之。倏往来兮九野，飒云车兮风马。欸且笑兮山阿，被薜荔兮带女萝。悦孙子兮婆娑，灵降福兮孔多，君悲伤兮奈何。

[选自(清)王芑孙:《渊雅堂全集·惕甫未定稿》卷六，清嘉庆刻本]

汪为霖

汪为霖(1763～1822 年)，字傅三，号春田，清如皋(今江苏省如东县丰利镇)人。乾隆四十四年(1779)武进士，官至兖州府知府。有《文园酬唱》等。

陶山自丙舍携来二石，一名慈云片影，一名七十二洞天，绘图属题

移山拜石寸心知，棐几芸香勒妙辞。半是官箴半慈训，爱民争忍不如儿。

洞天何处礼仙坛，拳石携来面面看。始信仙根异凡骨，玲珑坚朴两全难。

[选自(清)汪为霖:《小山泉阁诗存》卷六，清道光二十年如皋汪氏重刻本]

李基熙

李基熙，生卒年不详，字止庵，清肥城(今山东省肥城市)人。乾隆五十一年(1786 年)举人，官至德平县儒学教谕。有《怡园存草》。

《陶峰小课印谱》跋

粤古苍颉，观天地之情，察万物之变，以古契易结绳，三代形体渐殊，大抵不□乎古文者近是。秦以后变而为隶，真行草日趋简易。惟官私印尚篆刻，其他用之者盖寡。然嗜古之士，探幽索渺，凡鼎盘刀剑，峋嵝石鼓之遗文赤字，得之者奉为希世珍。故金石印谱诸刻，文不在多，而言精意□，所存恒足以寿世而不朽。余中表朱陶峰兄，性澹逸，不屑屑为时好，琴书尊彝之旁，手镌大小石若干，类皆古色斑驳，灿列几上。观其《小课》一册，心手灵敏，章法疏密，妙同天然，无美不备；或娇若时女，或艳若春华，或老若苍松，或峭若怪石，或回翔若凤翥，或惊逸若龙腾，珊瑚错落，云霞蔚蒸，诚艺圃之大观也。非神明于古者，何足语此。昔郎仁宝自矜博雅，而考其藏弆，不过魏晋间数小印，便称奇异。则持斯课以公诸世，而阴阳奇偶，古今正变之情，悠然可会，夫是仅雕虫小技已哉。愚表弟李基熙谨跋。

（选自郁重今编纂：《历代印谱序跋汇编》，西泠印社出版社2008年版，第505～506页。）

尹鸿价

尹鸿价，清肥城（今山东省肥城市）人。乾隆五十三年（1788年）举人，官至淄川县训导。

《陶峰小课印谱》序

昔祖莹辨于阗之印，史称博物，于以见文字真迹，惟金石为能不朽。粤稽在公者为官印，志姓名者为私印，自汉而后，夫人皆得有之。而耽嗜者穷其源流，尽其艺术，用能窥乎周秦以来古人之堂奥，而启后世文人学士思古之幽情，则雕篆之道，实有上下千古之契焉，岂曰循迹摹勒已哉！内兄朱君陶峰，工铁笔，博辨有法，孔鼎汤盘，岐阳之鼓，岱山邹峄会稽之石刻，与夫古文籀篆分隶诸家之字书，莫不元元本本，殚见洽闻。所得日益多，所制日益富，举凡玉血铜斑，螭纽龙文，韭花薤叶，布列几案间，灿然若五都之市，令观者刿心怵目，恍然与轩颉冰斯相唯诺而同鷇壳也。癸丑冬，爰以紫阳《家训》、《桃李园序》、《陋室铭》汇镌登册，命为《陶峰小课》，意不欲问诸世。余曰：是乌可私为枕中秘乎？昔宋元王赵诸公，已有印谱之刻，近如姜次公、王安节宓草兄弟，皆以图章称名家，持是册以与为颉颃，未见古人专美于前也。况金石之固寿且不朽，播诸艺林，自可因文字以证心法，则卓然于上下千古者，其在斯乎，其在斯乎！于是书识简端，以俟夫嗜古者鉴赏焉。乾隆五十九年花月上浣之吉妹婿尹鸿价拜稿。

[选自郁重今编纂：《历代印谱序跋汇编》，西泠印社出版社2008年版，第504～505页。]

杨启润

杨启润，生平不详。

《陶峰十课印谱》跋

图书雕虫也，然以为雕虫，何在而非雕虫者。性之所好而情生，情之所寄而乐存，雅俗人固自不相同。余观《陶峰小课》印，《家训》教家也，《陋室铭》自况也，《桃李园序》极时行乐也，仙风道骨存焉。陶峰镌以古篆，朝夕观玩，其意高人远甚。愚谷山人杨启润跋。

[选自郁重今编纂：《历代印谱序跋汇编》，西泠印社出版社2008年版，第506页。]

朱　琦

朱琦（1769～1850年），字玉存，号兰坡，清泾县（今安徽省泾县）人。嘉庆七年（1802年）进士，官至侍读。有《小万卷斋诗文集》等。

为唐陶山师题《上计谒祠图》四首并序

陶山为师葬母所，故以自号。师尊人石岭公宰山左，有惠政，民至今思之，因于墓傍建祠。庚午夏，计荐入都，归涂将展拜焉，先绘是图。

迢迢丙舍望天涯，谷口新驰上计车。宰树百寻青覆屋，秋风还落旧棠花。

陶朱故里白云寒，涧北祠高路几盘地名涧北山庄。不独拜茔人洒泪，村翁都作岘山看。

斜阳草色动关心，岂有樵苏到茂林。终古部民同守冢，万家旁置笑淮阴。

烟岚郁郁尽松楸，尺幅丹青手泽留。更待泷冈他日表，文章照耀足千秋。

[选自（清）朱琦：《小万卷斋诗稿》卷十三，清光绪十一年嘉树山房重刻本]

邓显鹤

邓显鹤(1777～1851 年),字子立,号南村老人,清新化(今湖南省新化县)人。嘉庆九年(1804 年)举人,官至宁乡县训导。有《南村草堂诗钞》等。

泰安道中寄唐镜海太守肥城

镜海居太夫人忧,时方庐墓于此。

仆仆长城道,关河信马蹄。朝暾明岳色,海气涌天脐。横侧千峰合,坳洼万谷低。泷冈渺何处,怅望岱云西。

[选自(清)邓显鹤:《南村草堂诗钞》卷十四,清道光九年刻本]

唐　鉴

唐鉴(1778～1861 年),字镜海,号翕泽,清善化(今湖南省善化县)人,后入肥城籍。嘉庆十四年(1809 年)进士,官至太常寺卿。有《唐确慎公集》等。

《夏雨驱蝗图》序

余旬宣江南,蒙恩赏假七日,回山东肥城县之涧北庄,祭扫先祠墓。入境见农民望雨急,飞蝗阵阵落地,恻然伤之。涧北庄外有泰山行宫,默祷焉,而蝗一夕尽去。大雨连昼夜不止,泽地一尺有余,邻里欢然称庆。余感神之澹灾速而布惠溥也,因识焉。

[选自(清)唐鉴:《唐确慎公集》卷二,清光绪元年刊本]

陶山扫墓三首落第归

大父宰平阴,大母葬肥邑。居民荷锸来,老幼如鸠集。至今甘棠存,近与墓门接。去思留口碑,高冢从马鬣。当其为宰时,垂帘理讼牒。贫无归葬资,抔土聊完葺。齐楚路三千,阅年已四十。风传沂汶清,雨过松楸泣。

我父游齐东,廿年频驻马。筑石陶山旁,主讲岱宗下。两山郁嵯峨,百里连平野。曾以束脩金,置田供扫洒。负土营坟墓,结庐入田社。此志竟未伸,宦海难休假。去年旌旆来,攀寻及甜间。千里载慈云,时时念封鲊。

大母殁卅年,孙鉴生廿载。分阴掷隙驹,寸进同驽骀。虽补弟子员,终愧天下士。郁抑不足言,卤莽竟何似。今年试京兆,坦率又如此。负笈归朐山,策蹇过汶水。风雨近重阳,烟雾迷千里。洒酒拜坟前,众山皆仰止。

山居二首

草笠芒鞋略世情,此身因得守先茔。山禽噪晓惊眠惯,野老迎谈见面生。镇日书翻千数叶，一年须白两三茎。春来种柏连冈陇，最好时和雨又晴。

荒村落落绝车尘，门外新槐略绽春。疏食岂须周党蒜，藜羹翻胜陆机莼。久窥山意方知静，不爱家书又说贫。键户无人因独坐，细参惟有性天真。

将出都门偶尔书怀即以留别诸同年知己

作吏先论材，治民贵有学。而我何如人，居然玷守牧。忆昔膺殊恩，弃疵从简录。慄慄懔天语，欣欣戴春旭。退思驽下才，深恐覆公餗。一诚不敢欺，矢之以幽独。单车入昭潭，凡事求民欲。婴儿察饥饱，病疷问寒燠。推此见所害，有如身遇毒。罔擢倾鹗巢，弓矢徙鳄渎。斯民皆良苗，有士等璞玉。从兹黉舍间，共说礼与乐。长官岂有能，邦人爱之笃。望云思南陔，归帆驶以速。痛丁岁在申，萱树感风烛。蛇邱营窀穸，朝暮走山麓。再期返金陵，杖鸠日三祝。方喜诗礼严，且幸甘旨足。年逢委和纪，忽然弃顾复。此哀已终身，此罪更难赎。藏书十万卷，含涕不能读。峨峨鸥夷山，下有白云屋。晨起拜家堂，夜来泣宰木。于此可终焉，曷为变野服。插足尘埃中，风雨任驰逐。谒选来春明，软红没轮毂。荒刹身栖迟，寒过暑又伏。看看塞鸿归，寄语篱边菊。登程方有期，论治殊可恧。一伎殚千金，未能适时俗。采芝昧琼岛，求珠失蚌腹。森森万派流，何者得归宿。自反无据依，欲前复退缩。古人建勋猷，必由道德畜。非能济群生，焉肯食君禄。所以任厥职，罔不受其福。嗟予学无成，历官亦未熟。如鸟羁笼樊，如驹困局促。所持惟衾影，安敢事表襮。前事幸无愆，再往或未辱。愿藉箴规言，书绅以为勖。

展　墓

磷磷列石惨深烟，不见松楸又一年。洞蝠山多蝙蝠，穴于洞山鸟乌丹嘴赤胫，盖《尔雅》所谓“鸠鸲”也，惟此山有之红叶雨，晨霜夜露白云天。涧苹奉祀违时节，宰木伤心泣陇阡。堪叹粤西千万里，长号欲去复迁延。

辞涧北祠墓

匆匆拜展又登程，雨嶂烟峦万里情。绕膝牵衣非昔日，强颜曳紫累平生。牛羊勿践酬樵牧，鸿雁分飞忆弟兄。何日归来依丙舍，白云红树事春耕。

到家四首(其一)

霜雪盈髭博一官，七千里外计程宽。岱东展拜慈云远，白下归来暮雨寒。

儿女捧觞成薄醉，友朋聚首话长安。阶前倦鹤犹相待，且莫轻弹贡禹冠。

［选自（清）唐鉴：《唐确慎公集》卷六，清光绪元年刊本］

出京赴安徽任至肥城扫墓

重游桂管又三年，泰岱迢遥万里天。枫陛宠膺新渥泽，松阡获展旧云烟。圃留枣柿酬童叟，涧有苹蘩奉豆笾。回忆湘江无去雁，令人惆怅脊令篇。十弟于五月去世。

自临清往肥城埽墓居二日回船

五汶交汇兮河曲，我过汶水兮思岱麓。岱宗旁礴兮钟灵奇，旁耸方山兮名鸱夷。白云匝沓兮下有穹碑，空山无人兮慈乌飞，慈乌飞兮游子归。烟漠漠兮凝寒晖，郁青青兮松柏老。手翦榛芜埽秽草，婉语牧竖兮稍远，毋使牛羊上山坂。采苹藻兮登豆笾，时当月朔兮佳果荐。新居二日兮将行，依依宰木兮何以尽吾情。君不见婴儿堕地尺半长，呱呱而泣寝之床。稍长出入牵衣裳，那能一日离亲旁。

自题《岱麓耕云图》并序

昔大父宰平阴，葬大母于邻邑肥城之鸱夷山，安焉而未敢迁。双亲终身不忘遗命，葬其左右，以终定省之志。道光五年四月，吾母葬兹山之东崦圆凤冈。八年四月，吾父葬其西牯牛山之阳安子山，从先志也。吾先后守墓六年，拜扫之余，看邻叟村童，雨耕晴耨，不知有他事，心甚羡之。虽薄田数十亩，瓯窭硗埆，未足以奉烝尝，而亦庶几林泉栖止，不离亲侧也。今则动经数千里，险阻艰难，所在皆是，望云惆怅，此身不觉在泰山之麓也。因为之图，系以诗云：

岱麓数百里，其山几满千。迤西一鸱夷，高出众山巅。大母寄幽宅，山面悬岩间名挂灯岩。安焉重迁徙，倏历六十年。双亲念定省，易箦留遗言。于时卜兆域，东西两相环。东冈状凤翼，西岭形牛眠。峨峨挂灯岩，仰视中独尊。有如一堂坐，子妇立两边。我留事拜扫，一日三往还。松柏手自植，灌莽手自斩。流泉绕山脚，白云飞山前。顾复如闻声，瞻依承笑颜。长此志意接，不异庭闱亲。村前有田叟，村后有山民。秉耒乐南亩，荷锄盈东阡。我欲为老农，与之结比邻。庶几子职尽，亦免尘世喧。自从释蔽褐，遂尔驱劳薪。三年饮漓水，两载羁吴门。烟波隔江海，风雨迷关津。欲耕不能得，千里怀慈云。

［选自（清）唐鉴：《唐确慎公集》卷七，清光绪元年刊本］

九月八日上陶山府君墓

是日为府君生辰。

四年不上先人陇，千里长怀孺慕思。展墓适逢初度日，还山方受厚恩时。焚黄获换新袍笏，明发如闻旧礼诗。可奈治生竟无术，江南主讲被纶丝。

上先妣宁太夫人墓

翠柏森森手自栽，林前百拜不胜哀。埋蛇自愧非孙叔，舞彩回思痛老莱。流泽方浓新雨过，慈云常在孝乌来。衹因墓祭今非古，敬向神祠酹一杯。

上祖妣谭太夫人墓

形家多说挂灯岩，大母之茔见大凡。弱冠即来攀巇巉，古稀常欲近松杉。昔时荣诰双华表，今日新恩二品衔。叠石层层似书册，为留奕叶万千函。

［选自（清）唐鉴：《唐确慎公集》卷八，清光绪元年刊本］

黄本骥

黄本骥（1781～1856 年），字仲良，号虎痴，清湖南宁乡（今湖南省宁乡市）人。道光元年（1821）举人，官至黔阳县教谕。有《三长物斋诗略》等。

陶朱公墓

货殖于公只绪余，史家特传意何居？文章毕竟难图霸，我亦心仪致富书。

［选自（清）黄本骥：《三长物斋诗略》卷二，清道光刻《三长物斋丛书》本］

尹鸿泽

尹鸿泽，生平不详，清山东肥城（今山东省肥城市）人。道光年间恩贡。

陶朱公墓

逃名隐姓去江湖，讵等愚夫远智无？五霸雄图归小越，十年秘计沼强吴。墓碑剥蚀生苍藓，山径荒凉满绿芜。富贵已看成敝屣，西施共载说原诬。

（选自光绪《肥城县志》卷二，清光绪十七年刻本）

曾国藩

曾国藩(1811～1872 年),字伯涵,号涤生,清湖南湘乡(今湖南省娄底市)人。道光十八年(1838 年)进士,官至直隶总督。有《曾文正公全集》等。

唐确慎公墓志铭

公讳鉴,号镜海,唐氏。先世自江西丰城徙居湖南之善化,四传至讳焕者,以举人官至山东平度州知州,公之祖也。生子仲冕,以进士即用知县,官至陕西布政使,公之父也。平度君以子贵,诰赠通奉大夫;配李氏、谭氏,俱封夫人。谭夫人没而葬于山东之肥城,布政君及配宁夫人皆踵葬肥城。公以父命徙籍山东,故又为肥城人焉。少而迈异精勤,嗜学如渴,以廪生入赀,为临湘县训导。嘉庆十二年,举于乡。十四年,成进士,改翰林院庶吉士。又二年授职检讨,又六年补浙江道监察御史,充甲戌科会试同考官、戊寅科顺天乡试同考官。坐论淮盐引地一疏,吏议镌级,以六部员外郎降补。会宣宗登极,诏中外大臣各举所知,诸城刘文恭公镮之荐公,由是有广西知府之命。厥后再为平乐府知府,一为安徽徽宁池太广道,量移江安十府粮道,拜山西按察使,迁贵州按察使,擢浙江布政使,迁江宁布政使。扬历于外盖二十年。其守平乐也,亭平民猺之狱而解其仇,屡磔剧盗,境内肃然。是时布政君解组东归,侨居金陵,公闻母病,即引疾去官,省亲江南。既遭内外之艰,皆北葬肥城,庐墓读《礼》。服阕,以例仍发广西,再守平乐。道光十二年,广东湖南生猺为乱,公出防边圉,内讥奸宄,往来富川、贺县,安抚熟猺,兽扰而儿蓄之。设立五原学舍,延师教读,群猺大悦。擒郡中煽乱者谭于先等十余人,立斩以徇,而贳其胁从千余,火其名籍,一无所问。其按察贵州也,平反疑狱,归美令长。曰:"非吾能正之,某县尹来省,自易之耳。"其在江宁,拯灾修废,百度毕张。时总督陶文毅公澍寝疾,公代行使院政事,文牍如山,宾僚填咽,昧爽而勤职,丙夜而不休,忘寝辍餐,形神交瘁。而言者乃劾其多病近药,废阁公事。又杂摭他端,以相訾毁。朝廷遣使者按问,率无左验。宣宗知公端谨,一切弗论,忌者或惮其方严。未几,内召为太常寺卿,道光二十年四月也。公潜研性道,宗尚洛闽诸贤,所至以是敕其躬,亦以牖于人,亦时时论著以垂于后。在翰林时,著有《朱子年谱考异》《省身日课》《畿辅水利》等书。在广西著《读易反身录》。居丧著《读礼小事记》。官平乐时,延纳人士入署,亲与讲授,设立义塾,诲诱寒畯。官贵州时,亦如之。官江宁，亦如之。及入为九卿，又著《易牖》《学案小识》等书，扶掖贤俊，倡导正学。时，如今相国倭仁艮峰、侍郎吴廷栋竹如、侍御窦垿兰泉、何文贞公桂珍辈，皆从公考德问业，国藩亦追陪几杖，商榷古今。观其陋室危坐，精思力践，年近七十，斯须必敬。盖先儒坚苦者亚，时贤殆不逮也。已而，致仕南归，主讲金陵书院。文宗践阼，有诏召公赴阙，凡进对十有五次，中外利弊，无所不罄。谕旨以其力陈衰老，不复强之服官，令还江南，矜式多士。公至金陵，学徒益盛。以贼犯湖南，急欲归展先茔。咸丰三年，乃自浙还湘，卜居于宁乡之善岭山，深衣疏食，泊然自怡。晚岁著《读易识》，编次《朱子全集》，别为义例，以发紫阳之蕴。十一年辛酉正月十八日，疾卒，春秋八十有四。其家函封遗疏，邮寄东流军中。国藩以闻，天子轸悼，予谥确慎。配王氏、杨氏皆封夫人，前卒。无子，以弟子尔藻嗣。女四人，适某某。孙男三人，某某。孙女三人。某年月日，葬公某县某乡某山。又八年，国藩始追为之铭。铭曰：

俗学徇时，行与名钓。孰捐其华，而练其要。唐公翼翼，与世殊趋。惧明戒旦，笃信程朱。有讥其隘，或讽以迂。浩然不顾，履我康衢。显皇初政，诏征国老。造膝前陈，嘉谟要道。愿致吾君，上跻轩昊。进退以礼，敛兹宏抱。宦游所至，我求童蒙。晚居京国，群彦景从。何才不育，有金皆镕。以善孳善，偕之大同。播此芬韵，昭示无穷。

［选自（清）曾国藩：《曾文正公文集》卷三，清同治刻本］

萧培元

萧培元（1816～1873 年），字钟之，号质斋，清云南昆明（今云南省昆明市）人。咸丰二年（1852 年）进士，官至济东泰武临道署山东按察使。有《思过斋诗抄》等。

过肥城陶山有怀陶朱公

沼吴计已就，君王其自图。臣行臣之志，扁舟泛五湖。鸟喙多疑忌，胡可一朝居。患难同匡济，安乐必剪除。文种何所罪，一死身无辜。方知金铸像，钦慕实矫诬。亡身赴东海，拜相辞齐都。知足复知止，深谙老氏书。吴人称范蠡，齐人重陶朱。驱车过山下，青山幽鸟呼。山在人如在，高风千古无。

［选自（清）萧培元：《思过斋杂体诗存》卷九，清同治十三年刻本］

尹如陵

尹如陵，生平不详。

陶山怀古

蜡屐登陶山，遍览陶山景。峰头烟雾浓，洞口云霞静。为访范蠡祠，穿林复登岭。古墓宿草深，虚堂春树冷。忆昔归五湖，扁舟出越境。远害何逍遥，烟波踏万顷。如何后之人，尊荣弗自省。游罢出山来，一路夕阳影。回首白云深，中心犹耿耿。

（选自光绪《肥城县志》卷一，清光绪十七年刻本）

翟化鹏

翟化鹏（1857～1926），字溟南，清平阴（今山东省平阴县）人。光绪十八年（1892 年）进士，官至员外郎。有《樵语》《鹿樵诗存》等。

过陶山下

昔我髫龄采芹藻，十年奔走陶山道。今我白发重经过，山色依然如前好。忆昔陶朱来此间，等闲系住五湖船。千金坐拥寻常事，西施网得非偶然。至今烟雨空蒙里，淡妆浓抹想容颜。我来寻幽伤迟暮，言访古人埋骨处。但见苍松郁郁横山椒，白雪茫茫迷樵路。采香径与响屧廊，回首吴宫隔烟雾。幽栖置酒空徘徊幽栖，寺名，美人高士安在哉？日暮乌栖牛羊下，我亦长歌归去来。

（选自翟化鹏：《鹿樵诗存》，民国元年宣元阁印刷部排印本）

唐尔藻

唐尔藻，唐鉴嗣子，生平不详。

皇清诰授资政大夫特旨赐谥确慎二品卿衔太常寺卿唐公镜海府君行述

呜呼痛哉！昔年服官中外，不孝虽随任读书，而年幼无识，于府君道德政事文章不能详述万分之一也。然又恐嘉言懿行久远无传，故自不孝稍长以来闻见于晨昏定省时者，一一记忆不敢忘。不孝虽闇昧，敢不于昏迷创痛中和泪濡墨敬献梗概哉？府君讳鉴，字栗生，号敬楷，又号镜海。先世江西丰城县籍，自明永乐中，荣琛公始迁善化之白田铺，侨居数世。隆、万间，兴公徙田心桥，始有庐墓。明末兵燹，仅存三世祖信甫公，生子五，为五大房，长房即府君也。高祖公锡公讳启科，诰赠通奉大夫，妣氏刘，赠夫人。曾祖宗周公讳学文，国学生。祖尧章公，讳焕，由廪膳生中乾隆辛酉科举人，部选山东平阴县知县，调昌邑县，署平度州知州，敕授儒林郎。平阴士民公举，入祠名宦。均以道光元年先大父官福建按察使，诰赠通议大夫。二年，迁陕西布政使，晋赠通奉大夫。曾祖妣氏彭，祖妣氏李、谭，均赠淑人，晋赠夫人。考陶山公，讳仲冕，邑庠生，中乾隆甲午科举人、癸丑科进士，江苏即用知县，历官至陕西布政使，三权陕西巡抚，诰授通奉大夫。海州士民公举，入名宦祠。道光二十五年，以府君官太常寺卿，加二级，诰赠资政大夫，妣氏宁，诰赠夫人。

府君兄弟三人，府君为伯；仲父紫玖公，讳锳，浙江候补盐运使司副使；本生父竹泉公，讳錢，甘肃泾州直隶州知州，皆先卒。府君生而颖异，六岁入塾读书，声清朗彻户外。十二岁读《纲鉴》，每遇一事，必发一论。先大父见之，谓年幼不得妄议古人，而心喜其有卓识。十五岁应童子试，屡列前茅。嘉庆己未，补弟子员。庚申，食廪饩。甲子科应京兆试荐，未得俊。援例，选岳州临湘县学训导。丁卯，登贤书。己巳，成进士，钦点庶常。辛未，散馆授职检讨，充国史馆协修。嗣充甲戌会试、戊寅顺天乡试同考官。两次得人及荐而未售者，如陈芝楣制军、赵述园方伯、松秀峰都护、鄂松亭水部，其最著者也。京都供职，日与戚蓉台、贺藕耕、陈午桥、贺蔗农诸年伯，以理学相切磋，以经济相劝勉。尝谓畿辅水利久废不举，国家生财之道莫此为善。因采择古书，咨询利弊，并察访直隶经河纬河、东淀西淀、南泊北泊，古今兴废，一切形势无不了然胸次。因著《畿辅水利》一书。府君平居，和易近人，无疾言厉色，乐成人之美而好施予。自官检讨后，施以俸，余岁递增其数，意犹若有歉于人者。丁丑，迁浙江道监察御史。己卯，充会试监察御史。府君日思尽职报国，封章屡上，有《吏部豫东不集选法不公疏》《劾湖南巡抚某保荐贪酷某知县疏》《请复日讲疏》《请复淮盐地段衡永郴桂仍食粤盐疏》，其淮盐一疏，以纷更格于部议，奉旨以六部员外郎改补。辛巳，以废员引见，三月简放广西遗缺知府。到省，赵笛楼中丞奏补平乐府知府。平乐素多盗，民刁梗好讼。履任后，严缉捕，清积谳，不数月盗悉平，案无留牍，合县久悬之案皆一一清结。并周历各属勤求民隐，戴星而出，戴星而入，秉烛治民事，至夜半不得少休，或一日一饭，或日晡不得晨餐。上宪知府君善听断，凡外府州县难结之案及部控上控之疑难者，皆调省清理。

甲申，因先大母患疾，遂告假归养。是年九月丁内艰，大父以曾祖母卜葬山东泰安府肥城县之陶山，命奉祖母柩祔葬，并命身后合葬。府君旋遵命，改籍山东肥城，以便奉岁时祭祀。庐墓三年，口不茹荤，事事求合古礼，因著《读礼小事记》，前后两编。是时何文安公视学山左，贺藕耕年伯开藩济南，聘府君主讲泰安书院。丙戌冬，服阕回江南，先大父以受恩深重，欲令府君复出，而府君以三年守制山左，定省久疏，大父又年逾七旬，不忍远离膝下，仍乞养侍奉。丁亥，丁大父艰，枕块寝苫，哀毁尽礼。是年冬，扶榇随漕艘至肥城，卜葬于平阴县界之安子山，仍主讲泰安书院，并于肥城润北山庄设义学，以教乡人之无力读书者，束脩膏火皆于墓田祭祀之余出焉。己丑，服阕，进京引见，分发广西，坐补原缺。

到省，祁竹溪中丞委署梧州、桂林二府事，旋奏补平乐府。到任后，见文庙、考棚岁久倾颓，均为倡捐修葺，并捐廉修理书院，增其膏火，人文日盛，一切陋规悉与革除。公事辄捐廉以倡办，爱民洁己，不名一钱。壬辰，值猺匪赵金龙、盘成华先后滋事，生猺熟猺一时蠢动。府君劾力戎行，防堵各属，自春徂冬，莫敢稍懈。夫马往来，自备资斧，并盘获天地会首谭如仙、何敦厚，皆置之法。是时二人各有匪徒千余，约于某日起事，富川县城红布几为买尽。府君访察，连夜往擒，歼厥渠魁，胁从罔治，并烧毁仇攀册籍，遂尔寝事。贺县猺人有响应消息，因仿于清端之事，轻车减从，亲往抚之。猺洞始闻府君至，有谋聚众拒捕者，迨见驺从来临，并无兵弁相随，无不争前恐后，群相迎接，并诉其平日为蠹役科派营兵逼索之苦。府君面许惩办，赏以银牌布疋，劝其安分守法，读书知理，群猺欣欣乐从，出具永不滋事甘结。平乐七属之生灵得安然无恙者，皆府君之力也。意欲照湖南各厅章程，奏请添设猺童学额，因卢厚山制军、祁竹溪中丞明保送部引见，未及详请。后府君引病告归，犹以猺学未成为歉。常谓不孝曰："猺亦人也，以人视猺，则猺易治；以猺视猺，则猺难驯。人但知惩猺以重，民不知抚猺正所以安民也。"假使官斯土者，凡遇民猺械斗之案，平情办理，何至仇杀酿成事端。著有《平猺纪略》一书，板存金陵，毁于兵燹。离任入都之日，身无长物，行李萧然，官绅士民无不攀留泣下。去后，士民为建生祠，祀之不朽，文庙、书院碑记犹存。途次，即奉旨简放安徽宁池太广德等处兵备道，是缺兼管钞关。向有蠹书赵士孝从中包揽把持，不独国课空虚，商贾裹足，即凡历任官无不受其累。府君侦知，按律惩办，来往商旅咸颂威德。甲午，陶文毅公奏调江安徽宁池太庐凤淮扬十府粮储道，府君察知水手刁悍，亲定《查禁水手滋事章程四则》，并禀《十字河水手捞沙不便由》，均载在《文集》。

丙申冬，奉旨，补授山西按察使。途次，调补贵州。入觐召对三次，随即到任。贵州民苗杂处，械斗之案最多，每年秋审不下二百余起。府君悉心推测，平反必得其情，情实者不使幸逃法网，可务者必曲谅其情。总之，毋枉毋纵，各得其平。并亲书《告示》，再三开导。二年之间，秋审入于情实者渐次以尠。公余之暇，招本地士子入署读书，亲为讲解，并于臬署倡立义学四处。戊戌，奉旨补授浙江布政使。途次，调补江苏。入觐召对三次，调补江宁。到任后，严察书吏，弊窦概行革除，并捐廉在藩署设立义学四处。先是总督陶文毅公寝疾，府君代行院事。己亥冬，署督陈芝楣中丞卒于官，府君护理三江督事，朝夕匪懈，庶尹允谐。庚子，奉旨内转太常寺卿，入都供职，召对一次。太常衙门专司祭祀，每年坛庙树株向有去枯补新之例。府君以天坛重地，国家风水所关，不宜轻动。遂自拟折稿，以后不准藉去枯株，以防盗伐禁树。奏蒙俞允。是年值办汉文《则例》，府君独任校雠，虽三伏炎暑必正衣冠，勘阅恪恭，将事不敢稍形懈怠。每日公事既毕，与阿艮峰公、何丹畦公、窦兰坡公讲求性理体用之学，笃信朱程，力崇正学于阳明不为调停之论，一时学者翕然宗之。著有《学案小识》一书。

辛丑，广东海氛不靖，府君奏广东用兵宜择威名主将，并奏海中攻剿当先据险要，又奏有宜剿不宜和。疏俱留中不报，是以《文集》中未有录稿。癸卯、甲辰、乙巳，每年均蒙恩召见一次。乙巳，值日车翻伤肘，冬季感受风寒，时疾复发，府君以年近七旬肘疾未愈，祭祀趋跄恐贻陨越，遂奏请开缺回籍调理。丙午春，由山东扫墓，归湖湘原籍，令不孝乡试，并为不孝完娶。丁未，应两江总督李石梧、江苏巡抚陆立夫两先生之聘，由楚至吴，途次遇盗。府君宦游数十载，两袖清风，廉俸所余，非以助人，即以置书。遭盗劫之后，众人方信府君家无余赀焉。颠沛流离，合家之人皆有不堪，而府君毫不介意，惟以失书为恨，故诗集中有失书叹也。行抵江南，主讲尊经书院。辛亥岁，为咸丰圣人御极之元年。三月十八日，内阁奉上谕：前任太常寺卿唐鉴现在江南主讲书院，著陆建瀛传知该员，迅速来京，预备召见。钦此。府君束装北上，于五月十九日行抵都门。蒙恩前后召见十一次，垂询所学及家世甚详，对命恒逾数晷。御前侍从颇以为苦，府君年逾七十，步履尚健，面貌粹然。上问养身何术，府君谨以惩忿窒欲迁善改过对。上闻之，肃然起敬，并询所著书。府君以编纂《朱子学案》未竟，未即呈览，谨将《畿辅水利备览》书缮疏奏交军机处收存，以备采用。次日召见，蒙恩嘉奖。时值广西洪、杨倡乱，府君以安民为主，请设立民堡收养难民。奏上，发交广西主兵者采择施行。亲王中有闻府君名诣朝房问性道之要者，府君从容以答，莫不叹服。孙芝房侍讲《题红叶山房图》诗云："诸王就问争敛裾，郎官久立劳持戟。"皆纪实也。

上意向用甚殷，适礼部侍郎缺出，欲以简畀。府君奏曰："臣受三朝豢养之恩，涓埃未报，岂敢性耽安逸，自外生成。惟是臣年老体弱，大寒大暑易于生病，诚恐有误差使。"叩求南旋，并奏明秋凉后出京。得旨俞允，廷臣交章请留。陛辞之日，召见。上曰："与尔论学，以朱子为宗。朕方读《朱子全书》，未得要领。"府君对曰："臣读《朱子全集》，别为义例，拟分格、致、诚、正、修、齐、治、平为八大案，而以朱子之文分隶之，则学者缕析条分，了然心目。"上再三称善。谕曰："尔书出时，必呈朕览为要。"越日召对，上曰："朕初御极，学问为先，政事尤急，与尔讲论十余次，知尔所学之正，蕴蓄甚宏，阅历甚久。现在政事何者为先？"对曰："人才为先。"上因举内而廷臣，外而督抚。曰："此皆先帝所简拔，人才当在此中。"三问不对，上怒曰："尔何轻视诸臣乎？"对曰："非敢轻视，此皆黼黻休明而有余者也。"上曰："黼黻休明者非人才，尔意云何？"对曰："臣所谓戡乱定治之才耳。"上曰："天下将有乱乎？现广西蠢动，此小贼当不难平。"府君叩头曰："臣受先帝殊恩，两次授广西平乐府及知各府事，历任最久，巡视最周。广西伏莽多年，近始窃发。疆臣苟能于粤境歼除，国家之福。若出粤境，必蹂躏湘鄂，则东南半壁不堪设想矣。"上大惊，拂衣入内，寮友多咎其言戆，深虑不测，而府君处之泰然。次蚤未明，内传召见。上曰："昨闻尔言，夜不能寐。尔为老臣，必有所见，若如尔言，非得戡乱之才不可，尔意中必有人，试举以备采用。"对曰："如此人才，寔不易得。臣虽忧圣危明，敬陈管见，而戡乱人才胸中寔无成竹，不敢妄举，恐误大事。"上数问之，对如前。上笑曰："尔发此危论，不举人才，朕惟尔是问也。尔试细思之，举尔所知，明日再召对。"越日又召见。上曰："女得人焉尔乎？"对曰："臣往年供职太常，与诸友讲学论治，颇有才俊。今出都十数年，重来已晨星寥落矣。才能戡乱，寔难其人，未敢轻举以塞责。"上曰："尔无论京外臣工，草野侧陋，但能胜任，举尔所知。"府君逡巡未对，上频促之。对曰："臣再四思维，惟卿贰中曾国藩一人差足胜任，但学识有余，才智不足，然能知人善任，集思广益，能以众人之才为才，遗大投艰，庶有济也。”上欣然嘉纳。府君叩头请退，上方目送之，府君复跽而奏曰：“臣尚有言，方今文恬武嬉，积习已久，脱有戎事，始事必难，事变无常，必有蹉跌。惟在圣主信之确任之专耳。国藩有定识定力，沈毅过人，必能贞固不摇，屡败克振。若因失利，或言者劾奏，遽易他人，则大难恐难平也。”上颔之，府君退，朝廷臣多腹诽之。时尚承平，多所忌讳，故皆温树不言外间鲜有知者。八月二十日，奉上谕：“前经特召前任太常寺卿唐鉴来京迭次召对，朕嘉其品学兼优，器识安定。欲令留京供职，念该员年逾七旬，力陈衰老，若使勉强服官，转不足以示体恤。唐鉴着加恩赏给二品卿衔，仍回江南主讲书院江。南为人文渊薮，得老成硕学为之教导，俾后进有所矜式，于士习民风当有裨益也。钦此。”府君当即具折谢恩。出都，同乡官皆送之郊外，独曾侍郎送之长辛店，信宿不忍遽别。临歧长跽而请曰：“有一言可以终身行之，此别相侍何年，夫子其有以教我。”府君沈思良久曰：“‘必有忍，其乃有济；有容，德乃大。’《尚书》中两言，君其三复而力行之，毕生之事业在是矣。”乃挥泪而别。府君由水路回吴。

壬子，陆立夫制军延聘，移席钟山书院。每逢课期，无不亲为讲解教诲，而尤勉以躬行为先。是年秋，逆匪窜扰湖湘乡间，祠墓多遭践毁，驷门长兄尔羡又以疾逝。接到家书，深为痛悼，急欲归里祭扫，而长江梗塞不通。癸丑正月，由苏至浙，意欲回楚，豫章又复风鹤告警矣。侨居武陵，暂为息足。是时舟车所费囊橐俱空，浙省告贷无门，绝粮者数次。府君不改其常，惟以著书为乐。甲寅春，江左稍靖，于正月起程行抵南昌。适陆虹江、邓厚甫两先生邀留，主讲白鹿洞书院。冬间，始抵长沙。湘楚老成，多已凋谢，亲戚邻里迁徙一空，满目凄凉，不堪回首。复以城中颓败烽燧频惊徒增悲，感年老难堪，遂卜居宁乡县四都之衡丹岭。日事著述，不与外人相周旋。所著《读易反身录》《易牖》《读易识》《四经拾遗》《省身日课》《朱子学案》诸书，皆以次告成。己未冬季，偶患腹疾，服药调理，虽获痊，而步履艰难，大非昔比。然犹日以铅椠为事。庚申十月，腹疾复作，延医诊治时愈时剧。迨至辛酉正月十一日，作《曾钦帅复函》后，谕不孝曰：“我身受国家厚恩，未能图报，具有遗折，将来恳曾涤生代递。”旋命扫除祖堂，设香案，朝服东向，谢天恩，拜祖先。四支无力，扶掖归卧榻上。至十五日，精神恍惚，犹时强起危坐。延至十八日辰时，肃然端坐而逝。不孝尔藻泣检遗折奏稿，求黄月崖表兄设法专丁呈送江南曾钦帅大营，求其代递。钦帅于五月十八日由驿附奏，六月初七日内阁奉上谕：“原任太常寺卿唐鉴，于咸丰元年来京，朕见其品学兼优，器识安定，降旨赏给二品卿衔，令其回江南主讲书院。兹据曾国藩奏，该员病故，据情代递遗折，并请特旨赐谥等语。唐鉴学问优深，耄年不倦，著加恩予谥。该部知道。钦此。”不孝尔藻接奉行知后，当即告墓，以慰先灵。越某年，奉旨予谥确慎。府君生于乾隆戊戌年五月初七日未时，卒于咸丰辛酉年正月十八日辰时，享寿八十有四。以咸丰十一年三月廿五日，葬于宁乡县四都十区王坑新屋后山子山，午向为茔。府君元配王夫人、继配杨夫人均无出，以不孝尔藻为嗣。不孝娶宁邑周公邦喜之女为妇，女五：长，适顺天顾兰征；次，字江西周履方，未嫁卒，以孝女奉旨建坊；三，适浙江戚贞；四，适善化贺瑗；五，适顺天周力圻。孙男三：祖植、祖培、祖澍。孙女三，均幼。不孝泣念府君一生精力，少年研摩文史，中年勤劳民事，乞假家居，潜心理学。

生平著有《平猺纪略》二卷、《畿辅水利备览》八卷、《学案小识》十四卷、《朱子学案》八十卷、《读易反身录》二卷、《易牖》二卷、《读易识》二卷、《读礼小事记》二卷、《四经拾遗》四卷、《省身日课》十四卷，名言卓行皆在人耳目，可纪述者多。谨具爵里世系与生平梗概，泣求当代大人先生赐之碑铭表诔，以垂不朽，则世世子孙感激于无既矣。不孝尔藻率孙祖植、祖培、祖澍谨述。

[选自(清)唐鉴:《唐确慎公集》卷首，清光绪元年刊本]

参考文献

一、古人著述

（汉）司马迁撰，（南朝宋）裴骃集解，（唐）司马贞索隐，（唐）张守节正义：《史记》，中华书局1982年版。

（汉）袁康撰，李步嘉校释：《越绝书》，中华书局2013年版。

（汉）赵晔撰，（宋）徐天祜音注：《吴越春秋》，明《古今逸史》本。

（北魏）郦道元：《水经注》，清《武英殿聚珍版丛书》本。

（唐）李泰撰，贺次君辑校：《括地志辑校》，中华书局1980年版。

（唐）李吉甫撰，贺次君点校：《元和郡县图志》，中华书局1983年版。

（后晋）刘昫：《旧唐书》，清武英殿本。

（宋）乐史撰，王文楚等点校：《太平寰宇记》，中华书局2007年版。

（宋）李昉：《太平御览》，宋刊本。

（宋）王存撰，王文楚、魏嵩山点校：《元丰九域志》，中华书局1984年版。

（宋）罗泌：《路史》，明《历代小史》本。

（明）张天复：《皇舆考》，明嘉靖三十六年刻本。

（明）李攀龙：《沧溟集》，清《四库全书》本。

（明）胡瓒：《泉河史》，《四库全书存目丛书》本。

（明）程百二：《方舆胜略》，明万历三十八年刻本。

（明）侯应琛：《济胜一览》，明万历四十六年刻本。

（清）蔡方炳：《增订广舆记》，清康熙刻本。

（清）毕沅、阮元：《山左金石志》，清嘉庆二年小琅环仙馆自刻本。

（清）唐仲冕：《岱览》，清嘉庆十二年果克山房刻本。

（清）唐仲冕：《陶山诗录》，清嘉庆十六年刻本。

（清）唐仲冕：《陶山诗前录》，清嘉庆十六年刻本。

《清实录·仁宗睿皇帝实录》，中华书局 1986 年影印本。

（清）唐仲冕：《陶山文录》，清道光二年刻本。

（清）顾沅，（清）孔继尧绘：《吴郡名贤图传赞》，清道光九年长洲顾氏刻本。

（清）陶澍：《陶文毅公全集》，清道光二十年两淮淮北士民刻本。

《清实录·宣宗成皇帝实录》，中华书局 1986 年影印本。

（清）吴式芬：《金石汇目分编》，稿本。

（清）吴文镕：《吴文节公遗集》，清咸丰七年吴养原刻本。

《清实录·文宗显皇帝实录》，中华书局 1986 年影印本。

（清）唐鉴：《唐确慎公集》，清刊本。

（清）陆增祥：《八琼室金石补正》，《石刻史料新编》第 1 辑第 8 册，（台北）新文丰出版公司 1979 年版。

（清）陆心源辑：《唐文续拾》，清光绪十四年陆心源刻《潜园总集》本。

二、方志族谱

景泰《寰宇通志》，民国三十六年《玄览堂丛书续集》影印明景泰间刻本。

天顺《大明一统志》，明天顺五年内府刻本。

嘉靖《山东通志》，明嘉靖刻本。

康熙《肥城县志》，清康熙十一年刻本。

乾隆《潍县志》，清乾隆二十五年刊本。

乾隆《大清一统志》，清《四库全书》本。

嘉庆《平阴县志》，清嘉庆十二年刻本。

嘉庆《海州直隶州志》，清嘉庆十三年刻本。

嘉庆《肥城县志》，清嘉庆二十年刻本。

嘉庆《四川通志》，清嘉庆二十一年刻本。

嘉庆《松江府志》，清嘉庆二十二年刻本。

嘉庆《重刊荆溪县志》，清光绪八年刻本。

同治《临湘县志》，清同治十一年刻本。

同治《苏州府志》,清光绪九年刻本。

光绪《通州直隶州志》,清光绪元年刻本。

光绪《善化县志》,清光绪三年刻本。

光绪《川沙厅志》,清光绪五年刊本。

光绪《松江府续志》,清光绪十年刊本。

光绪《肥城县志》,清光绪十七年刻本。

光绪《平阴县志》,清光绪二十年刻本。

光绪《平阴县乡土志》,清光绪三十三年铅印本。

光绪《肥城县乡土志》,清光绪三十四年刊本。

民国《续修历城县志》,民国十五年铅印本。

民国《续修陕西通志稿》,民国二十三年刻本。

民国《茌平县志》,民国二十四年铅印本。

民国《宁乡县志》,民国三十年活字本。

山东省肥城县史志编纂委员会编:《肥城县志》,齐鲁书社 1992 年版。

山东省肥城市湖屯镇志编纂委员会编:《湖屯镇志》,山东省地图出版社 2006 年版。

《肥城丘氏族谱》,清乾隆十七年刊本。

《朱氏族谱》,清宣统二年刻本。

《梁氏族谱》,抄本。

《肥邑耿氏族谱》,民国三十七年抄本。

《郭氏族谱》,1952 年重修本。

《蛇邱高氏族谱》,1955 年抄本。

《肥城县古氏族谱》,1962 年抄本。

《李氏族谱》,1995 年续修本。

《张家楼张氏族谱》,2008 年续修本。

《王氏族谱》,2009 年影印 1921 年续修本。

《刁氏宗谱》,2012 年续修本。

《榆山张氏族谱》,2013 年重修本。

《何氏族谱》,2014 年重修本。

《鸾台李氏族谱》,2014 年续修本。

《花园杨氏族谱》,2018 年续修本。

《杨氏族谱》,稿本。

三、今人论著

王敦化编:《篆刻参考书传本书目》,民国二十九年沂风堂刊本。

姜丰荣编注:《泰山历代石刻选注》,青岛海洋大学出版社1993年版。

中国人民政治协商会议肥城市委员会社会文教委员会编:《肥城名胜古迹》(肥城文史资料第九辑),1996年12月。

孙殿起:《贩书偶记(附续编)》,上海古籍出版社1999年版。

王志忠:《明清全真教论稿》,巴蜀书社2000年版

泰安市地方史志办公室编:《泰安三千年人物传》,山东省地图出版社2001年版。

徐元诰撰,王树民、沈长云点校:《国语集解》,中华书局2002年版。

肥城市史志办公室编:《肥城地理志》,山东省地图出版社2002年版。

赵浦根、朱赤主编:《山东寺庙塔窟》,齐鲁书社2002年版。

高爱颖、刘守亮编著:《齐鲁名寺》,山东文艺出版社2004年版。

刘方元、李津生编:《范蠡及其经商之道》,中国文史出版社2006年版。

袁明英主编:《泰山石刻》,中华书局2007年版。

郁重今编纂:《历代印谱序跋汇编》,西泠印社出版社2008年版。

李传旺等编著:《泰山景观全览》,山东画报出版社2009年版。

中共肥城市委、肥城市人民政府编著:《肥城文化揽胜》,山东画报出版社2009年版。

蒋铁生:《泰山文化研究》,吉林大学出版社2011年版。

彭兴林编:《中国古城名胜图志·山东卷》,山东美术出版社2011年版。

泰安市地方史志编纂委员会编:《泰安历史文化遗迹志》,方志出版社2011年版。

王霞主编:《文化肥城》(共七卷),山东人民出版社2011年版。

何敬鹏主编:《肥城文化通览》,泰山出版社2012年版。

唐家品、高儒林主编:《泰安区域文化通览》,泰山出版社2012年版。

周郢:《名山古城:泰山·泰安文史拾零》,五洲传播出版社2015年版。

陶莉:《岱庙碑刻研究》,齐鲁书社2015年版。

杜尊春:《肥城五千年》,现代出版社2016年版。

董珂、郭晓琳主编:《山东古镇古村》,山东友谊出版社 2016 年版。
程兆奎编著:《范蠡在肥城》,中国科学文化出版社 2018 年版。
赵卫东等编:《山东道教碑刻集·肥城卷》,齐鲁书社 2020 年版。
周郢:《泰山编年通史》,山东人民出版社 2021 年版。
周郢:《泰山历史研究》,山东人民出版社 2021 年版。
周郢:《陶山历史文化系年》,《左丘明文化》2016 年第 2 期。
赵建勇:《金元大道教史新考》,《世界宗教研究》2017 年第 6 期。

后　记

2021年，受肥城市文化和旅游局委托，泰山学院泰山研究院承担了“肥城市陶山及其周围五个村落文化遗产”调研项目，涉及陶山山体、洞穴、峰峦、涧泉等考察及村落文化遗迹调研等。项目组成员通过现场考察、实地走访、文献查阅、深入访谈等方式，对陶山山体及周围五个村落的文化遗存遗迹、史志文献、乡土文献、乡贤名人、民间记忆等进行了地毯式的挖掘整理。

在调研过程中，湖屯镇文化站站长陶现海、栖幽寺村党支部书记王振行、吕仙村党支部书记赵建华、涧北村党支部书记高跃、关王殿村党支部书记赵学文、冯庄村党支部书记张振江、冯庄村村委会副主任毕泗祥等积极提供资料和线索，为项目组调研提供了便利。吕仙村党支部书记赵建华还为项目组现场考察人员提供住宿，极大地方便了项目组的工作，使现场考察人员避免了频繁两地奔波，为陶山山体及洞穴考察节省了大量时间。泰山学院姚继学、孙家峰、蒋明超等老师，泗水文旅局杨刚先生，栖幽寺村李光山、宋保明，涧北村杨化银，冯庄村王兆贵等热心村民在项目组考察走访中提供了诸多帮助。在本书的写作过程中，泰山学院王雷亭教授、周郢教授和肥城市博物馆王新华馆长提出了宝贵的意见和建议。在此向上述单位及个人表示真诚的感谢。

陶山历史文化悠久，留存了大量文化遗迹和故事传说。本书重在梳理陶山历史、文化遗存，兼对各文化遗迹进行初步考证，将陶山历史文化串联起来，分门别类地对陶山自然景观和人文遗迹进行介绍和展示。囿于我们的学科背景、知识水平，本书难免挂一漏万，还请各位学者和读者批评指正。

编著者

2023年3月